KB261292

하니 깜짝 놀라는 것이었다. 자신들이 식사 때 대략적인 감으로만 살짝 비춘 것을 계약서 내용으로 준비해 오는 순발력에 감탄한 것이었다. 덕분에 계약은 일사천리로 진행될 수 있었다.

우리는 순발력에 강하다. 그러나 준비성에는 부족한 부분이 너무도 많다. 대충대충, 빨리빨리, 우리 중심적인 사고를 국제협상에서는 버려야 한다.

이제 중국은 21세기에 가장 급부상하는 나라로 변신하고 있다. 많은 기업들이 중국을 비롯하여 BRIC'S(브라질·러시아·인도·중국)라 불리는 나라들로 몰려가고 있다. 그 중에서도 중국이 가장 빠른 성장을 주도하고 있다. 중국은 사회주의체제이기 때문에 다각적인 관계를 검토하여야 한다. 정치, 사회, 문화, 경제, 학술 등 모든 면에서 우리와 다르다. 그렇기 때문에 이것이 안 되면 저것이 될 수도 있고, 저것이 되는 조건으로 다른 것이 안 되는 경우도 있다는 것을 사전에 미리 알아두고 준비하기 바란다.

또한 중국 사람들과의 관계를 개선하고 유지하는 데 있어 '선물'은 어느 정도 관습화되어 있다. 필자도 중국을 방문할 때 방문하는 곳마다 귀한 선물을 받았다. 주로 도자기로 된 것으로 그 지역을 대표하는 특산물 등을 선물 받았다.

선물은 잘못 사용하면 뇌물이 되지만 기준이 명확하다. 아무런 거래 관계가 없을 때 선물을 주어야 한다. 그래야만 자기에게 호감을 갖고 있다는 것을 알게 된다. 기꺼이 아무런 조건 없이 부담 없는 선물을 줄 때 그 마음을 알게 되고 나중에 이해 관계가 발생할 때도 진정한 도움을 받을 수 있다.

미국이나 유럽 쪽은 협상의 분위기가 상당히 다르다. 미국은 첫날부터 매서운 협상을 시작한다. 식사도 양해가 된다면 햄버거를 먹어 가면서 하고, 사실적 근거를 확인하는 데 몰입하는 스타일이다.

　우리의 문화는 IN-PUT을 중요시 여긴다. IN-PUT은 가능성과 잠재력을 말하는 것으로 형식화된 서류나 브랜드 포지션 등을 앞세우지만, 미국과 유럽은 OUT-PUT, 즉 성과 중심의 협상을 한다는 것을 염두에 두어야 한다. 이들은 가능성과 잠재력도 좋지만 결과적으로 나올 수 있는 성과물에 더욱 관심을 갖는다는 점을 명심하라.

　언어와 문화의 장벽을 넘어 서로가 관계를 맺고 유지하기 위해서는 충분히 서로를 관찰하고 서로에게 도움이 될 수 있는 것들을 많이 확보하는 것이 무엇보다도 중요하다. 협상테이블에서도 하나의 대안만 제시하지 말고 다양한 가능성에 맞춰 다양한 제시 조건들을 미리 준비해 두는 것이 성공적인 관계 형성에 유리하다는 것은 두말할 필요가 없을 것이다.

열아홉 워렌 버핏처럼
열일곱 반기문처럼

열아홉 워렌 버핏처럼

— Warren Buffett & ban ki-moon —

열일곱 반기문처럼

서정명 지음

01 말을 하기보다는 경청하는 쪽입니다. (　　)

02 누군가의 지시가 있으면 변명하지 않고 일단 '해보겠다'고 말합니다. (　　)

03 2주일에 한 권 이상의 책을 읽습니다. (　　)

04 대중교통을 이용하면 외국어 공부를 하거나 책을 읽습니다. (　　)

05 나를 비판하는 사람을 멀리하기보다는 나의 친구로 끌어들입니다. (　　)

06 말보다는 행동을 중시합니다. (　　)

07 은혜를 입으면 기억해 두었다가 반드시 갚습니다. (　　)

08 혼자 힘으로 돈을 번 적이 있습니다. (　　)

09 내 인생의 멘토(스승)가 이미 설정돼 있습니다. (　　)

10 20세 이전에 이미 나만의 재테크 방법을 가지고 있습니다. (　　)

11 평소에는 조용하다가 이길 승산이 있으면 공격적으로 변합니다. (　　)

12 주식투자를 하거나 관심이 있습니다. (　　)

13 상대방이 위압적으로 나오더라도 용기 있게 맞대응합니다. (　　)

14 무대 공포증을 타개하기 위해 별도의 노력을 한 적이 있습니다. (　　)

15 노래방에서 애창하는 2~3개의 노래는 준비하고 있습니다. (　　)

16 서로 믿으며 평생을 함께 할 친구가 있습니다. (　　)

17 펀드나 저축통장에 가입해 있습니다. (　　)

18 남들로부터 소심하기보다는 대담하다는 말을 자주 듣습니다. (　　)

19 신문의 재테크 기사에 관심이 많습니다. (　　)

20 인생의 단계별로 목표와 시나리오가 세워져 있습니다. (　　)

21 성공을 약속하는 새로운 전략 세우기를 좋아합니다. (   )

22 부모대의 가난은 내가 깨트릴 수 있다고 생각합니다. (   )

23 화를 내기보다는 참는 편입니다. (   )

24 나에게 불리한 상황이 전개될 것 같으면 나의 존재를 부각시킵니다. (   )

25 서점가에서 현재 어떤 책이 베스트셀러인지 체크합니다. (   )

26 유머나 대화의 기술을 높이기 위해 노력하고 있습니다. (   )

27 인생을 살면서 남에게 돈을 빌린 적이 거의 없습니다. (   )

28 '저 친구는 신용이 좋다.' 라는 말을 자주 듣습니다. (   )

29 매일 자신의 삶이 개선되고 있다고 느낍니다. (   )

30 부자가 되어도 분수에 넘치는 생활은 하지 않을 것입니다. (   )

31 남과 말다툼하면 져주는 편입니다. (   )

32 나는 외모가 시원치 않지만 개의치 않습니다. (   )

33 소식이 뜸한 친구들에게 내가 먼저 안부 연락하는 편입니다. (   )

34 학교나 학원 공부 이외에 자기계발 노력을 합니다. (   )

35 잠자리에 들기 전에 내일 아침이 기다려집니다. (   )

36 임기응변 처세술이 뛰어나다고 생각합니다. (   )

37 토론시간에 대화는 내가 주도합니다. (   )

38 지하철 자리가 비면 대부분 양보합니다. (   )

39 100원짜리 동전은 저금통에 넣어 나중에 목돈이 되도록 합니다. (   )

40 남들과 마주쳤을 때 먼저 인사를 건넵니다. (   )

레몬(깡통)형 인간 반드시 이 책을 읽어야 할 청소년들입니다. 레몬은 겉으로 보기에는 색깔도 아름답고 향기롭지만, 막상 먹으려고 하면 맛이 너무 써서 뱉어버리게 됩니다. 미국에서는 쓸모가 없어 폐기 처분해야 되는 물건이나 형편없는 인물을 '레몬(Lemon)' 이라고 부릅니다. 자신의 삶을 변화시키려는 노력을 게을리하고, 인생을 대충대충 살아가려고 하기 때문에 주위에서 냉대와 버림을 받는 인간형입니다.

인생을 마감하고 눈을 감을 때 패배자의 눈물을 흘릴 사람들입니다. 자신의 삶을 진지하게 되돌아보고 습관의 작은 변화부터 시도해야 합니다. 자신을 변화시키려는 1%의 노력이 평생의 운명을 좌우한다는 사실을 명심하고, 당장 실천에 옮겨야 합니다. 피를 토하는 노력을 기울이지 않는다면 평생 패배자의 굴레를 벗어나지 못하는 스타일입니다.

시시포스 인간 시시포스는 고대 그리스 신화에 나오는 인물로 큰 돌을 가파른 언덕 위로 굴려야 했습니다. 하지만 정상에 돌을 올려놓으면 둥근 돌은 다시 밑으로 굴러 내려갔고 시시포스는 처음부터 다시 돌을 정상에 올렸습니다. 그가 하는 일은 하루

종일, 아니 평생 동안 언덕을 오르내리며 돌을 굴리는 일뿐이었습니다. 시시포스는 '오늘의 나' 에 만족하는 인물로 '내일의 나' 를 생각하지 않는 스타일입니다. 다람쥐 쳇바퀴 돌 듯 하루하루 살아가기에 바쁜 인물입니다.

변화와 도전을 싫어하고 현실에 안주하는 사람들이 이에 속합니다. 서서히 데워지는 냄비 속에서 환경의 변화를 감지하지 못하고 죽어가는 개구리가 바로 시시포스 스타일입니다.

21~30개

오디세이 인간

호메로스가 기원전 8세기 무렵에 지은 고대 그리스의 장편 서사시에 나오는 인물로 트로이 원정에 성공한 영웅입니다. 그리스 군대는 트로이와 전쟁을 치를 때 처음에는 패배의 쓴 잔을 마셨습니다. 하지만 오디세이는 트로이에 선물을 바친다는 명목으로 대형 목마(木馬)를 만들고, 여기에 그리스 군대를 몰래 숨겨 하룻밤 만에 트로이를 함락시킵니다.

'부정의 나' 를 '긍정의 나' 로 변화시킨 인물이 오디세이입니다. 오늘 나의 처지와 현실이 힘들고 고달프더라도 나의 노력 여하에 따라서 내일의 삶을 변화시킬 수 있다는 확신을 가지고 있습니다.

시대의 변화에 맞춰 자신을 계발하고 자신의 능력을 배가시키려고 노력합니다. '부와 성공에 이르는 길' 의 초입(初入)에 들어선 인물입니다. 도전하고자 하는 열정과 변화를 두려워하지 않는 용기를 가지고 있기 때문에 승리의 개선문을 통과할 가능성이 큽니다.

블루칩 인간 이 책을 읽을 필요가 없으며, 자신의 스타일대로 인생을 살면 큰 성공을 거둘 것이라고 확신합니다. 주식시장에서 회사가 튼튼하고 경기변동에 강한 대형 우량주를 '블루칩'이라고 합니다. 세계 금융의 중심지인 미국 뉴욕의 월스트리트(Wall Street)는 원래 유명한 소[牛]시장으로 정기적으로 황소품평회가 열렸습니다. 품평회에서 가장 좋은 품종으로 뽑힌 소에게 파란색 천을 둘러주었는데, 황소는 월스트리트의 강세장을 상징하는 심벌로 우량주(블루칩)라는 뜻을 내포하고 있습니다.

블루칩 인간은 '베스트 오브 베스트(Best of Best)'를 지향합니다. 워렌 버핏 회장이 청소년 여러분들에게 주문하는 인간형이 블루칩 인간입니다. 시대 변화를 따라가기보다는 시대 변화를 예상해 먼저 대응하고, 실패에 굴하지 않는 도전정신으로 오늘보다 나은 미래를 위해 자기계발에 매진합니다. 블루칩 인간의 그림자 속에는 부와 성공이 숨어 있습니다.

우리 시대 최고의 멘토를 친구 삼아 인생을 설계하세요

세상을 살아가는 데에는 두 갈래의 길이 있습니다. 남들이 이미 지나간 길을 맹목적으로 따라가는 길이 있는가 하면 아무도 밟지 않았던 미개척의 길이 있습니다.

보통의 평범한 사람들은 남이 지나간 길을 아무런 생각 없이 그대로 따라갑니다. 플라스틱 상자 속에 갇힌 다람쥐가 연신 쳇바퀴를 돌리며 제자리걸음을 하듯 하루하루를 그냥 살아갑니다.

반면 남들은 시도하지 않았고 도전하지 않았던 길을 용기와 자신감을 가지고 개척하는 사람들이 있습니다. 그리스 신화에 나오는 이카루스(Icarus)가 감옥을 탈출하기 위해 밀랍 날개를 만들어 하늘 높이 날아오르는 시도를 한 것과 같이 이들의 유전자(DNA) 속에는 꿈과 희망의 유전자가 흐르고 있습니다.

세상을 변화시키고 역사의 이정표를 세우는 사람들은 다람쥐가 아니라 바로 이카루스처럼 실패에 굴하지 않고 다시 일어나 도전하는 사람들입니다.

청소년 여러분은 어떠한 길을 걷고 있고, 앞으로 자신의 미래를 어떻게 설계할 생각입니까? 피리 부는 소년을 따라 벼랑 끝으로 내몰리는 쥐들의 무리에 속해 있는 것은 아닌가 스스로에게 물어보아야 할 때입니다.

무한한 가능성과 열정을 갖고 미래를 준비하는 청소년 여러분은 인생의 선생님으로 삼아야 할 롤모델이 필요합니다. 망망대해를 항해하는 배들이 표류하지 않고 정해진 뱃길을 가기 위해서는 나침반이 필요합니다. 시련과 좌절이 곳곳에 숨어있는 우리들의 인생도 마찬가지입니다. 젊은 시절에 자신만의 롤모델과 영웅을 일찍 설정하고 인생을 설계해야 실패해도 굴하지 않고 다시 일어설 수 있는 힘을 얻을 수 있습니다.

저는 청소년 여러분들에게 세계 최고의 부자인 워렌 버핏 회장과 세계 최고의 지도자인 반기문 유엔(UN) 사무총장을 멘토로 삼기를 권합니다.

저는 3년 4개월 동안 뉴욕특파원 생활을 하면서 버핏 회장과 반기문 총장을 옆에서 지켜볼 수 있었습니다. 버핏 회장이 경영하는 버크셔 해서웨이 주주총회장을 직접 찾아 버핏 회장과 인터뷰를 가졌으며, 맨해튼 유엔본부 특파원실에서 반 총장의 활약상을 지켜볼 수 있었습니다.

일상생활 속에서 우리 시대 최고의 멘토들이 보여주는 부(富)와 성공의 메시지, 자기계발의 방법을 청소년 여러분들에게 소개하고 싶었습니다.

워렌 버핏 회장과 반 총장은 모두 자수 성가한 사람들입니다. 어린 버핏은 아버지의 실직으로 가정형편이 힘들었고, 반 총장도 어려운 어린 시절을 보내야 했습니다. 하지만 이들은 고난과 역경을 이겨내고 세계 최고의 부자와 외교관으로 세상 사람들의 존경과 사랑을 받고 있습니다.

버핏 회장과 반 총장은 19살 때 인생의 목표를 결정합니다. 세월이 흘러가는 대로 인생을 사는 것이 아니라 계획된 목표와 시간표대로 인생을 설계했습니다. 우리 시대 최고의 멘토들을 취재하고 연구자료를 모으면서 너무나 닮은 점이 많다는 것을 깨달았습니다.

저는 삶의 의욕과 목적을 상실한 청소년들에게 희망과 정열을 불어넣고 싶습니다. 버핏 회장과 반 총장이 걸어온 삶의 궤적을 읽어내려가다 보면 해답을 찾을 수 있지 않을까 기대해 봅니다.

버핏 회장과 반 총장의 일상생활을 통해서 그들이 여러분들에게 보여주고 있는 삶의 교훈과 가르침을 쉽게 전달하려고 했습니다.

아무쪼록 이 한 권의 책이 학과 공부와 입시경쟁으로 어깨가 축 처진 청소년 여러분들에게 용기와 응원의 목소리가 됐으면 하는 바람 간절합니다.

서 정 명 드림

우리시대 멘토를 본받아
미래를 설계하라

청소년을 대상으로 한 워렌 버핏 회장과 반기문 유엔사무총장의 책이 나와서 무척 반가웠다. 어릴 때부터 지금까지의 성장 스토리와 도전정신을 통해 부(富)와 성공을 만들어가는 우리시대 멘토들의 삶에 초점을 맞춘 것이 흥미롭고 신선했다.

특히 뉴욕특파원이 버핏 회장을 직접 만나 전해주는 버핏 회장의 도전과 성공, 부의 이야기는 신문과 잡지를 통해 간접적으로 알고 있었던 버핏 회장의 삶을 보다 생동감있고 현실감있게 이해하는데 큰 도움이 된다.

세계적인 위인들은 어린 시절부터 자신만의 멘토나 스승, 영웅을 마음속에 품고 자신을 단련시켜 나갔다. 미국 흑인운동의 선구자인 마틴 루터 킹 목사는 인도의 마하트마 간디로부터 비폭력 저항운동을 배웠으며, 미국 민주당 대통령 후보인 버락 오바마 의원은 마틴 루터 킹 목사를 평생의 멘토로 삼았다. 어린 시절 세상 사람들로부터 냉대와 멸시를 받았지만 지금은 최고의 토크쇼 진행자가 된 오프라 윈프리는 여성 앵커 바바라 월터스를 멘토로 삼았으며, 반기문 유엔사무총장은 미국의 35대 대통령인 존 F 케네디를 만난 이후 외교관으로서의 꿈을 확고히 다지게 되었다.

청소년 시절에 자신만의 멘토를 설정하고 미래를 설계하느냐, 아니면 아무런 목표도 없이 그냥 하루 하루를 살아가느냐에 따라 우리의 인생 항로는 다른 길을 가게 된다.

세상을 감동시키는 부자가 되기를 바라는 청소년이라면 버핏 회장을 멘토로 삼아 자신의 미래를 계획하고 설계해 보는 것은 어떨까.

이 책을 다 읽고 책장을 덮는 순간 왜 버핏 회장이 세상 사람들이 가장 존경하고 사랑하는 부자인지를 이해할 수 있을 것이라고 확신한다.

워렌 버핏 회장이 걸어온 삶의 궤적과 성공철학, 열정, 도전정신 등을 읽어 내려가다 보면 버핏 회장이야말로 청소년들에게 가장 좋은 금융교육 교과서라는 사실을 확인하게 될 것이다.

40~50년 전만하더라도 한국은 분단된 나라로 지구촌에서 가장 가난한 나라 중의 하나였다. 하지만 오늘날 한국은 세계 경제의 중심역할을 하고 있으며, 글로벌 사회의 일원으로 소임을 다하고 있다. 유엔의 사령탑이 된 반기문 사무총장은 열정과 꿈을 가지고 노력하면 반드시 꿈은 이루어진다는 사실을 몸소 보여주고 있다.

　부모와 청소년 자녀가 함께 이 책을 읽고 버핏 회장과 반기문 총장이 전하는 성공철학과 감동을 저녁식탁에서 이야기해보는 것은 어떨까.
　높은 이상을 품고 미래를 설계하는 한국의 청소년들에게 일독을 권한다.

진　념

청소년 금융교육협의회 회장(前 경제부총리)

작은 실천의 변화가
내일의 인생을 결정한다

모든 사람들이 부(富)와 성공을 꿈꾸지만 이상만 있고 실천이 없어 희망사항에 그치는 경우가 많습니다. 막상 실천에 옮기려고 해도 어디서부터, 어떻게 실행에 옮겨야 할지 우왕좌왕하는 것을 보고 안타까운 마음이 든 적이 많습니다.

이 책은 부와 성공에 이르는 방법을 몰라 속만 태우고 있는 청소년 여러분들에게 안성맞춤입니다. 워렌 버핏 회장과 반기문 유엔사무총장은 오늘을 살아가는 젊은 세대들에게 많은 가르침과 교훈을 주는 최고의 멘토들입니다.

뉴욕 특파원으로 활동하면서 3년간 버핏 회장과 반 총장을 직접 만나 밀착취재한 내용들이 신선하고, 무엇보다 현장감이 책 읽는 재미를 더해 줍니다.

시중에 나와 있는 버핏 회장 관련 책들은 주식투자의 기법과 노하우를 전달하는 것이 대부분이고, 너무 전문적이어서 일반인들이 이해하기 힘든 부분이 있습니다.

하지만 이 책은 주식투자의 기법보다는 버핏 회장의 삶을 통해 부자되는 습관과 사고의 틀을 우리들에게 전달해 줍니다. 스포트라이트를 받는 버핏 회장의 삶 이면에 숨겨져 있는 일화와 도전정신을 통해 진정한 부가 어떠한 것인지 되새겨보게 합니다.

특히 저자가 버핏 회장과의 직접 인터뷰를 통해 소개하는 부자 되는 비결은 손뼉을 치게 할 정도로 가슴에 와 닿습니다. 어린 시절 워싱턴포스트 신문을 배달하고, 핀볼 게임기를 판매했던 버핏 회장의 삶을 되돌아보면서 진정한 부자가 되는 길이 어떤 것인지 큰 가르침을 받게 됩니다.

또 반기문 총장이 뉴욕 유엔본부에서 펼쳐 보이는 활약상과 리더십, 도전정신, 배려 등을 통해 성공의 원칙이 어떠한 것인지 실감하게 됩니다. 신문지상이나 언론을 통해 소개되지 않은 내용들로 성공의 원칙을 소개하고 있기 때문에 책의 내용이 신선하고 새롭습니다.

한 권의 책을 통해 인생을 변화시킬 수 있다고 합니다. 이 책은 작은 실천의 변화를 통해 오늘날 최고의 멘토가 된 인물들의 이야기입니다.

부와 성공, 자기계발을 시도하는 청소년 여러분들에게 일독을 권합니다.

서 춘 수
신한은행 스타시티지점 지점장

1장 워렌 버핏의 부자 비결

워렌 버핏의 생활습관

워렌 버핏의 처세술

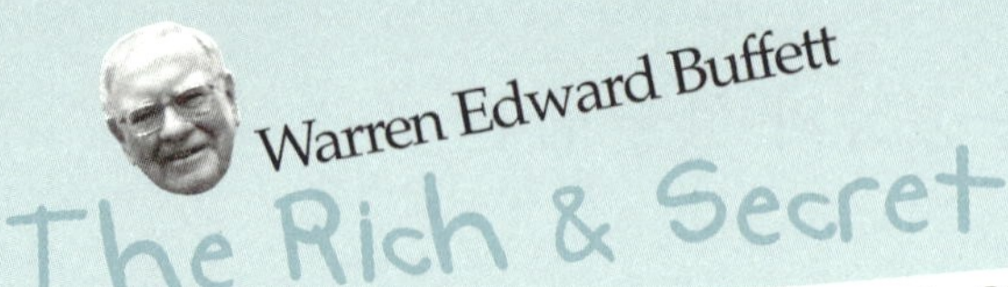

Warren Edward Buffett

The Rich & Secret

'오마하의 축제'로 불리는 버크셔 해서웨이 주주총회 행사에서는 유명 농구선수와의 농구대결 등 다양한 볼거리가 제공된다. 미국 사회의 다양성을 보여준다.

몇 년 전부터 박현주 재단을 만들어 대학생들에게 장학금을 주는 등 사회환원에 나서고 있다. 워렌 버핏 회장이 경영하는 버크셔 해서웨이처럼 미래에셋그룹을 운영해 나가는 것이 목표다.

한국의 워렌버핏, 박현주 미래에셋 금융그룹 회장

워렌버핏의
부자비결

워렌버핏처럼 부자되고 반기문처럼 성공하라

작은 돈을 아껴야 **큰돈을 법니다**

절약정신

가지고 싶은 것을 사지 마세요. 꼭 필요한 것만 사세요.
작은 지출을 삼가세요. 작은 구멍이 거대한 배를 침몰시킵니다.

– 벤저민 프랭클린 –

지난 2007년 5월, 제가 버핏 회장을 만났을 때의 이야기입니다. 버핏 회장이 경영하는 버크셔 해서웨이의 주주총회(기업 설명회)에 참석했을 때인데, 버크셔 해서웨이 주주들이 3만 명 이상 모였습니다.

여러분도 잘 알다시피 버크셔 해서웨이의 주식 가격은 1주 당 우리 돈으로 1억 5천만 원 가량 됩니다. 한국을 대표하는 삼성전자의 주식 가격이 1주 당 60만 원대인 것을 감안하면 버크셔 해서웨이 주식이 얼마나 비싼지 알 수 있을 겁니다.

버크셔 해서웨이의 주주총회에 참석하는 주주들은 주식을 최소 1주 이상은 가지고 있는 사람들입니다. 10주만 가지고 있어도 재산은 15

억 원에 달합니다. 그들은 버핏 회장과 마찬가지로 갑부들인 것이죠.

"저는 버크셔 해서웨이 주식 50주를 가지고 있어요. 우리 부부는 현재 은퇴하고 세상 여기저기를 여행하면서 시간을 보내고 있답니다. 여기 모인 버크셔 해서웨이 주주들은 모두 부자라는 동료의식을 가지고 있다는 것을 많이 느낍니다."

미국 동부의 남단 플로리다에서 왔다는 제임스 할아버지가 할머니의 손을 꼭 잡고 저에게 말했습니다.

"젊은이, 오늘 주주총회가 끝나면 주주들을 위한 조촐한 파티가 있을 거예요. 저는 매년 여기에 오기 때문에 행사 일정을 다 알고 있어요. 젊은이가 세계적인 부자들이 어떻게 생각하고 행동하는지 알고 싶다면, 꼭 파티에 가 보기를 바랍니다. 나도 오늘 저녁에 파티에 갈 거예요."

버핏 회장의 짠돌이 후예들

저는 제임스 할아버지에게 좋은 정보를 알려 주어서 고맙다는 인사를 건넸습니다. 주주총회가 끝나고 행사장에서 차로 20분 정도 떨어진 곳에서 주주들을 위한 파티가 열렸습니다. 시계바늘은 저녁 6시를 넘어가고 있었고, 사방에는 어둠이 찾아왔습니다.

제임스 할아버지의 조언도 있고, 개인적으로 세계에서 몰려든 부자들은 어떻게 생활하는지 궁금하기도 해서 저도 참석을 했지요.

파티 장소 주변에 들어서자 200미터는 족히 넘을 정도로 사람들이 긴 줄을 서 있었습니다. 그야말로 장사진을 이룬 긴 줄 사이에 오후에 만났던 제임스 할아버지가 할머니와 함께 있었습니다. 제가 할아버지에게 물었습니다.

"날씨도 추운데 왜 사람들이 이렇게 긴 줄을 서 있는 거예요?"
"여기 있는 사람들은 모두 버크셔 해서웨이의 주주들이에요. 부자들이라는 말이지요. 버크셔 해서웨이 주주들을 위해 햄버거를 2달러 (2,000원)에 파는데 여기 있는 사람들은 2달러로 저녁식사를 해결하려고 줄을 서 있는 것입니다. 다른 식당에 가면 햄버거를 8달러 (8,000원)가 넘게 팔거든요."
"그럼, 햄버거 하나를 먹으려고 30분 이상 줄을 선다는 겁니까?"
"물론 버크셔 해서웨이 주주총회에 찾아왔다는 상징적인 의미가 있기 때문에 애써 햄버거를 먹으려는 점도 있을 거예요. 하지만 이들은 남부럽지 않은 부자들임에도 쓸데없는 데는 작은 돈도 허투루 낭비하지 않아요. 자세히 보세요. 부모들과 함께 온 청소년들이 많이 있을 거예요. 이들 부모는 자녀들에게 어떻게 돈을 써야 하는지 산교육을 시키고 있다고 보면 됩니다."

저는 세계에서 몰려든 부자들이 2,000원짜리 햄버거 하나 먹으려고 30분 이상 긴 줄을 기다리는 것을 보고 혀를 내둘렀습니다. 저도 햄버거를 먹기 위해 줄을 섰다가, 주위도 어둑어둑해지고 날씨도 춥고 해서 가까운 레스토랑으로 옮기고 말았습니다. 레스토랑으로 향하는 도중에 뒤를 돌아보니 자기 차례를 기다리는 줄은 더욱 길어져 있었습니다.

"과연 워렌 버핏의 후예들이구만."
레스토랑으로 향하면서 제가 중얼거렸습니다.

진정한 부자는 돈을 꼭 써야 할 때는 아끼지 않고 사용하지만, 돈을
아낄 수 있을 때는 10원도 낭비하지 않습니다. 작은 돈을 아껴야 큰돈
을 벌 수 있다는 것을 부자들은 알고 있는 것이죠. 버핏 회장도 그렇
고, 버크셔 해서웨이 주주들도 그렇습니다.

절약은
습관입니다

저는 뉴욕의 롱아일랜드시티에 위치한 사무실
에 출근해 일을 했습니다. 이 동네에 점심시간
이 되면 유난히 손님들로 북적거리는 곳이 있는데, 큰 도로변에 위치
한 던킨도너츠와 바로 옆에 있는 로또(복권) 판매점이 그곳입니다.

점심식사를 끝낸 직장인들이 입가심으로 던킨도너츠에 몰려듭니
다. 여름에는 아이스커피, 겨울에는 따뜻한 라테(Latte)가 단연 인기
입니다. 여기에 도넛 하나도 보태집니다. 이래저래 4~5달러, 우리 돈
으로 5,000원이 지출됩니다.

사무실로 다시 돌아가는 길에 복권 판매점에 들러 메가밀리언 복권
3장을 3달러에 삽니다. 또 담배를 피우는 직장인이라면 말보로 담배
를 7달러에 삽니다. 어림잡아 계산해 보니 15달러(1만4천 원)가 짧은

점심시간에 직장인들의 주머니에서 빠져 나갑니다.

미국은 간식의 천국입니다. 점심시간에 뉴욕 맨해튼에 나가면 커피 체인점인 스타벅스와 이탈리아 피자 체인점인 스바루를 비롯해 던킨 도너츠, 버거킹, 서브웨이 등은 사람들로 장사진을 이룹니다. 스타벅 스가 미국인의 기호식품인 커피 가격을 지속적으로 올리며 비싼 가격 에 내다 팔고 있지만, 손님들은 가격에 아랑곳하지 않고 기꺼이 지갑 을 꺼냅니다.

뉴욕의 일반 사람들은 커피 한 잔에, 담배 한 갑에, 복권 한 장에 무 의식적으로 돈을 씁니다. 이는 한국도 마찬가지입니다. 강남의 사무 실 밀집 지역이나 여의도 금융가를 돌아보면 점심식사를 끝내고 스타 벅스로 향하거나, 담배 가게로 향하는 직장인들을 쉽게 찾아볼 수 있 습니다. 커피 한 잔 가격이 점심식사 가격보다 비싼데도 말이죠.

라테 밀리어네어가 되세요

혹시 '라테 밀리어네어' 라는 말을 들 어봤나요?

세계 금융의 중심지인 뉴욕 월가(街)에서 '투자의 귀재' 라고 불리는 데이비드 바크는 강연회나 TV프로그램에서 "쓸데없는 곳에 돈을 쓰 지 않는 것이 부자 되는 지름길"이라고 강조합니다. 그는 청소년 여러 분에게 '라테 밀리어네어' 가 되라고 주문합니다. 불필요한 커피 한 잔 안 마시고 돈을 저축하면 나중에 큰돈이 모인다는 것입니다. 스타 벅스에서 가장 많이 팔리는 '라테(Latte)' 에 빗대어 지어낸 말입니다.

버핏 회장은 작은 돈을 아껴야 큰 부자가 될 수 있다고 말합니다. 스타벅스 커피 한 잔을 아끼면 라테 밀리어네어가 될 수 있습니다.

앞에서도 언급한 것처럼 직장인 중 많은 사람들이 스타벅스에 들러 라테 한 잔과 이것저것 군것질을 더해 하루 1만 원은 족히 씁니다. 담배와 복권 사는 비용을 포함하면 금액은 더 늘어납니다. 데이비드 바크는 쓰지 않아도 되는 돈 10달러(1만 원)를 한 해 동안 아끼면 2,000달러(200만 원)를 모을 수 있고, 22살의 직장인이 11% 이자로 이 돈을 저축한다면 은퇴할 무렵에는 200만 달러(20억 원)의 부자가 될 수 있다고 말합니다.

미국 뉴욕에는 다양한 부류의 밀리어네어(Millionaire: 부자)가 있습니다. 첫째로는 휴렛패커드(HP), 마이크로소프트(MS), 구글 등 대기업의 최고 경영자(CEO)가 되거나 임원이 돼 스톡옵션(주식의 일종)을 받는 '옵셔네어(Optionaire)'가 있습니다. 이들은 연봉과 스톡옵션을 합해 수천만 달러(수백억 원)의 돈을 퇴직금으로 챙깁니다.

또 톡톡 뛰는 아이디어와 전문 기술로 벤처기업을 창업하고 기업을 주식 시장에 공개해 젊은 나이에 부자가 되는 '스니커 밀리어네어'가 있습니다. 이들은 자유분방한 사고로 운동화(스니커)에 청바지를 입고 밤을 새워가며 연구 개발에 몰두한다고 해서 이런 이름이 붙었습니다.

또 하룻밤 좋은 꿈으로 수천만 달러의 복권에 당첨되는 '인스턴트 밀리어네어'가 있습니다. 꿈에 조상이 나타나 복권 당첨번호를 알려주거나 돼지꿈을 꿔서 부자가 된 케이스로 우리말로 굳이 풀이하자면 '벼락부자' 입니다.

평범한 사람들은 옵셔네어, 스니커 밀리어네, 인스턴트 밀리어네어가 될 가능성이 거의 없습니다. 돈을 모으겠다는 뚜렷한 목표 없이 살아가는 한 부자가 될 가능성은 희박합니다.

하지만 데이비드 바크가 얘기한 라테 밀리어네어는 100% 부자를 보장해 주는 방법입니다. 다만 사람들은 작은 것이 모여서 큰돈이 된다는 동서고금의 진리를 외면하거나, '오늘 현실을 즐기고 보자' 라는 타성에 젖어 부자의 길을 지나쳐 가고 있을 뿐입니다.

메이시(Macys: 백화점), 월바움(Wallbaum: 식품매장), 서킷시티(Circuit City: 전자제품), 스테이플(Staple: 문방구), 토이저러스(toysrus: 장난감) 등 미국 매장에 들어서면 신문에서 오렸거나, 해당 회사가 보낸 쿠폰을 들고 물건을 사는 소비자들을 쉽게 볼 수 있습니다.

뒷사람이 줄을 서 있건 없건 제대로 할인된 계산을 받았는지 일일이 계산서 항목을 챙기는 사람들을 볼 때면 짜증이 나기도 합니다. 하지만 이들이야말로 라테 밀리어네어의 철학을 실천하고 있는 사람들입니다. '아껴야 잘 산다'는 상식을 지키는 것이야말로 부자가 되는 지름길이라는 것을 미국 부자들은 보여주고 있는 것입니다.

세계 최고의 부자인 버핏 회장이 10년 이상 된 중고차를 직접 몰고 다니는 것이나, 버크셔 해서웨이 주주들이 30분 이상 기다려 2,000원짜리 햄버거 하나를 먹는 것처럼 말이죠. 부자들은 비록 남들보다 더 많은 돈을 가지고 있지만 쓸데없는 데에는 돈을 쓰지 않는 사람들입니다.

조기 경제교육이 **평생의 부(富)를 결정합니다**

경제교육

세 살 적 버릇이 여든을 가듯이 어릴 때의 경제교육이
평생의 부(富)를 좌우할 수 있습니다.
돈은 어른이 되어서 버는 것이 아니라 어려서 배우는 것입니다.

– 워렌 버핏 회장 –

매년 5월 초만 되면 워렌 버핏 회장이 사는 미국 네브라스카 주 오마하 마을은 '축제의 향연'으로 변합니다. 워렌 버핏 회장이 운영하는 버크셔 해서웨이 회사의 주주총회(기업 설명회)가 있기 때문이죠.

버크셔 해서웨이는 투자 회사랍니다. 여러분이 잘 알고 있는 〈코카콜라〉 〈워싱턴포스트〉 〈질레트〉 등 세계적인 기업에 투자해 수익을 올리는 회사지요. 기업들은 매년 회사가 어떻게 장사를 했고 얼마만큼의 이익을 올렸는지를 회사 주인인 주주들에게 알려 주는 자리를 마련하는데 이것이 주주총회입니다.

오마하는 미국 중부 네브라스카 주의 동쪽 끝에 위치한 중소도시입니다. 한적한 시골마을이 버크셔 해서웨이 주주총회가 열리는 매년 5월 초만 되면 미국 전역은 물론 해외에서 몰려든 버크셔 해서웨이 주주들로 들썩인답니다. 오마하에서 열리는 행사 중 가장 큰 행사가 버크셔 해서웨이의 주주총회입니다.

3일 동안 열리는 주주총회에 버크셔 해서웨이 주식을 가지고 있는 3만여 명의 사람들이 참석하며 이중 700명 정도는 한국을 포함해 일본, 독일, 영국, 프랑스, 남미 등 해외에서 장시간 비행기를 타고 온 사람들일 정도로 큰 인기를 끈답니다.

새벽 5시에 버핏 회장을 기다리는 사람들

제가 방문한 2007년 5월 5일에는 새벽부터 봄비가 부슬부슬 내렸습니다. 출입문을 여는 시간은 아침 7시이지만 조금이라도 버핏 회장을 가까운 거리에서 보기 위해 전날 저녁부터 줄을 서며 밤샘을 한 '열성 팬'도 있었지요.

5시 30분 이른 새벽에 주주총회가 열리는 퀘스트센터(Quest Center) 대강당에 도착해 보니 우산을 받쳐 든 주주들이 200미터 이상 긴 줄을 서 있었습니다. 마치 유명 연예인 공연을 보기 위해 환호성을 지르며 줄을 서 있는 어린 소녀들의 모습을 보는 듯 했습니다.

긴 줄을 파헤치고 앞으로 나아가 제일 먼저 도착한 사람을 만날 수 있었습니다. 그는 자신을 미국 유타 주 파크시티에서 온 제리 브루네

버핏 회장의 경제교육 가르침을 받기 위해 새벽 5시부터 사람들이 비를 맞으며 줄을 서 있습니다. 버핏 회장이 경영하는 버크셔 해서웨이 주주총회(기업설명회)는 경제교육의 장(場)입니다.

티로 올해 45살이라고 소개했습니다.

"어제 저녁 8시부터 이곳에 줄을 섰어요. 버핏 회장을 직접 보고 그의 말을 듣는다는 설렘에 피곤한 줄 모르겠어요. 어떻게 그가 세계 최고의 부자가 되었는지 알고 싶어요."

브루네티 씨가 방긋 웃으며 대답을 했습니다.

드디어 7시. 출입문이 열리자 '버핏의 추종자'들은 본회의장으로 쏜살같이 달려들었습니다. 둥근 원형 천장으로 둘러싸인 회의장은 마치 잠실야구장을 연상시켰습니다. 저는 맨 위층에 위치한 기자실에서 9시 30분부터 오후 3시까지 5시간 이상 진행된 버핏 회장과 주주들의 질문과 대답을 귀를 쫑긋 세워가며 경청했습니다.

장내 마이크로 버핏 회장과 찰리 멍고 부회장이 소개되자 장내에서는 환호성이 터져 나왔고, 여기저기서 카메라 플래시가 번쩍이기 시작했습니다. 버핏 회장은 주주들에게 톱 연예인이었으며, 그들의 우상이었습니다.

버핏 회장은 특유의 유머감각과 재치로 주주들과의 대화를 이끌어 나갔으며, 세계 경제 전반에 대한 질문이 나올 때에는 날카로운 분석력으로 주주들의 궁금증을 풀어주었죠.

예쁜 소녀야, 어릴 때부터 돈 버는 궁리를 해야 한단다

질의응답 시간이 반쯤 지났을 무렵, 어린 소녀가 장내 마이크 앞으로 다가가 버핏 회장에게 질문을 던졌습니다. 앳된 목소리가 장내에 울려 퍼지자 사방은 순간 조용해졌습니다.

글로벌 경제와 환율, 금융 상품 등 딱딱한 질문 일색이었던 질의응답 시간에 어린 소녀의 낭랑한 목소리가 전해지자 장내는 일순간 조용해졌고, 꼬마 아이가 무슨 말을 할까 모두가 호기심 어린 눈으로 바라보았습니다.

"저는 미국 켄터키 주에서 부모님과 함께 왔어요. 올해 10살이에요. 버핏 할아버지, 어떻게 하면 할아버지처럼 큰 부자가 될 수 있나요? 좀 가르쳐 주세요."

장내에서 웃음이 터져 나왔습니다. 꼬마 아이가 무슨 말을 할까 숨을 죽였던 어른들은 돈 버는 기술을 가르쳐 달라는 꼬마 아이의 당돌한 질문에 일제히 박수를 치며 웃음보를 터뜨렸습니다.

버핏 회장도 안경을 한번 쓸어 올리며 얼굴에 미소를 지어 보였죠. 꽤나 재미있는 질문이라는 표정이었습니다. 버핏 회장이 책상 위에 놓인 마이크를 앞으로 끌어당기며 답을 했지요.

"어릴 때부터 돈 버는 데 관심을 가지는 게 좋아요. 고등학생 때부터는 다른 사람들이 가지고 있는 돈을 어떻게 하면 나에게로 오게 할 수 있을까 궁리를 해야 합니다. 지금은 어리니까 부모님과 돈을 벌 수 있는 방법에 대해 꾸준히 상의해 보세요."

버핏 회장의 대답은 짤막했지만 돈에 대한 그의 생각이 응축되어 있었습니다. 오른쪽 옆 자리에서 소녀와 버핏 회장의 대화를 묵묵히 듣고 있던 멍고 부회장도 "다른 사람들이 자신을 믿게 행동해야 해요."라며 거들고 나섰지요.

돈은 어른이 되어서 버는 것이 아니라 어려서 배우는 것입니다 | 세계 최고의 부자인 버핏 회장은 "돈은 어른이 되어서 버는 것이 아니라 어릴 때부터 관심을 가져야 한다"며 결국 돈을 버는 것은 어릴 때부터의 습관이라고 강조했습니다.

버핏 회장은 소녀의 질문에 "공부나 열심히 하세요" "조그만 아이가 돈을 밝혀서는 안 돼요" "먼저 좋은 대학에 들어가세요" "대기업에 들어가면 돈을 벌 수 있어요" 등과 같이 한국 부모들이 해줄 법한 대답을 전혀 하지 않았습니다. 오히려 정반대로 답변을 한 것이지요.

버핏 회장의 답변을 듣고 있자니 자꾸만 한국 청소년들의 경제교육 현실이 눈앞에 아른거렸습니다.

찬바람이 부는 새벽에 학교에 나가 밤하늘의 별을 보고 집에 들어

버크셔 해서웨이 주주총회에 온 것을 환영하는 알림판.

오고, 공부 이외에 딴 생각을 하는 것은 사치에 불과한 것이 한국 청소년들의 현실입니다. 금융과 투자교육을 받거나 자기 손으로 돈을 모을 궁리를 하는 것은 상상도 할 수 없고, 영어 단어 하나, 수학 공식 하나를 더 외우려고 갖은 애를 쓰지요.

청소년들의 관심은 어떻게 해서든지 내신 성적을 올리고 시험성적을 한 단계 올리는 데 맞추어져 있지요. 19살까지 한국의 청소년들은 그렇게 화려한(?) 학창시절을 보내고 젊음을 불태운답니다.

대학에 들어가서도 사정은 마찬가지죠. 1년간은 공부에서 해방된 기쁨을 맛보지만 그것도 잠시, 이제는 취업 준비를 해야 합니다. 대기업에 취업하는 것이 일차적인 목표이고, 나만의 방식으로 돈을 벌어보겠다는 생각을 가지는 것은 몇몇 특이한 학생들의 돌출행동으로 여

겨집니다.

한국 사회에서 청소년들이 돈을 버는 것은 풍차를 향해 칼날을 세우고 돌진하는 돈키호테처럼 어리석게 인식되고 있는 것이 엄연한 현실입니다.

사회가 그런 것이 아니라 할아버지와 할머니로부터 '공부만 잘하면 돈을 번다'는 세뇌교육을 받아온 우리 부모님들의 생각이 청소년 자녀들에게 강요되고 있는 것입니다.

대학을 나오고 해외 유학까지 마쳤지만 직장을 구하지 못해 백수신세로 시간만 허비하고 있는 젊은이들의 신세한탄이 신문 지면을 장식하고 있습니다.

여러분도 이제부터 경제 상식과 투자에 관심을 기울여야 합니다. 물론 인생에서 돈이 전부는 아닙니다. 하지만 풍족하고 여유로운 일생을 보장하는 데 가장 큰 힘이 되는 것이 부(富)입니다.

회사에 취직하고 나서 돈을 모으는 것이 아니라 어릴 때부터 항상 돈을 모으고 불릴 수 있는 방법을 고민해야 합니다. 버핏 회장이 여러분에게 그렇게 주문하고 있습니다.

03

우리 집은 가난하다고 **변명하지 마세요**

가난

가난은 결코 불명예로 여길 것이 아닙니다.
문제는 그 가난의 원인이지요. 나태, 멋대로의 고집, 어리석음.
이 세 가지 중 하나가 가난의 원인이라면 그 가난은
진실로 수치로 여겨야 할 것입니다.
– 플루타르크 영웅전 –

워렌 버핏은 1930년 8월 30일 미국 중서부에 있는 네브라스카 주의 오마하라는 작은 마을에서 태어났습니다. 제대로 된 큰 빌딩 하나 없는 시골 촌 동네였죠. 워렌 버핏은 아버지 하워드 버핏과 어머니 라일라 사이에서 누나인 도리스에 이어 둘째 아이로 태어났습니다.

'오마하'는 '강의 상류에 사는 사람들'이라는 뜻으로, 오마하 서쪽에는 미주리 강(江)이 남북으로 흐르고 있습니다. 지금은 워렌 버핏이 회장으로 있는 버크셔 해서웨이 같은 세계적인 기업이 들어설 정도의 중소도시로 발전했지만, 1930년대만 하더라도 농축산물 거래를 생업으로 하는 사람들이 대부분이었습니다.

1930년은 미국 경제에서 가장 불행하고 가난한 시절이었죠. 1929년의 '경제 대공황(Great Depression)'이 이어진 때였습니다. 경제 불황이 이어지면서 직장을 잃고 길거리에서 식량을 구걸하는 걸인들이 속출했고, 가정을 꾸릴 수 없어 자살하는 사람들이 잇따랐습니다. 미국 근로자의 30% 정도가 직장을 잃고 실업자 신세로 전락했을 정도였지요. 1950년 한국전쟁을 겪은 한국의 경제 사정과 별반 차이가 없었다고 보면 됩니다.

신문을 배달했던 버핏이 〈워싱턴포스트〉의 주인이 됩니다

세계 금융의 중심지인 뉴욕 월스트리트에서 촉발된 금융 위기가 미국 전체로 확산되면서 농업 중심의 시골 마을 오마하도 직격탄을 맞았습니다. 일자리를 잃은 마을 사람들은 새로운 직장을 찾아 다른 마을로 옮겨 가야 했고, 남은 사람들은 하루하루 생계를 이어 가기도 힘든 나날을 보냈습니다.

워렌 버핏의 집도 사정은 마찬가지였지요. 워렌 버핏의 아버지인 하워드 버핏은 당시 증권사 세일즈맨이었습니다. 주식시장이 연일 폭락하고 증권사들이 사람들을 해고하면서 버핏의 아버지도 직장에서 쫓겨나고 말았습니다. 워렌 버핏의 돌잔치를 1주일 정도 남겨 놓고 일어난 일이었습니다.

결국 어린 버핏이 1살쯤 되었을 때 아버지는 실업자 신세로 전락하

아버지의 실직으로 가난을 경험했던 버핏 회장은 낙담하지 않고 언제나 낙천적으로 생각했습니다. 버핏 회장이 주주들 앞에서 연주를 하고 있습니다.

고 만 것이죠. 아버지는 새 직장을 찾아 백방으로 뛰어다녔지만 허사로 끝나고 말았고, 직장을 구한다고 하더라도 수입은 가정을 꾸리기에는 턱없이 부족했습니다.

워렌 버핏이 세계 최고의 부자가 된 지금, 사치를 멀리하고 절약하는 습관을 몸에 지니고 있는 것은 아마 어린 시절의 가난했던 고통이 큰 작용을 했을 것으로 보입니다.

학교생활을 시작한 어린 버핏은 신문을 배달했습니다. 부모님에게 용돈을 달라고 손을 벌리는 것은 사치라고 생각했지요. 온 동네가 잠들어 있는 이른 새벽 버핏은 일찍 일어나 신문을 돌렸습니다. 온 몸이 차가웠지만 두 손을 입김으로 불어가면서 몸을 녹였고, 신문을 돌리고 나면 신문의 검은 잉크 때문에 양손이 까맣게 변했습니다.

어린 버핏은 '나는 왜 가난한 집에서 태어났을까' '우리는 왜 부자 도시 뉴욕에서 살지 못할까' '우리 부모님은 왜 이렇게 무능할까' 라고 자신의 신세를 한탄하지 않았습니다.

어린 버핏은 남의 집 대문 너머로 신문을 넣을 때마다 '내게는 희망이 있고 반드시 성공할 수 있는 기회가 올 것이다' 라며 자신을 다독였습니다. 결코 가난이 자신의 성공을 가로막는 장해물이 될 수 없다며 두 주먹을 불끈 쥐었죠.

어린 버핏이 배달한 신문은 〈워싱턴포스트(The Washington Post)〉였습니다. 〈워싱턴포스트〉 독자가 구독을 취소하면 워싱턴포스트와 경쟁 관계에 있는 신문 구독을 권유하며 신문 배달 부수를 늘려나갔습니다. 타고난 장사꾼이었죠. 아니, 자신이 맡고 있는 일과 분야에서는 최고가 되고야 말겠다는 의지가 담겨 있었죠.

〈워싱턴포스트〉는 미국을 대표하는 일간 신문입니다. 〈뉴욕타임스(New York Times)〉에 버금가는 미국 최고의 신문으로 1877년 설립돼 130년의 역사를 자랑하지요. 그럼 지금 〈워싱턴포스트〉의 주주이자 주인은 누구일까요? 바로 워렌 버핏 회장입니다.

옛날 어려웠던 시절 〈워싱턴포스트〉를 배달했던 어린 버핏이 지금은 이 신문사의 주인이 되었습니다. 그 옛날 꽁꽁 언 손을 입김으로 불어가며 신문을 돌렸던 아이가 그 신문사의 최대주주인 주인이 되어 있는 것입니다.

가난하다고 꿈까지 가난할 수는 없습니다

워렌 버핏은 43살이던 1973년 〈워싱턴포스트〉 지분 10%를 1,000만 달러(100억 원)에 사들였습니다. 당시 〈워싱턴포스트〉의 주인이었던 캐서린 그레이엄 여사를 설득해 〈워싱턴포스트〉의 가치를 더욱 높여 주겠다는 약속을 한 것이죠.

〈워싱턴포스트〉의 경영진들은 캐서린 그레이엄 여사에게 버핏은 아직까지 검증이 되지 않았고, 회사를 어떻게 운영할지 모르기 때문에 버핏 회장과 손을 잡아서는 안 된다고 만류했죠. 하지만 버핏 회장은 이에 굴하지 않고 캐서린 그레이엄 여사를 만나 자신의 비전과 경영철학을 밝히며 협력해 나갈 것을 권유했습니다. 결정을 망설였던 캐서린 그레이엄 여사도 버핏 회장의 순수성과 진실함을 확인하고 결국 지분의 일정 부분을 팔기로 결심을 하게 되었죠. 〈워싱턴포스트〉를 배달했던 어린 소년이 세계적인 정론지인 〈워싱턴포스트〉의 주주가 되는 순간이었습니다.

버핏 회장은 여러분에게 가난을 탓하지 말라고 가르칩니다. 집이 가난하다고 꿈까지 가난할 수는 없다고 몸으로 보여 주었습니다.

청소년 여러분 중에는 '우리 집은 너무 가난해. 나는 아무것도 할 수 없어' '나는 세상을 잘못 태어났어' '내가 부잣집에서 태어났더라면' 하고 자신의 신세를 한탄하는 사람들도 있을 겁니다. 여러분이 이같은 생각을 하면 할수록 여러분은 점점 더 비관적인 사고방식에 빠져들게 됩니다. 자신의 미래 발전을 위해 전혀 도움이 안 되는 체념일 뿐입니다.

가난이나 불행이 여러분의 성공을 가로막는 장해물이 되어서는 안 됩니다. 여러분은 장해물을 극복하고 더 좋은 자리로 나아갈 수 있는 능력과 잠재력을 가지고 있습니다. 여러분이 여러분 자신을 확신하지 않고, 숨겨진 능력을 의심하는데 누가 여러분을 지원해 주겠습니까?

가난을 탓하기보다는 노력하지 않는 여러분의 마음가짐을 탓해야 합니다. 집에 돈이 없다는 현실을 한탄하지 말고 여러분의 마음속에 발전하려는 의지가 없다는 것을 개탄해야 합니다.

버핏 회장은 추운 겨울 〈워싱턴포스트〉를 배달하면서 꼭 성공하고야 말겠다는 의지를 불태웠습니다. 혹한의 겨울을 이길 수 있었던 것은 버핏 회장의 삶에 대한 뜨거운 열정과 의지 때문이었습니다.

여러분은 여러분이 가진 능력의 10%도 아직 발휘하지 않았습니다. 나머지 90%는 여러분의 능력 속에 감추어져 있지요.

이제 자신이 처한 환경을 탓하지 말고 버핏 회장이 여러분에게 보여 주었던 것처럼 희망과 도전의 날개를 활짝 펴보여야 합니다. 그것이 버핏 회장이 청소년 여러분에게 던져 주는 교훈입니다.

아빠, 저 **주식투자를** 하고 **싶어요**

투자

매년 5월 초가 되면 버핏 회장이 운영하는 버크셔 해서웨이의
주주총회가 열립니다. 가장 흥미로운 것은 주주총회에 참석하는
부모들이 청소년 자녀들을 함께 데리고 온다는 사실입니다.
미국 부자들은 가능한 한 이른 나이에
자녀들에게 투자 교육을 시키고 있습니다.

– 버핏 회장을 만나고 나서 –

워렌 버핏이 11살 되던 때의 일입니다.

"아빠, 저 주식투자를 하고 싶어요. 아빠도 주식
투자를 하니까 저도 해보고 싶어요."

버핏이 아침식사를 하다 아버지에게 말했습니다.

"그래, 나는 너의 생각을 존중한단다. 하지만 너도 알다시피 주식투
자는 잘 하면 돈을 불릴 수 있지만 잘못하다가는 원금마저 손실을 입
는단다. 잘 알고 있겠지."

아버지는 버핏의 생각이 기특하다고 여겼지만, 한편으로는 걱정스

러운 듯이 대답했습니다.

"아빠, 잘 알고 있어요. 제가 모르는 것은 아빠가 가르쳐 주세요. 저도 열심히 공부하고 모르는 것이 있으면 아빠에게 배우도록 할게요."

어린 버핏은 물러서지 않았습니다.

"그래. 너의 고집을 꺾지는 않겠다. 하지만 조건이 있단다. 네가 투자하고자 하는 기업에 대해 열심히 분석하고 절대 무리하게 주식투자를 해서는 안 된단다. 또 정기적으로 너의 주식투자 수익률에 대해 나와 함께 상담하도록 하자꾸나."

버핏의 아버지는 어린 나이에 다른 아이들에 비해 일찍 투자에 관심을 보이는 아들이 대견했습니다.

"예, 아빠. 허락해 주셔서 고맙습니다. 아빠에게 돈을 달라는 생떼는 쓰지 않을게요. 제가 용돈을 벌어 제 힘으로 투자하겠습니다. 지켜봐 주세요."

버핏, 11살 때 주식투자에 나섭니다

워렌 버핏은 11살 되던 때에 처음으로 주식을 샀습니다. 주식을 사고파는 브로커(broker)로 일하던 아버지가 아들이 주식에 조금이라도 빨리 익숙해지고, 어떻게 하면 돈을 벌고, 어떻게 하면 돈을 잃게 되는지 실전 경험을 통해서 가르쳐 주었기 때문입니다. 사회생활을 시작하는 20대가 되어서야 주식이 뭔가를 알게 되는 한국의 투자 환경과는 하늘과 땅 차이지요.

버핏은 어린 나이에 골프 캐디(도우미)로 일하며 주운 공을 팔아 돈을 모았습니다. 남들은 쓸데없는 일을 한다고 웅성거렸지만, 버핏은 이에 아랑곳하지 않고 자신의 작은 꿈을 이루기 위해 자신이 할 수 있는 일을 했습니다.

또 자신이 직접 만든 동전 교환기를 동네 사람들에게 팔았답니다. 망치질이 서툴러 손가락을 다치기도 하고 동전 교환기가 고장이 나 애를 먹기도 했지만 꿈을 달성하기 위한 과정으로 생각하고 꾹 참았습니다.

어린 버핏은 아버지와의 약속을 지켰습니다. 자신의 노력과 땀으로 용돈을 마련하고 이를 주식투자에 사용했습니다. 어려운 주식 용어와 투자 원리는 아버지에게 물어가면서 세계적인 투자자로서 이름을 날리게 되는 경험을 쌓게 된 것이지요.

고등학교를 졸업하기 전에 그는 이미 큰 농장의 주인이 되어 있었습니다. 사회생활을 시작할 무렵 친구들은 취직 준비에 골머리를 앓고 있었지만, 버핏은 투자자들을 모집해 돈을 모으고 기업을 사들이는 사업가로서 사회생활을 시작하게 되었습니다.

어린 시절 어떠한 꿈과 목표를 세우느냐에 따라 사회생활의 출발 자체에 큰 차이가 생기는 법입니다.

<table>
<tr><td>경제 교육에
익숙해지세요</td><td>워렌버핏 회장은 자신이 어렸을 때 겪었던 소중한 경험을 청소년들에게 전파하려고 노</td></tr>
</table>

력합니다.

버핏 회장이 고안하고 창안한 어린이 놀이상품 중에 '돈놀이 게임'
이 있습니다. 한국의 윷놀이와 비슷한 게임으로 아이들이 은행에서
돈을 빌릴 때 이자를 얼마나 내야 하는지, 주식 브로커에게는 얼마의
수수료를 내야 하는지, 투자 수익률은 얼마가 될지 생각하도록 하는
게임입니다.

부모와 아이들이 게임을 할 수도 있고, 친구들끼리도 즐길 수 있도
록 만들어졌지요. 게임 포장박스에는 버핏 회장과 찰리 멍고 부회장
의 얼굴이 캐리커처로 익살스럽게 그려져 있는데, 아이들이 하루라도
빨리 돈에 익숙해질 수 있도록 고안된 상품입니다.

초등학생, 중학생들이 부모에게 떼를 쓰면 20만 원 이상의 고가 핸
드폰을 덥석 건네주는 것이 한국의 현실이지만, 버핏 회장은 아이들에
게 돈을 벌고 관리하는 방법이 더욱 중요하다고 가르치고 있습니다.

이는 버크셔 해서웨이 주주총회에 가면 분명히 확인할 수 있답니
다. 한국의 부모와 자녀들이 버크셔 해서웨이 주주총회에 참석한다면
'청소년 주주'들이 많다는 사실에 깜짝 놀랄 겁니다.

한국에서는 상상하기 힘든 일이지요. 부모의 손을 잡고 주주총회장
을 찾아 버핏 회장의 말을 귀담아 듣고, 버핏 회장이 투자한 기업의 제
품을 둘러보면서 청소년들은 투자에 대한 실전 경험을 쌓게 됩니다.

버핏 회장은 경제교육이 빠르면 빠를수록 청소년들이 부자가 될 확률이 높다고 말합니다. 미국 부모들은 자녀들이 어릴 때부터 돈과 경제에 친숙해질 수 있도록 옆에서 도와줍니다.

주주총회장을 찾은 청소년 손님들

어린 시절의 작은 투자 경험이 아이들의 미래 인생까지 바꾸어 놓을 정도로 큰 영향을 미칠 것으로 생각하고, 아이들을 데리고 온 미국 부자들의 작은 배려가 부러울 뿐입니다.

저는 주주총회장을 돌아보다가 8살 된 딸을 데리고 온 한 남자를 만났습니다. 그는 올해 49살로 데이비드 래들러라고 했습니다. 래들러 씨는 버크셔 해서웨이 주식을 10주 이상 가지고 있는 부자입니다.

"딸아이를 데리고 왔어요. 버크셔 해서웨이 주식 몇 주를 딸아이 주식 계좌로 넣어 주었거든요. 아이가 자신이 어떤 회사에 투자했고, 그 회사의 경영자가 누구인지 알 수 있도록 하기 위해서 데리고 왔죠. 어릴 때부터 돈에 대해 눈을 뜨게 해주는 것이 중요하다고 봐요. 오늘

딸아이에게 좋은 교육 현장을 선물한 것 같아 기분이 좋아요."

래들러 씨가 싱글벙글 웃으며 말했습니다.

아빠의 손을 꼭 잡고 옆에서 저와 래들러 씨의 대화를 가만히 지켜보고 있던 딸아이 벨라가 끼어들었습니다.

"아빠가 버크셔 해서웨이 주식 몇 주를 저의 주식 계좌에 넣어 주었어요. 일주일마다 아빠와 경제신문이나 잡지를 보면서 제 주식 가격이 어떻게 되었는지 체크하고, 버크셔 해서웨이 회사에 무슨 일이 있었는지 알아봐요. 처음에는 따분하고 지루했는데 이제는 제가 먼저 신문이나 인터넷을 찾아본다니까요. 참 재미있어요. 이제는 왜 아빠가 저에게 주식 계좌를 만들어 주었는지 이해할 수 있을 것 같아요. 버크셔 해서웨이의 주식은 제가 귀여워하는 우리 집 강아지와 같이 이제 소중한 저의 일부가 되었어요. 아빠에게 감사하고 있어요."

딸아이 벨라가 웃으며 말했습니다.

비즈니스를 하는 미국의 청소년

버핏 회장이 어릴 때부터 돈의 소중함을 깨닫고 재테크에 높은 관심을 가졌던 것처럼 래들러 씨도 딸아이 벨라에게 돈 버는 방법을 가르치고 있었던 것입니다.

사실 미국 부모들은 아이들에게 일찍 돈과 재테크에 대해 가르칩니다. 미국 동네를 돌아다니다 보면 자기 집에서 쓸모가 없는 물건들을

버핏 회장의 친필 사인

정원 앞에 모아놓고 싼 가격에 파는 '차고세일(garage sale)'을 하는 것을 흔하게 볼 수 있습니다.

부모들은 낡은 가구와 소파, 전자제품, 골프세트 등을 내놓고, 아이들은 인형과 게임기, 책상, 스쿠터 등 자질구레한 물건들을 진열해 놓고 지나가는 사람들에게 물건을 팝니다.

아이들이 직접 손님과 가격 흥정을 하기도 하고, 제품 사용하는 방법을 알려 주면서 물건 파는 방법을 배워가는 것이죠. 한국 사회 같으면 어린 애가 당돌하다거나 너무 일찍 돈을 밝히는 것 아니냐는 핀잔을 들을 일이지만, 미국에서는 너무나 자연스러운 일입니다.

돈을 벌기가 얼마나 힘들고 돈을 왜 소중히 여겨야 하는지 아이들은 생활을 통해서 깨우쳐 간다고 볼 수 있습니다. 돈이 필요할 경우 아무 생각 없이 지갑에서 돈을 꺼내 아이들에게 건네는 한국의 부모들과는 큰 차이가 있는 것입니다.

자녀들이 가난하게 살기를 바라는 부모는 이 세상 어디에도 없습니다. 하지만 한국 부모들은 아이들이 돈을 벌고, 돈에 친숙할 수 있는 방법을 교육하는 데는 인색합니다.

돈을 벌고 관리하는 방법을 모르는 사람이 어떻게 부자가 될 수 있겠습니까? 버핏 회장은 분명하면서도 또렷하게 말합니다. 어릴 때부터 경제교육을 시키고 아이들이 돈에 관심을 갖도록 유도해야 한다고. 어른이 되어서 부자 계획을 세울 것이 아니라 어릴 때부터 돈 버는 공부를 해야 한다는 것을 버핏 회장은 보여 주고 있습니다.

책과 신문 속에 **부(富)가 있습니다**

독서

오늘의 나를 만든 것은 우리 마을의 작은 도서관이었습니다.
나에게 소중한 것은 하버드 대학의 졸업장보다
독서하는 습관이었습니다.
– 마이크로소프트의 빌 게이츠 회장 –

미국 뉴욕에서 3년 4개월 동안 생활하며 미국 청소년들을 지켜본 결과 가장 놀란 것은 청소년들이 책과 신문을 좋아하고 독서를 많이 한다는 점이었습니다.

새벽에 학교에 나가 밤하늘을 보며 집에 돌아오는 한국 청소년들의 교육 현실과는 달리 미국 청소년들은 학교 수업이 끝나면 개인 시간이 많은 것이 사실입니다.

다른 나라 청소년들처럼 닌텐도나 플레이스테이션(PS) 게임을 하고 컴퓨터 오락으로 시간을 보내는 일도 많지만 여가시간이 끝나면 대부분 자기 방으로 가 책이나 신문을 읽습니다. 교회에 나가는 청소년들이 많아 성서를 읽기도 하고, 공상과학 소설을 읽기도 하고, 청소년들을 위한 자기계발 우화를 좋아하기도 합니다.

중요한 것은 책의 종류와 테마가 아니라 자신이 관심을 가지고 있는 분야의 책을 많이 읽는다는 것입니다. 학교 수업이 끝나면 사설학원으로 달려가는 것이 아니라 동네 도서관으로 향합니다. 초록이 우거진 자기네 집 정원에서 부모와 자녀들이 접이식 의자를 펼쳐놓고 책과 신문을 읽는 광경을 쉽게 목격할 수 있지요.

한국의 현실은 정반대입니다. 책을 읽는 문화가 자리 잡지 않았고 청소년들은 학교 공부에 얽매여 책을 읽을 시간이 없다고 합니다. 여러분도 1년에 몇 권의 책을 읽는지 손가락으로 세어 보기 바랍니다. 부끄러움을 느끼는 학생들도 있을 겁니다.

유엔본부(UN)가 정한 청소년의 평균 독서량의 순위를 보면 미국이 독서량 세계 1위, 일본이 2위를 차지하고 있습니다. 각국의 청소년 독서량은 미국 청소년이 6.6권, 일본이 6.1권, 프랑스 5.9권을 기록했고 한국 청소년들은 0.8권에 그쳤습니다.

세계 10위의 경제규모를 자랑하는 한국의 청소년 독서량은 세계 166위로 거의 꼴찌 수준입니다. 다른 나라의 청소년 독서량은 평균 6권을 웃도는 반면 한국의 청소년 독서량은 1권에도 미치지 못하는 것이지요.

청소년 여러분의 책장을 한번 둘러보세요. 영어, 수학, 자연과학 등 대학 입시에 관련된 문제집을 빼고 몇 권의 책이 꽂혀 있나요.

학교 공부도 따라가기 힘든데 책 읽을 시간이 어디 있느냐고 변명할 수도 있을 것입니다. 하지만 한국 청소년들과 똑같이 대학 입학시험을 준비해야 하고, 입시 경쟁에 시달리는 일본 청소년들이 한국 학생들보다 7배 이상 책을 더 많이 읽는다는 사실에 주목해야 합니다. 독서는 시간이 있어서 하는 것이 아니라 의지와 관심이 있어야 가능한 것입니다.

버핏 회장은 책벌레

버핏은 어릴 때부터 책과 신문을 좋아했습니다. 버핏의 친구들과 동네 사람들은 어린 버핏을 '책벌레' 라고 불렀습니다.

버핏은 11살 때 주식 투자를 시작했지요. 주식 브로커였던 아버지가 보는 경제신문을 옆에서 같이 읽었으며, 자신이 모르는 경제 용어나 설명이 나오면 아버지에게 묻거나 자신이 직접 책을 찾아 궁금증을 해결했습니다. 교과서에 나오는 옛날 지식으로는 끓어오르는 지적 호기심과 궁금증을 해결할 수 없었기 때문입니다.

고등학교를 졸업한 버핏은 아버지의 권유와 설득으로 동부의 명문 대학인 펜실베니아 대학의 와튼스쿨(Wharton school)에 입학합니다. 경제와 경영, 금융, 마케팅, 회계 분야에서 세계적인 명성을 얻고 있는 학교입니다.

하지만 버핏은 어릴 때와 마찬가지로 대학 공부를 그리 좋아하지 않았습니다. 어릴 때부터 관심 있는 분야의 책을 수백 권이나 닥치는 대로 읽었기 때문에 학교에서 배우는 경제경영 입문서는 버핏에게 시시하기 짝이 없었습니다.

버핏은 대학 생활을 할 때에도 학과 공부에 전념하기보다는 자신이

버핏 회장은 책과 신문을 가까이 해야 부자의 길로 들어설 수 있다고 말합니다. 버크셔 해서웨이 주주총회에 모인 주주들에게 버핏 회장은 이 점을 강조했습니다.

읽고 공부한 책에서 얻은 지식을 바탕으로 주식투자에 몰두했습니다. 다른 친구들은 교과서를 옆구리에 끼고 시험공부를 한다고 야단을 떨었지만, 버핏은 증권사 객장으로 달려가 기업을 조사하고 주가추이를 살피는 일이 더 많았습니다. 그는 교과서에 얽매이는 것이 아니라 자신의 관심 분야와 관련된 책들을 어려서부터 꾸준히 읽어 왔습니다.

버핏은 종종 친구들에게 이렇게 말했다고 합니다.

"학교 교과서에서 내가 배울 것은 더 이상 없어. 내가 할 일이라고는 시험 치기 전날 책을 펼쳐놓고 내가 좋아하는 콜라를 마시는 일뿐이야. 그렇게만 해도 100점을 받을 자신이 있다고."

학창시절 버핏의 이와 같은 자신감은 폭넓은 독서에 있었다고 친구들은 말합니다.

버크셔 해서웨이의 회장이 된 지금도 버핏은 책과 신문 읽기를 멈추지 않습니다. 어릴 때의 습관이 몸에 배어 있기 때문이죠. 그는 매일 〈월스트리트저널(Wall Street Journal)〉〈파이낸셜타임스(Financial Times)〉 등과 같은 경제신문은 물론 〈워싱턴포스트〉〈뉴욕타임스〉 등과 같은 종합지도 꼼꼼히 읽습니다.

신문을 통해 세계 경제가 어떻게 돌아가는지, 어떤 기업이 투자 유망한지, 어떤 국가에 대한 투자 비중을 늘려야 할지 등 사업 계획을 제대로 세울 수 있기 때문입니다.

버핏 회장의 책상에는 전 세계에서 몰려든 100개 이상의 기업 리스트와 보고서가 올라와 있습니다. 78세의 고령임에도 불구하고 버핏 회장은 매일 아침 버크셔 해서웨이 본사에 출근해 기업 보고서를 빠짐없이 읽고 투자판단을 내립니다.

"버핏 회장은 집중력이 뛰어나고 신문과 책, 보고서를 읽을 때에도 정독해서 읽습니다. 한번 읽은 내용에 대해서는 자그마한 숫자도 정확하게 기억할 정도로 명석한 두뇌를 가지고 있지요. 왜 사람들이 그를 책벌레라고 부르는지 알 수 있답니다."

버핏 회장의 개인 비서인 마거릿 임 씨의 설명입니다.

버크셔 해서웨이의 버핏 회장과 유엔본부의 반기문 총장 사이에는 공통점이 많은데 책과 신문을 많이 읽는 것도 그중의 하나입니다.

버핏 회장과 마찬가지로 반 총장도 책과 신문을 좋아하지요. 반 총장의 연설문이나 수기를 보면 역사적인 사실이나 일화를 자주 언급하는데 이는 반 총장이 어려서부터 책을 많이 읽은 덕분입니다.

반 총장과 대화를 나누다 보면 세계적인 위인을 비롯해 세계 역사, 각국의 문화와 특성 등 다방면에 걸쳐 풍부한 상식을 갖추고 있다는 데 부러움을 갖게 되는데 이는 모두 책을 통해 터득한 것입니다.

반 총장은 매일 아침 맨해튼 유엔본부에 출근하면 10여 개의 신문을 읽습니다. 세계 각국에서 어떠한 일이 벌어지고 있고, 유엔본부가 어떠한 행동을 해야 할지 판단을 내리기 위해서입니다. 책과 신문을 읽지 않고 생활한다는 것은 무인도에서 외부와의 연락을 끊고 혼자서 사는 것과 다를 것이 없습니다.

결국 반 총장과 버핏 회장은 책과 신문을 개인과 세계를 연결시켜 주는 수단으로 여기고 있는 것입니다.

책에는 지식이 있고 지혜의 말씀이 있고 부(富)를 얻을 수 있는 아이디어가 모두 숨어 있습니다. 제가 만난 사업가 중에도 책을 읽다가 사업 아이디어를 얻어 성공한 사람들이 많습니다.

책 속에 숨겨진 보물을 발견하느냐, 그냥 지나치느냐, 이것은 여러분의 선택에 달려 있습니다.

버핏 회장의 절친한 친구인 마이크로소프트(MS)의 빌 게이츠 회장
은 독서의 중요성을 다음과 같이 강조합니다.

"오늘의 나를 만든 것은 우리 마을의 작은 도서관이었습니다. 나에
게 소중한 것은 하버드 대학의 졸업장보다 독서하는 습관이었습니
다."

빌 게이츠 회장뿐 아니라 버핏 회장, 반 총장 모두가 여러분에게 전
하려는 메시지가 아닐까요.

독서하는 습관이 여러분의 지식과 부(富)를 결정한다는 것을 세계
역사를 움직이는 위인들이 힘주어 말하고 있습니다.

청소년 여러분, 오늘 당장 부모님에게 종합지 신문이나 어린이 신
문을 보고 싶다고 부탁하세요. 아니면 서점에 가서 여러분에게 꿈과
희망을 주는 책을 한 권 골라 보세요. 동서고금의 많은 지도자나 부자
들도 책 한 권으로 인해 인생이 바뀐 경우가 많이 있습니다.

신문을 한 달 동안 구독해 봐야 1만 원 안팎입니다. 서점의 책 한 권
가격도 1만 원에서 1만5천 원 사이입니다. 자녀들이 신문을 읽고 책
을 산다고 하는데 돈을 아끼는 부모들은 거의 없습니다.

대학 졸업장보다 독서하는 습관이 더욱 소중하다고 강조한 빌 게이
츠 회장의 충고를 곰곰이 되씹어 보기 바랍니다.

본받고 싶은 **부자모델을 찾으세요**

나는 나의 스승들에게서 많은 것을 배웠습니다.
그리고 내가 벗 삼은 친구들에게서 더 많은 것을 배웠습니다.
그러나 내 제자들에게선 훨씬 더 많은 것을 배웠습니다.

– 탈무드 –

정직한 방법으로 돈을 벌어 부자가 되거나, 자기 계발을 열심히 해서 사회에서 성공한 사람이 되기 위해서는 멘토(mentor)가 필요합니다. 멘토는 '본받고 싶은 사람' '나에게 가르침을 주는 선생님과 같은 존재' '내가 되고자 하는 사람' 등으로 풀이할 수 있습니다.

망망대해를 항해하는 배가 목적지를 정해 놓고 돛을 올리듯이 팔십 평생을 사는 인간들도 멘토나 성공 모델을 만들어 놓고 삶을 살아야 표류하거나 좌초하지 않습니다.

멘토는 삶을 살아가는 데 자극제가 되기도 하고, 우리가 실패와 좌절에 빠져 있을 때는 새로운 에너지를 불어 넣고, 끊임없는 열정을 쏟게 합니다. 멘토가 있는 삶과 멘토 없이 하루 하루를 무의미하게 사는 삶에는 큰 차이가 있습니다. 여러분의 멘토는 누구입니까? 여러분이 본받고 싶어 하는 지도자나 리더, 부자들은 누구입니까?

청소년 여러분의 멘토는 누구입니까?

버핏 회장은 벤저민 그레이엄(Benjamin Graham) 컬럼비아 대 교수를 평생의 멘토로 여기고 공부를 했습니다.

여러분도 잘 알다시피 버핏 회장은 '가치 투자의 귀재' 라고 불립니다. 기업가치가 떨어진 주식을 사서 장기간 보유하면 주식 가격이 올라가 이익을 얻을 수 있다는 것이 가치 투자의 핵심입니다. 11살 때 주식 투자를 시작해 지금까지 67년 동안 버핏 회장이 변함없이 지키고 있는 원칙이지요.

버핏 회장은 '가치 투자 원칙' 을 자신의 생명과 같이 지키고 있는데, 이는 모두 벤저민 그레이엄 교수에게서 배우고 터득한 것입니다. 버핏 회장이 벤저민 그레이엄 교수를 만나지 않았더라면, 설령 만났더라도 그레이엄 교수를 멘토로 여기지 않았더라면, 과연 오늘날의 버핏 회장이 될 수 있었을 것인가 의문을 나타내는 사람들도 있을 정도입니다.

버핏 회장이 19살이었던 1950년의 일이었습니다. 버핏은 어릴 때부터 신문 배달과 오락기계 판매, 주식투자 등을 통해 1만 달러(1,000

만 원)의 돈을 모아놓은 상태였습니다. 증권 브로커였던 아버지의 어깨 너머로 주식투자를 하는 방법을 배우기는 했지만 전문적인 지식과 경험은 부족했습니다.

당시 버핏은 자신의 고향 오마하의 지방대학인 네브라스카 대학 4학년에 다니고 있었습니다. 좀 더 체계적으로 공부를 하고 싶은데 어떻게 하면 좋을까 고민하던 버핏은 그해 여름 세계 최고 대학인 하버드 대학의 비즈니스 스쿨(경영대학원)에 입학원서를 냈습니다.

부모님과 가족들도 좋은 선택을 했다며 격려해 주었지만 결과는 애석하게도 낙방이었습니다. 시골 출신인데다 외모도 애송이처럼 보여 입학을 받아주지 않았던 모양이라고 버핏은 생각했습니다.

어려서부터 큰 실패를 모르고 살았던 버핏에게는 큰 충격이었습니다. 그렇다고 마냥 실의에 빠져 있을 수는 없는 일이었습니다. 동네 어른들로부터 '책벌레'라는 별명을 얻었던 버핏은 경제관련 책을 읽으면서 아픈 마음을 달랬습니다.

버핏은 어느 날 자신의 책상에서 책을 읽다가 벤저민 그레이엄 교수의 『현명한 투자자(The Intelligent Investor)』라는 명저를 접하게 됩니다. 몇 장을 읽어 나가던 버핏은 마치 쇠몽둥이로 머리를 얻어맞은 것처럼 신선한 충격을 받습니다. 어두운 밤길을 헤매다 돌부리에 걸려 넘어진 그에게 저 멀리서 빛나는 불빛과도 같은 경험이었지요.

벤저민 그레이엄 교수는 '가치 투자의 아버지'로 불리는 사람입니다. 여러분이 좋아하는 떡볶이에도 원조가 있듯이 가치 투자 이론을 가장 먼저 체계적으로 정립한 사람입니다.

기업들의 가치는 시장 충격이 가해지면 적정가치 이하로 떨어집니다. 마치 금덩어리가 진흙탕에 빠지면 사람들이 황금의 가치를 제대로 평가하지 못하고 그냥 지나치고 마는 것과 같은 이치죠. 이처럼 적정가치 이하로 떨어진 기업의 주식을 사서 적정가치가 될 때까지 장기간 보유하면 수익을 올릴 수 있다는 것이 가치 투자입니다.

버핏은 사방으로 펼쳐진 미로에서 출구를 발견한 느낌이었습니다. 벤저민 그레이엄 교수의 책을 읽기가 무섭게 버핏은 다음 날 그레이엄 교수가 교편을 잡고 있는 뉴욕으로 날아가 컬럼비아 대학교의 비즈니스 스쿨(경영대학원)에 입학원서를 냈습니다.

평생의 스승과 만납니다

하버드 대학교에서는 입학이 거부되었지만 컬럼비아 대학교는 버핏의 열정과 도전 정신을 높이 평가해 입학을 허가해 주었습니다. 버핏과 그의 평생 스승인 벤저민 그레이엄 교수의 첫 만남은 이렇게 이루어졌습니다. 이는 버핏이 가치 투자의 길로 들어서서 세계적인 투자자로 거듭나는 첫걸음이었습니다.

어린 시절부터 학교 공부보다는 경제 관련 서적을 읽는 데 골몰하며 학업을 소홀히 했던 버핏은 학습 스타일이 180도 변했습니다. 자신이 좋아하는 분야를 공부하고 있었고, 새로운 스승을 만나 자신의 인생 목표를 명확하게 결정했기 때문에 공부에 흥미가 붙었습니다. 자신이 진정으로 하고 싶은 분야에서 일을 할 때에는 새로운 에너지와 열정이 솟아나는 법입니다.

버핏 회장과 마이크로소프트의 빌 게이츠 회장은 세계 최고의 부자 모델입니다. 버핏 회장과 게이츠 회장이 탁구를 치고, 포커 게임을 하고 있네요.

당시 벤저민 그레이엄 교수 밑에서 가르침을 받던 학생과 직장인은 어린 버핏을 포함해 20명 정도였는데 월스트리트에서 전문 투자가로 활동하는 사람들도 있었습니다.

월스트리트에서 일하는 전문 투자가들은 수천만 달러(수백억 원)의 돈을 운영하고 주식에 투자하는 전문가들이었기 때문에 같이 수업을 받는 어린 버핏은 주눅이 들 수밖에 없었습니다. 20살의 버핏은 학급 클래스에서 가장 나이가 어렸습니다.

버핏은 "반드시 전문 투자가들을 이길 거야"라며 자신에게 승리의 주문을 걸었습니다. 학교 수업이 끝나면 바로 도서관으로 달려가 그날 배운 것을 복습하고 경제경영 서적을 찾아 밤을 새워가며 공부했습니다.

학업 초기에는 그레이엄 교수의 강의가 어렵고, 전문 투자가와 그레이엄 교수가 주고받는 대화를 이해하기 힘들었지만 시간이 지나면서 버핏도 대화와 토론에 동참할 수 있었습니다.

여러분도 잘 알다시피 선생님이 일방적으로 학생들에게 지식을 주입하는 한국과 달리 미국은 질문과 대답, 토론 형식으로 수업이 진행되기 때문에 제대로 복습과 예습을 하지 않으면 수업에 참여하는 것조차 힘듭니다.

시간이 지날수록 수업을 주도하는 학생이 전문 투자가에서 버핏으로 변하게 됩니다. 그레이엄 교수가 던진 질문에 전문 투자가들도 대답을 못해 끙끙거리고 있을 때 버핏이 손을 들어 대답하는 경우가 많아졌습니다. 처음에는 수업에서 소외되었던 버핏이 이제는 수업을 주도하게 된 것이지요.

1951년 6월 버핏은 2년 만에 컬럼비아 대 비즈니스 스쿨을 졸업합니다. 일부 학생들은 게으름을 피워 졸업을 못하거나 중도에 학업을 포기하는 경우도 있었지만 버핏은 모든 것을 잘 견뎌냈습니다. 자신의 꿈을 향해 열정적으로 공부하고 준비한 노력이 있었기에 가능한 일이었습니다.

그레이엄 교수는 학생들의 성적에는 인색했습니다. 좀처럼 최고 점수인 'A+'를 주지 않았지요. 그레이엄 교수가 교편을 잡은 22년 동안 그에게서 'A+'를 받은 사람은 한 사람도 없었습니다.

하지만 버핏의 졸업 성적에는 'A+'라고 분명하게 쓰여 있었지요. 그레이엄 교수에게서 'A+'를 받은 학생은 버핏이 처음이자 마지막이었다고 합니다. 버핏은 컬럼비아 경영대학원을 졸업한 학생 중 가장 뛰어난 학생이었던 셈입니다.

배움과 학업에 목말라했던 어린 버핏은 지금 세계 최고의 부자이자 투자가가 되어 있습니다. 사람들은 가치 투자의 아버지인 벤저민 그레이엄보다 그의 제자였던 워렌 버핏을 최고의 가치 투자가로 여깁니다.

버핏 회장이 세계 최고의 부자로 성공할 수 있었던 것은 일찍이 자신의 멘토를 발견하고 멘토를 넘어설 정도로 노력하고 도전했기 때문입니다.

옛말에 '청출어람(靑出於藍)'이라는 말이 있습니다. 푸른색(靑)은 남색(藍)에서 나왔다는 뜻으로 학생이 자신을 가르친 선생님보다 뛰어난 사람이 되는 것을 말합니다. 벤저민 그레이엄 교수와 버핏의 만남이 청출어람의 대표적인 사례가 아닐까요. 버핏은 자신의 멘토를 일찍 설정하고 자신의 목표를 향해 끊임없이 노력했습니다.

멘토는 우리에게 삶의 방향을 제시하는 나침반과 같은 존재가 되기도 하고, 우리가 방향을 잃고 우왕좌왕하고 있을 때에는 중심을 잡아주는 북극성과 같은 역할을 합니다.

여러분은 멘토를 가지고 있습니까? 여러분의 멘토는 누구입니까? 여러분은 멘토를 향해 나아가고 있습니까? 성공한 인생은 정처 없이 헤매는 삶이 아니라 멘토를 향해 나아가는 삶이라고 버핏 회장은 여러분에게 가르치고 있습니다.

부(富)는 알리는 것이 아니라 감추는 것입니다

검소

1원을 절약하면 1원을 번 것입니다.
이는 당신이 억만장자라도 마찬가지입니다.
사람들이 나를 인색하다고 말하지만 개의치 않습니다.
구두쇠라는 세간의 평가를 자랑스럽게 생각합니다.
– 세계 최대 가구회사 이케아의 잉그바르 캄프라드 회장 –

세계 최고 부자인 버핏 회장은 과연 어떤 집에서 살고 있을까요. 수풀이 우거진 중세 유럽풍의 성(城)에서 살까요, 아니면 집 한 채에 5,000만 달러(500억 원)가 넘는 맨해튼의 고급 아파트에서 살까요.

저는 2007년 5월 미국 중서부 네브라스카 주의 오마하에 있는 워렌 버핏 회장의 집을 방문한 적이 있습니다. 막연한 호기심도 있었지만 으리으리한 대궐 같은 집을 보는 것만으로도 좋은 구경거리가 될 듯싶었기 때문이지요.

내가 방문한
버핏 회장의 집

아침 일찍 일어나 투숙하고 있는 호텔에서 콜택시를 불렀지요. 시계를 들여다보니 새벽 5시 30분을 약간 넘은 시간이었습니다. 호텔 로비에서 미국의 작은 시골동네에서 느낄 수 있는 고요한 적막감을 만끽하고 있으니 저 멀리서 새벽 어둠을 가르고 노란 콜택시가 달려왔습니다.

"여기에 적힌 주소로 좀 가주시겠습니까?"

제가 택시기사에게 물었습니다.

"알겠습니다. 그런데 여기에 적힌 동네는 워렌 버핏 회장이 사는 곳인데, 거기 가려고 하나요?"

"예. 버핏 회장 집을 한번 구경하려고요."

"아. 그렇군요. 외국 손님들이 버핏 회장 집을 한번 보려고 택시를 많이 타지요. 바로 출발하겠습니다."

차가운 새벽 공기를 가르며 택시는 달리기 시작했습니다. 뉴욕의 번잡하고 바쁜 생활에 쫓기면서 살아온 저에게 시골마을 오마하가 주는 새벽의 조용함과 아늑함은 어머니 품과 같았습니다.

택시기사는 자기 이름을 론 레이놀스라고 소개했습니다. 오마하에서만 50년 이상을 산 토박이 할아버지였지요. 창문 너머로 들어오는 바깥 공기를 마시며 먼 산을 바라보고 있으니 레이놀스 할아버지가 저에게 말을 건넸습니다.

"나는 워렌 버핏을 잘 알아요. 나도 여기에서 태어났지요. 우리 집이 버핏의 집과 그리 멀리 떨어진 곳에 있지 않아 그를 종종 보게 됩니다. 그는 친절하고 상냥하고 항상 웃음을 머금고 사는 사람이에요. 세상에 그런 사람은 없어요. 손님이 오마하에서 머무는 동안 사람들에게 버핏 회장에 대해 한번 물어 보세요. 버핏 회장을 싫다거나 마음에 안 든다고 말하는 사람이 있는지. 집 앞에 도착하면 내가 하는 말을 이해하게 될 거예요."

레이놀스 할아버지가 사투리가 짙게 묻은 영어를 구사하며 저에게 말했습니다.

작아서 더욱 커 보이는 집

한 15분을 달렸을까요. 레이놀스 할아버지가 다 왔다며 내리라고 했습니다. 한 눈에 아담한 집이 눈에 들어왔습니다. 낮은 하얀색 나무 펜스가 집을 둘러싸고 있고 초록색 잔디가 아름다운 2층 집이었습니다. 근처의 다른 집과 별반 차이가 없었습니다. 아니 근처에는 버핏 회장 집보다 더 멋지고 좋은 집이 많았지요.

버핏 회장은 미국 중산층이 사는 전형적인 집에 살고 있었습니다. 갑부들의 집에서 볼 수 있는 감시 카메라도 없었고 철제 정문도 없었고 문지기도 없었습니다. 제 허리 높이의 나무 울타리가 집과 바깥의 경계를 구분할 뿐이었지요. 정문에 켜져 있는 빨간 램프만이 치장이라면 치장이라고 할까요. 뒤뜰에는 빨간 레저용 차량(SUV) 하나만이

버핏 회장은 세계 최고의 부자지만 10년이 넘은 차를 직접 몰고 회사에 출근
할 정도로 검소한 생활을 합니다. 버핏 회장이 살고 있는 집은 여느 중산층의
집과 차이가 없습니다.

놓여 있었습니다. 버핏 회장은 이 집을 1958년 3만1천 달러(3천1백만
원)에 구입했습니다. 50년을 이 집에서 살고 있는 셈이죠.

레이놀스 할아버지에게 물어 보니까 요즘 이 집은 60만~70만 달러
(6억~7억 원) 정도 한다고 합니다. 이 말을 들으니까 갑자기 버핏 회
장의 집과 강남 부자들이 산다는 타워팰리스가 겹쳐졌습니다.

웬만한 강남 아파트 가격이 10억 원을 넘어서고 고급 아파트는 30
억 원을 웃도는 현실과 비교해 보면 버핏 회장의 집은 초라해 보일 정
도이지요. 620억 달러(62조 원) 이상의 개인 재산을 가지고 있는 버
핏 회장에게는 '초라한 누옥(陋屋)' 임에 틀림없습니다.

"내가 운전하는 택시를 타는 외지 손님들이 오마하를 방문할 때 자

주 이곳을 찾는데 그들은 이 집이 정말 버핏 회장의 집인지 몇 번이나 되묻곤 해요.”

레이놀스 할아버지가 저에게 귀띔해 주었습니다.

10분 정도 버핏 회장의 집 주위를 서성이고 있으니까 맞은편에서 백발의 할머니가 우리 쪽으로 다가오는 것이었습니다.

“어제도 기자들이 카메라를 들고 와서 사진을 찍더니만 당신도 기자인가요?”

“예, 맞습니다. 저는 한국에서 왔습니다. 버핏 회장의 집을 한번 보고 싶어서 아침 일찍 왔습니다.”

“달리 볼 것이 없어요. 우리 동네의 여느 집들과 차이가 없어요. 오히려 버핏 회장 집보다 더 멋지고 화려하고 아름다운 집들이 더 많답니다.”

“정말 그러네요.”

“버핏 회장은 동네 사람들을 만나면 먼저 인사를 건넬 정도로 친근하고 포근한 마음을 가지고 있어요. 부자라고 어깨에 힘이 들어가거나 뻐기는 일은 없답니다. 그는 동네의 스테이크 하우스를 애용하고, 아이스크림 가게를 이용하고, 이발소를 찾아요. 일반 사람들과 차이가 없답니다.”

백발의 할머니는 버핏 회장의 집 근처에 사는 것이 큰 기쁨이라고 자랑이 대단했습니다.

2007년 9월 초 버핏 회장의 집에 도둑이 든 일이 있었습니다. 주위의 집들과 별반 차이가 없었기 때문에 좀도둑은 자신이 침입한 집이 버핏 회장의 집이라는 것도 모르고 있었죠.

도둑은 가짜 권총을 들고 얼굴에 스타킹을 뒤집어썼으며, 문 앞까지 다가와 초인종을 눌렀습니다.

버핏 회장 부인은 창을 통해 스타킹을 쓴 도둑의 모습을 보고 즉시 방범 벨을 눌렀습니다. 마을 경비원이 버핏 회장의 집으로 부리나케 달려왔고 놀란 도둑은 경비원을 가짜 권총으로 위협한 뒤 둔기로 내려치고 황급히 도망갔습니다. 당시 집에는 버핏 회장도 같이 있었는데 다행히 부부는 아무 피해도 입지 않았습니다. 도둑이 들었다는 사실보다 대문조차 없을 정도로 검소한 버핏 회장의 자택이 오히려 더 큰 화제가 되었던 사건입니다.

버핏 회장은 첫 번째 아내 수전과 사별(死別)한 이후 두 번째 부인 아스트리드 멩크스 여사와 이곳에서 살고 있답니다. 15분 거리에 있는 버크셔 해서웨이 본사까지 직접 자신이 운전을 해 출근하지요.

"세계 최고 부자인 버핏 회장에게는 없는 것이 3개 있답니다. 경호원이 그리 많지 않고, 운전기사가 없고, 집 관리인도 없지요. 정말 자기에게 필요한 것이 아니라면 사치라고 생각하지요. 오마하 사람들이 그를 좋아하는 이유가 아닐까요. 전혀 부자 티를 내지 않아요."

레이놀스 할아버지가 버핏 회장에게서 배운 교훈이라고 합니다.

저는 버핏 회장과 만나 짧은 인터뷰를 할 기회가 있었습니다. 제가 먼저 말을 건넸습니다.

"회장님의 집은 대단히 평범하던데요."

"제가 사는 데 별 어려움이 없어요. 쓸데없는 곳에 돈을 쓰면 안 돼요. 자기만 만족하면 되는 거죠. 제 집은 세상에서 가장 편안하고 아름다운 집입니다."

버핏 회장이 미소를 지으며 짧게 대답했습니다.

택시를 타고 호텔로 돌아오는 저의 눈에 비친 버핏 회장의 집은 중세 봉건 영주의 대저택보다도 더 근사하고 위용이 있는 것처럼 느껴졌습니다. 그날 저는 평범한 집 한 채를 보았을 뿐이지만 '부자가 달리 왜 부자인가'에 대한 큰 가르침을 얻었습니다.

자린고비 정신은 부자의 씨앗

여러분은 세계적인 억만장자라고 하면 어떤 생활을 할 것으로 상상하세요? 크루즈 유람선을 타고 멕시코 칸쿤 해변에서 일광욕을 즐기고, 중세 봉건영주가 살았던 대저택에서 개인 요리사를 두고 성찬을 즐길 것으로 생각하나요?

아니면 다이아몬드 목걸이와 프라다 목도리를 두르고 개인 비행기로 세계를 여행하는 모습을 그리나요?

물론 남들은 살아생전 꿈도 꾸지 못하는 사치스럽고 호화로운 삶을 사는 부자들이 있지만 이와 반대로 부자로 사는 것을 자랑하지 않고 검소하게 사는 부자들도 많답니다. 버핏 회장처럼 말이죠.

세계적인 가구회사 중에 이케아(IKEA)라는 회사가 있습니다. 손님들이 직접 조립할 수 있는 가구를 만드는 회사로 한국에도 진출해 있죠. 이케아를 설립한 사람은 잉그바르 캄프라드입니다.

올해 81살인 캄프라드 회장은 16살인 1943년 스웨덴에서 저가 가구회사 이케아를 설립해 세계 최대의 소매 가구회사를 일구어 냈습니다. 맨손으로 세계적인 억만장자가 된 자수성가형 인물이지요. 사람들은 캄프라드 회장을 '가구의 왕(Furniture King)'이라고 부릅니다.

캄프라드 회장이 설립한 이케아는 세계 32개국에 202개의 점포와 9만 명의 직원을 거느리고 있는 다국적 기업입니다. 여러분이 캄프라드 회장에게서 배워야 할 점은 열정과 도전 정신으로 성공과 부(富)를 일구어 냈다는 점과 함께 그의 절약하는 정신입니다.

캄프라드 회장의 재산은 280억 달러(28조 원)로 버크셔 해서웨이의 버핏 회장, 마이크로소프트의 빌 게이츠 회장, 멕시코의 산업재벌 카를로스 슬림 회장에 이어 세계 4위에 해당합니다.

하지만 그는 팔십 평생을 살아오면서 화려한 사치를 멀리한 채 검소와 절약으로 일관하고 있습니다. 캄프라드 회장은 15년 된 볼보 승용차를 손수 운전하며, 사업상 비행기를 탈 때에는 이코노미 좌석을 고집합니다. 쇼핑을 할 때에는 주말 할인 행사가 있을 때를 기다려 동네 슈퍼마켓에서 물건을 삽니다.

그의 집도 버핏 회장처럼 화려하지 않고 대중적이며 값싼 이케아 가구로 장식되어 있을 뿐입니다. 크리스마스와 같은 큰 행사가 있을 때에만 세 아들과 이웃들을 불러들여 스웨덴의 고향마을에서 옛날 전

통대로 만든 와인을 대접합니다.

이뿐만이 아닙니다. 일반 버스를 탈 때에는 경로 우대권을 사용하고, 플라스틱 컵을 씻어 재활용하는가 하면 과일이나 야채를 살 때에는 가격이 내려가는 오후 시간에 상점에 가서 구입합니다.

우리나라 서민들의 삶과 캄프라드 회장의 삶은 별반 차이가 없습니다. 오히려 우리나라 중산층의 돈 씀씀이가 캄프라드 회장보다 많으면 많았지 적다고 할 수 없을 정도입니다.

"1원을 절약하면 1원을 번 것입니다. 이는 당신이 억만장자라도 마찬가지입니다. 사람들이 나를 인색하다고 말하지만 개의치 않습니다. 구두쇠라는 세간의 평가를 자랑스럽게 생각합니다."

세상 사람들이 그를 구두쇠라고 부르는 것에 대해 캄프라드 회장은 이렇게 답변합니다.

버핏 회장과 캄프라드 회장은 각각 세계 1위, 4위의 부자들입니다. 하지만 그들은 허영과 사치를 멀리 하고, 평생 절약하고 검소한 생활 습관을 간직하고 있습니다. 진정한 부자가 어떤 것인지, 부자를 꿈꾸는 사람들이 어떠한 습관을 가져야 하는지 이들은 여러분에게 보여주고 있습니다.

뉴욕 월스트리트의 **최고 부자 아주머니**

검소 II

세계 최고 부자인 워렌 버핏 회장은 검소한 생활과 절약하는 습관으로 너무나 유명합니다. 절약하는 습관이 돈을 모으고, 부자가 되는 지름길이라는 사실을 너무나 잘 알고 있지요.

작은 돈을 제대로 관리하지 못하는 사람은 어른이 되어서도 큰돈을 관리하지 못하는 법입니다. 여러분은 푼돈이 모여 종자돈이 되고 종자돈을 굴려 나중에 목돈을 마련하는 방법을 배워야 합니다. 작은 돈을 소홀히 여기는 사람들은 결코 큰 부자가 될 수 없는 법입니다. 오늘 흥청망청 돈을 소비하는 사람들이 나중에는 빚에 시달려 다른 사람들에게 손을 벌리는 경우를 자주 보게 됩니다.

다음에 소개하는 글은 구두쇠 아주머니가 뉴욕 월스트리트의 최고 부자가 되기까지의 이야기입니다. 오직 돈만을 위해 사는 '돈의 노예'가 되는 것은 경계하고 조심해야 할 일이지만, 구두쇠 아주머니의 절약 정신은 한번 음미해 볼 가치가 있다고 봅니다.

미국 뉴욕의 구두쇠 아주머니

뉴욕 맨해튼 남부에 위치한 월스트리트 주변에는 세계적인 금융 회사들이 줄줄이 늘어서 있습니다. 점심시간이 되면 촌음을 아끼기 위해 금융회사에 다니는 직장인들이 햄버거와 샌드위치를 사들고 곧바로 사무실로 들어가는 것을 쉽게 볼 수 있습니다.

'시간이 바로 돈'인 월스트리트 금융인들은 1분 1초라도 지체하기가 아깝기 때문에 근사한 식당에서 느긋하게 식사를 하는 것은 꿈도 못 꿀 일이지요.

골드만삭스, 모건스탠리, 시티은행 등 웬만한 투자은행의 최고 경영자(CEO)와 경영진들은 주식, 임금 등을 포함해 연봉이 수천만 달러(수백억 원)에 달하고, 일반 직원들의 연봉도 수백만 달러(수십억 원)에 육

미국 뉴욕 최고의 자린고비 구두쇠는 해티 그린이었습니다. 그녀는 절약을 통해 뉴욕 최고의 여성 부자가 되었습니다.

박하는 등 월스트리트는 그야말로 돈이 몰리는 거리입니다.

맨해튼의 관광 명소인 도널드 트럼프 빌딩과 타임스퀘어, 크라이슬러 빌딩처럼 화려하게만 보이는 월스트리트에도 전설적인 구두쇠 여인이 있었다는 흥미로운 사실이 눈길을 끕니다.

주인공은 사상 최고의 구두쇠 여성으로 여성 재력가 중 처음으로 월스트리트에 상당한 파워를 행사했던 인물로 평가 받고 있는 '해티 그린(Hetty Green, 1834년~1916년)' 입니다. '짠순이' 의 대명사가 되어버린 그녀의 '돈 버는 기술' 을 들여다볼까요.

해티 그린은 1834년 11월 21일에 미국 매사추세츠 주 뉴베드퍼드에서 태어났습니다. 고래잡이를 하는 집안은 그리 풍족한 생활을 한 편은 아니었지만 중산층 소리는 들을 정도였지요.

그린은 워렌 버핏과 마찬가지로 어릴 때부터 금융과 이재에 남다른 관심을 보였습니다. 6살 때에는 아버지에게 주식과 채권 기사가 실린 금융신문을 줄줄 읽어 줄 정도였으며, 13살이 되었을 때에는 집안의 회계업무를 도맡아 돈이 어떻게 들어오고 나가는지 꼼꼼히 가계부를 챙겼을 정도였지요.

금융지식은 돈을 버는 기본

그린이 31살이 되었을 때 아버지가 세상을 떠났고 그녀는 750만 달러(75억 원)를 유산으로 상속 받았습니다. 돈 욕심이 많았던 그린은 어릴 때부터 터득한 남다른 금융 지식을 활용해 상속 자금으로 전쟁채권(Civil War

Bond)을 사들여 더 큰 돈을 벌었습니다.

2년 뒤인 33살에 그린은 버몬트 집안의 재력가와 결혼하게 됩니다. 그린은 결혼 전 남편이 그녀의 돈과 재산에 일절 손을 대지 않는다는 각서를 받고서야 결혼을 승낙했을 정도로 돈에 대해 남다른 애착을 보였습니다. 당시만 해도 돈을 버는 재테크는 남성들의 전유물로 여겨지던 시대였지만, 그녀는 자신만의 투자 철학을 고수하며 월스트리트에서 이름을 날리기 시작했습니다.

그녀가 런던에 살고 있을 때에도 그녀는 남북전쟁 중이었던 미국이 발행했던 국채(국가가 발행하는 채권)를 줄기차게 사들였지요. 남들은 정부의 지불능력을 의심하며 정부채권 매입을 꺼렸지만 그녀는 과감하게 전 재산을 투자했으며 이러한 그녀의 투자 철학은 막대한 부를 그녀에게 안겨 주었습니다. 한 해에만 125만 달러(12억 5천만 원)의 이익을 챙기기도 했지요.

그린은 여기서 모은 자금에 만족하지 않고 기회 있을 때마다 철도 건설 채권을 구입하는 등 돈이 될 만한 곳은 모두 기웃거렸습니다.

남편이 투자를 잘못해 자신의 재산까지 차압당할 위기에 처하자 그린은 그녀의 재산을 은행에서 재빨리 인출했으며, 결국 남편에게 별거 통지서까지 보냈습니다. 사람들은 그녀를 '돈을 위해 사랑을 판' 독한 사람이라고 혹평하기도 했지만 그녀는 개의치 않았지요.

그린은 큰돈을 벌어도 쓰는 일이 없었습니다. 연료를 사용할 필요가 없는 오트밀(oat meal)로 한 끼를 때우고 세금을 줄이기 위해 싸구려 아파트에서 지내는 것을 마다하지 않았습니다.

그녀가 '사상 최고의 구두쇠'로 이름을 날리며 기네스북에까지 이름을 올린 데는 다 그만한 이유가 있었습니다.

어느 날 아들이 다리를 다치자 병원비를 아끼기 위해 집으로 데려가 치료를 하다 그만 아들의 다리를 잃게 만들었습니다. 그녀 자신도 150달러의 수술비가 아까워 탈장수술을 기피했을 정도였지요. 또 검은 드레스 한 벌로 평생을 버틴 것은 물론 속옷은 닳을 때까지 갈아입지 않았다고 합니다.

'월스트리트의 마녀'로 불린 여성

그린의 관심은 온통 비즈니스와 돈벌이였지만 그녀 뒤에는 항상 '구두쇠(miser)'라는 꼬리표가 따라 다녔습니다. 그녀는 아무리 날씨가 추워도 온풍기에 손을 대지 않았으며, 따뜻한 물을 사용하지도 않았습니다. 심지어 물 값이 아까워 손도 제대로 씻지 않았을 정도였지요. 2센트(20원)짜리 잃어버린 우표를 찾기 위해 밤을 새워가며 집안을 뒤진 것은 약과에 속합니다.

그녀는 뉴욕 월스트리트에 위치한 은행 건물에 사무실을 두고 비즈니스를 했기 때문에 사람들은 그녀에게 '월스트리트의 마녀(Witch of Wall Street)'라는 별명을 붙여 주었지요.

하지만 사업에서 그녀는 남다른 수완을 발휘하며 재산을 모았습니다. 부동산과 철도건설에 집중적으로 투자했고, 여기서 번 자금을 다시 대출해 이자소득을 챙겼습니다. 심지어 뉴욕 시(市)도 재정 상태가 좋지 않을 때에는 그녀에게서 돈을 빌려갈 정도였지요. 특히 1907년 경제 대공황 시기에 뉴욕 시는 그녀의 돈에 크게 의존했는데 그녀는 110만 달러 수표를 끊어 주면서 단기에 이자를 지불하는 채권을 요구하기도 했습니다. 당시만 해도 여자들이 먼 거리 여행을 하는 것은 위험천만한 일이었지만 그녀는 그녀가 다른 사람들한테 빌려 준 소액의 돈도 받아내기 위해 장거리 여행을 하는 위험도 마다하지 않았습니다.

그린은 1916년 91살의 나이로 세상을 떠났습니다. 당시 재산은 2억 달러, 요즘 가치로 환산하면 150억 달러에 달하는 천문학적인 액수입니다. 그 당시 여성이 가진 돈으로는 세상에서 가장 많은 돈이었습니다.

그녀가 세상을 떠난 후 대부분의 재산은 아들과 딸이 물려받았으며, 그녀의 자식들은 어머니가 물려 준 유산을 원 없이 펑펑 썼고 동시에 여러 곳에 기부한 것으로 전해집니다.

어릴 적 다리를 다쳤으나 진료비 150달러를 아까워했던 어머니 때문에 썩은 무릎을 잘라 내야 했던 아들 네드는 24살 애인에게 다이아몬드가 박힌 5만 달러(5천만 원)짜리 정조대를 선물하기도 했습니다.

딸 실비아는 자신의 전 재산 1억 달러(1,000억 원)를 64개 자선단체에 기부하는 등 어머니와 다른 삶을 살았습니다. 결국 '구두쇠 마녀' 해티 그린은 불행한 말년을 보냈고 이웃들은 물론 자식들에게서도 좋은 평판을 듣지 못했습니다. 인생의 목표를 오직 돈과 재산으로 설정했기 때문에 마음의 평화와 여유를 전혀 얻지 못했지요.

돈의 노예가 된 그녀의 철학을 배워서는 안 되겠지만 그녀가 보여준 절약하는 정신과 검소한 생활 습관은 한번쯤 생각해 봐야 하지 않을까요. 재산이 있어도 흥청망청 소비하지 않고 미래의 투자를 위해 저축하는 자세가 워렌 버핏 회장의 가르침과 많이 닮았기 때문입니다.

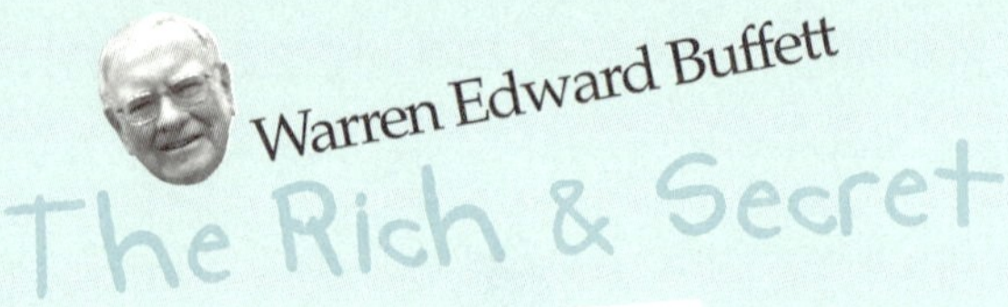

마시멜로는 다른 사람과 나눌 때 더 달콤하다.
자기 재산의 대부분을 내놓는 워렌버핏 회장처럼
나눌 줄 아는 사람이 가장 달콤한 마시멜로를 먹은 사람이다.
마시멜로를 손에 쥐고만 있다면 단맛이 아니라 짠맛 밖에 나지 않을 것이다.

호아킴 데 포사다, '마시멜로 이야기' 의 저자

워렌버핏의 생활습관

2장

워렌버핏처럼 부자되고 반기문처럼 성공하라

시간 부자가 **진짜 부자입니다**

시간관리

시간은 누구에게나 공평하게 주어진 자본금입니다.
이 자본을 잘 이용한 사람에겐 승리가 돌아갑니다.

– 아뷰난드 –

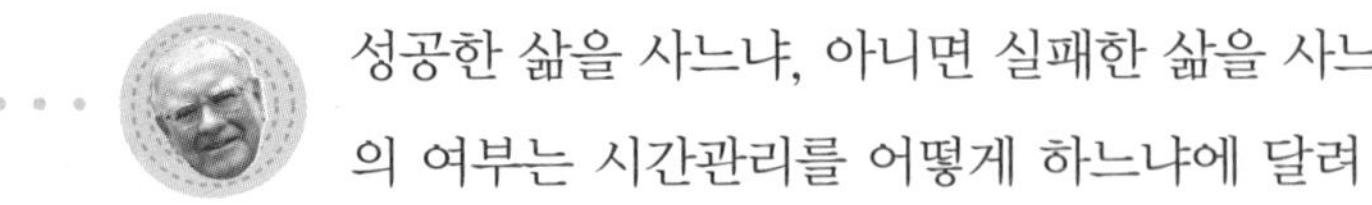

성공한 삶을 사느냐, 아니면 실패한 삶을 사느냐
의 여부는 시간관리를 어떻게 하느냐에 달려 있
습니다. 시간은 모든 사람들에게 똑같이 주어져 있습니다. 태어나서
죽을 때까지 자신에게 주어진 시간은 같습니다. 아무리 돈이 많은 부
자라고 하더라도 시간을 돈으로 살 수는 없습니다.

시간은 만인(萬人) 앞에 평등한 셈이지요. 하지만 시간 관리를 어떻
게 하느냐에 따라 우리의 삶과 미래는 달라집니다. 1분 1초를 아끼며
시간 관리를 잘 한 사람은 성공한 삶을 살게 되지만, 반대로 1분 1초를
허투루 보낸 사람은 죽음을 앞두고 자신의 인생을 후회하게 됩니다.

어릴 때부터 잘 짜여진 계획표와 시간표대로 시간을 관리하는 습관

을 들여야 합니다.

<table>
<tr><td>

버핏 회장은
시간관리의 달인

</td><td>

버핏 회장은 시간관리의 달인입니다. 연세가 지긋이 든 대부분의 노인들은 버핏

</td></tr>
</table>

회장의 나이가 되면 회사를 은퇴한 뒤 여행을 즐기거나, 소일거리로 하루를 보내는 일이 많지만 버핏 회장은 매일같이 회사로 출근해 일을 합니다.

버핏 회장 밑에서 근무하는 젊은 직원들조차도 혀를 내두를 정도로 그는 아침 일찍 회사에 출근합니다. 젊은 시절부터 아침에 일찍 일어나 일하는 시간관리 습관이 나이가 들어서도 몸에 배어 있기 때문이지요. 버핏 회장은 아침에 게으름을 피우면 오히려 몸이 아프다고 합니다.

버핏 회장이 회사에 출근해 가장 먼저 하는 일은 신문을 읽고 국제금융시장을 분석하는 일입니다. 미국을 대표하는 경제신문 〈월스트리트저널(Wall Street journal)〉과 영국의 〈파이낸셜타임스(Financial Times)〉를 읽는 것은 기본이고 〈뉴욕타임스〉〈워싱턴포스트〉 등 종합신문을 읽으며 세계 경제와 국제 정치가 어떻게 돌아가는지 공부합니다.

버핏 회장이 아무리 바쁜 행사가 있거나 약속이 있어도 매일 아침 신문과 경제잡지를 꼭 읽는 것은 '정보가 곧 돈'이라는 생각을 가지고 있기 때문이지요.

여러분도 잘 알다시피 주식투자는 정보가 생명입니다. 고급 정보를 얻거나 국제 경제의 흐름을 잘 알고 있어야 제대로 된 투자를 해서 돈을 벌 수 있습니다. 정보가 없이 주식투자를 하는 것은 마치 돈키호테가 말을 타고 풍차를 향해 달려가는 것만큼 어리석은 짓입니다.

버핏 회장의
시간관리 수첩

버핏 회장의 시간관리 수첩에 신문과 잡지 읽기가 가장 먼저 쓰여 있는 것은 당연한 일입니다. 신문과 잡지 읽기가 끝나면 버핏 회장은 바로 기업들의 재무 보고서와 분석 자료를 챙깁니다. 재무 보고서는 기업들이 얼마나 많은 돈을 벌고 수익을 올리는지를 나타내는 자료입니다.

버핏 회장의 책상에는 기업 보고서가 산더미처럼 쌓여 있습니다. 미국은 물론 아시아, 유럽, 중동, 중남미 등 전 세계에서 배달되어 온 기업들의 보고서가 버핏 회장을 기다리고 있습니다. 수학, 회계에는 동물적인 감각을 가지고 있는 버핏 회장은 이들 보고서를 검토하면서 향후 투자할 기업을 선정합니다.

그는 하루에만 20~30개의 보고서를 분석하고 검토한다고 합니다. 젊은 분석가들도 기업 10군데 정도만 분석해도 몰려오는 피로감에 녹초가 되는데 버핏 회장은 시간 관리를 철저히 하면서 젊은이들보다 많은 양의 기업 보고서를 처리합니다.

기업 보고서 검토가 끝나면 버핏 회장은 자신이 투자한 기업들의 최고 경영자(CEO)나 앞으로 투자할 마음이 있는 기업의 최고 경영자와 전화 통화를 합니다.

하루에만 보통 20명 정도의 최고 경영자와 전화 통화를 한다고 합니다. 기업을 경영하는 최고 경영자가 어떠한 생각을 가지고 있고, 어떠한 비즈니스 마인드를 가지고 있는지 버핏 회장은 일일이 전화를 걸어 체크합니다.

"버핏 회장은 시간관리를 철저히 합니다. 1분 1초도 쓸데없이 낭비하는 경우가 없습니다. 그가 78세의 나이에도 불구하고 건강미를 자랑하고 있는 것은 시간관리를 철저히 하면서 부지런히 일하고 있기 때문일 겁니다. 버핏 회장에게서 뿜어져 나오는 열정과 일에 대한 의욕은 엄격한 시간관리에 있다고 생각합니다."

버핏 회장의 일정을 관리하는 여비서 마거릿 임 씨의 설명입니다.

시간과 세월은 누구에게나 공평하게 주어진 자본입니다. 이 자본을 잘 이용한 사람에게는 부(富)와 승리가 돌아가지만, 이 자본을 허비한 사람에게는 가난과 패배가 남습니다.

반기문 총장의 엄격한 시간관리

역사적으로 유명한 위인들의 공통점은 시간을 귀중하게 여기고, 시간관리를 철저히 했다는 점입니다. 독일을 대표하는 철학자인 임마누엘 칸트(1724년~1804년)는 매일 오후 4시에 산책을 했습니다. 책을 저술하고, 연구 논문을 쓰고, 깊은 생각에 빠져 있다가도 오후 4시가 되면 어김없이 마을을 산책했습니다.

동네 사람들이 산책을 하는 칸트를 보고 자신들의 시계를 4시에 맞추었다는 얘기는 너무나 유명합니다. 칸트가 철저하게 시간관리를 하며 시간을 계획적으로 사용했다는 것을 보여 주는 대목입니다.

시간은 모든 사람에게 공평하게 주어져 있습니다. 1시간은 3,600초, 하루는 8만6,400초, 1년이면 3,153만6,000초, 인간의 일생을 70세로 잡으면 22억 752만 초가 모든 사람들에게 똑같이 주어져 있습니다.

활시위를 떠난 화살이 돌아오지 않듯이 시간은 한번 흘러가면 영원히 다시 우리를 찾아오지 않습니다. 그렇기 때문에 한정된 시간을 어떻게 관리하고 사용하는가에 따라 인간의 부(富)와 성공이 좌우됩니다.

버핏 회장이나 철학자 칸트와 마찬가지로 반기문 유엔사무총장도 시간관리가 철저합니다. 반 총장은 깨알 같은 글씨로 쓰인 개인수첩을 항상 양복 안주머니에 넣고 다닙니다. 반 총장의 하루 일정은 물론 몇 개월 치 개인 스케줄이 고스란히 담겨 있지요.

2007년 9월 유엔총회 때에는 하루에만 무려 28건의 일정을 소화했습니다. 대통령이나 총리 등 국가원수 급 인사들을 만날 때에는 20분 정도의 시간을 할애하고, 그 외에는 5~10분 정도 시간을 냅니다.

마치 정해진 시간표대로 운행하는 고속 전철처럼 반 총장은 매일매일 분 단위로 시간을 관리합니다. 학창 시절과 외교관 생활을 거치면서 몸에 배인 습관이 지금까지도 고스란히 남아 있는 것입니다.

반 총장은 2007년 1월 유엔총장 취임 이후 1년 동안 58개국 120여 개 도시를 방문했습니다. 총탄이 오가는 분쟁 지역인 이라크와 아프가니스탄을 찾았고, 아프리카 다르푸르와 레바논과 같은 위험한 지역도 마다하지 않았습니다.

이라크 바그다드에서는 기자회견 도중 인근에서 폭탄이 폭발하는 아찔한 순간도 있었습니다. 또 지구 온난화의 심각성을 전 세계에 알리기 위해 남극과 안데스 산맥, 아마존 밀림 지역도 방문했습니다.

세상에서 가장 바쁜 사람

"돌아보면 지난 1년간 세상에서 가장 바쁜 사람 중의 한 사람이 아니었나 하는 생각이 듭니다. 지난 1년 동안 해외에서 132일을 보냈습니다. 3일에 하루는 해외에서 보낸 셈이죠. 손으로 꼽아 보니까 58개국, 120여 개 도시를 방문했습니다. 외교부장관 시절에는 최고 18건의 일정을 소화했었는데, 2007년 9월 유엔총회 때에는 하루에만 28건의 일정을 소화하기도 했습니다."

취임 1돌을 맞은 반 총장이 뉴욕의 한국 특파원들과 만나 인터뷰를 가졌는데 반 총장이 얼마나 시간을 소중히 여기고 시간관리에 철저한지 알 수 있는 부분입니다.

반 총장은 자신이 평생을 걸쳐 철칙같이 지켰고, 지금도 고수하고 있는 시간관리 규율을 다음과 같이 설명합니다.

　"저는 직원들이 저에게 올리는 결재 서류를 하루 이상 넘기지 않습니다. 사무실에서 다 끝내지 못하면 집에 가져가서라도 그날 끝낼 것은 그날 마칩니다. 일 하는 데는 어느 정도 단련이 돼 있다고 생각했는데 유엔에 와 보니 비교가 안 될 정도로 더 바쁩니다. 유엔사무총장으로 있으면서 하루 평균 4시간 30분 정도 자고, 일이 많으면 3시간 30분 정도 자는 경우도 있습니다. 세계 각국의 특파원들과 인터뷰나 기자회견을 할 때에는 세계 각국의 이해관계가 걸려 있는 질문들이 쏟아지는데 어떤 때는 답변이 어려운 질문들도 있습니다. 늘 역사를 공부하고 세계 각국에서 일어나는 일들의 백그라운드를 공부해야 합니다. 하도 세상을 많이 돌아다니다 보니 지금은 인사말 정도는 15개국 언어로 할 수 있을 정도입니다."

　반 총장의 시간관리 노하우를 옆에서 지켜보고 있으면 지독하다는 생각이 들 때가 많습니다. 반 총장은 젊은이들 못지않은 열정과 의욕으로 하루하루를 생활하고 있습니다. 1분, 2분도 허투루 보내는 일이 없습니다. 왜냐하면 5분의 시간만 주어져도 외국 외교관을 만나 국제적인 현안이나 이슈들을 논의할 수 있기 때문이지요.

돈을 잘 관리하는 기술(Technology)을 '재(財)테크(Tech)'라고 한다면 시간을 철저히 관리하는 노하우를 '시(時)테크'라고 합니다. 반 총장이나 버핏 회장과 같이 역사상 위대한 인물들은 시간 관리에 철저한 시테크의 달인들입니다.

시간을 관리하지 못하는 사람은 자신의 인생을 제대로 관리할 수 없는 법입니다. 시간을 관리하는 자는 승자가 되지만, 시간에 끌려 사는 자는 패자가 된다는 것을 역사는 우리들에게 보여 주고 있습니다.

미국 건국의 아버지인 벤저민 프랭클린(1706년~1790년)은 시간관리의 중요성을 다음과 같이 우리들에게 알려 줍니다.

"그대는 인생을 사랑하십니까? 그렇다면 시간을 낭비하지 마세요. 왜냐하면 시간은 인생을 구성한 재료이니까요. 똑같이 출발했는데, 세월이 지난 뒤에 되돌아보면 어떤 사람은 뛰어나고, 어떤 사람은 낙오자가 되어 있습니다. 이 두 사람의 거리는 좀처럼 접근할 수 없는 것이 되어 버렸습니다. 이것은 하루하루 주어진 시간을 잘 이용했느냐, 이용하지 않고 허송세월을 보냈느냐에 달려 있는 것입니다."

결국 벤저민 프랭클린은 "가장 바쁜 사람이 가장 많은 시간을 갖는 법이다. 부지런히 노력하는 사람이 많은 부(富)와 성공을 얻게 된다"는 교훈을 여러분에게 역설하고 있는 것입니다.

정직하게 번 돈은 **세상에서 가장 아름답습니다**

정직

하루만 행복하려면 이발소에 가서 머리를 깎으세요.
1주일만 행복해지고 싶거든 결혼을 하세요.
1개월 정도라면 말(馬)을 사고, 1년이라면 새 집을 지으세요.
그런데 평생토록 행복하기를 원한다면 정직한 인간이 되세요.

– 영국 속담 –

한국에서는 아이들이 돈이나 부자 얘기를 꺼내는 것을 꺼립니다. '나는 세상에서 제일 큰 부자가 될 테야' '많은 돈을 벌어 꼭 성공하고 말 테야' 등과 같이 아이들이 부자가 되겠다고 꿈을 말하면 어른들은 '어린 녀석이 일찍부터 돈 맛을 알아가지고' 라며 부정적인 시각으로 바라봅니다.

부모들도 '사회에서 출세하려면 공부만 잘 하면 된다' 며 자녀들의 자질이나 능력을 고려하지 않고 획일적으로 대학 입시 공부에만 매달리도록 만듭니다.

우리의 선조들이 '사(士) 농(農) 공(工) 상(商)'의 순서로 표현했듯이 과거에 급제해 세상에 이름을 날리는 것을 제일 큰 가치로 생각한 반면, 창업을 하고 장사를 통해 돈을 버는 것은 하찮은 재주로 치부한 것도 큰 영향을 미쳤습니다.

한국의 부모들은 '돈은 부모들이 벌 테니까 너희들은 오로지 공부만 열심히 하면 된다'는 강박관념에 사로잡혀 있습니다. 물론 공부를 열심히 하고 학문을 닦는 것이 출세를 위한 효과적인 방법이기는 하지만 모든 학생들이 일률적으로 이 원칙을 따를 필요는 없습니다.

공부에 머리가 트인 아이가 있기도 하지만 비즈니스 감각이 뛰어난 아이도 있고 회사 경영에 비상한 능력을 가지고 있는 아이들도 있습니다. 서로 다른 악기가 자신만의 음색을 내며 멋진 오케스트라 연주를 만들어 내는 것처럼 청소년 여러분의 능력도 천차만별입니다.

미국인과 유태인들은 아이들에게 최고의 부자가 되라고 가르칩니다

한국과 달리 미국이나 유태인 사회는 '돈과 부(富)'의 중요성을 청소년 자녀들에게 먼저 가르칩니다. 종교적인 차별과 학대를 견디다 못해 대서양을 건너온 미국 초기의 이민자들은 빈손으로 오늘날 세계 최강의 국가를 건설했습니다.

로마제국에 멸망당한 뒤 전 세계에 흩어져서 갖은 학대와 고난을 겪어야 했던 유태인들은 결국 이스라엘을 건국했습니다. 모두 무(無)에서 유(有)를 창조한 사람들이지요. 이들 민족의 부모들은 자녀들에

게 '정직하게 돈을 벌어 최고의 부
자가 되어라' 라고 가르칩니다.

가난한 사람은 남을 도울 수 있
는 힘이 약하지만, 부자들은 가난
한 사람을 도울 수 있는 여력이 큽
니다. '곳간에서 인심 난다' 는 속
담처럼 정직하게 돈을 벌어 사회를
위해 헌신하는 것이야말로 최고의
가치이자 덕목이라고 미국과 유태
인 자녀들은 교육을 받습니다.

버핏 회장은 돈은 정직하고 깨끗하게 벌
어야 한다고 강조합니다. 세계적인 경제
잡지인 〈포춘〉의 표지 모델로 선정된 버
핏 회장.

버핏 회장은 여러분들에게 '정직
하게 돈을 많이 벌어라' 라고 강조합니다.

"돈을 버는 것을 하찮게 여겨서는 안 됩니다. 우리가 항상 명심해야
할 것은 돈은 깨끗하게, 정직하게, 올바르게 벌어야 한다는 것입니다."
버핏 회장의 지론입니다.

여러분도 잘 알고 있는 것처럼 버핏 회장은 기업의 주식에 투자해
돈을 벌고 재산을 불려 나갑니다. 기업들은 주식을 발행해 회사 운영
에 필요한 자금을 모으고 시설 투자를 합니다. 기업들이 발행한 주식
은 주식 시장에서 매매가 되지요. 장사를 잘하고 이익이 많은 회사의
주식 가치는 올라가고, 반대로 경영 실적이 형편없는 기업의 주식가
격은 당연히 떨어지겠지요.

11살 때부터 주식 매매를 한 버핏 회장은 지금까지 한 번도 주가를 조작한 적이 없습니다. 주가조작은 특정 기업의 주식을 대거 사들여 인위적으로 주가를 끌어 올리는 것을 말합니다. 주가를 조작하면 짧은 시간동안 많은 돈을 벌 수 있지만 같은 주식을 산 다른 투자자들은 큰 손실을 입게 되기 때문에 불법 행위입니다.

돈은 정직하게 벌어야 한다는 버핏 부모님의 교훈

버핏 회장은 마음만 먹으면 대기업의 주가도 인위적으로 끌어 올릴 수 있을 정도로 막대한 자금과 인적 네트워크를 가지고 있습니다. 돈만 버는 것이 목적이라면 기업의 주가를 2배, 4배, 아니 10배 이상 끌어올릴 수도 있습니다. 하지만 버핏 회장은 부모님께 '돈은 정직하게 벌어야 한다' 는 가르침을 받았습니다.

어린 시절 미국 경제의 대공황 여파와 아버지의 실직으로 가난한 시절을 보내기는 했지만 '남을 속여 돈을 버는 것은 부끄러운 일' 이라는 가르침을 부모님으로부터 배웠지요. 버핏 회장은 어린 시절 부모님에게서 배운 가르침을 78세가 된 지금까지도 인생의 철칙으로 실천하고 있는 것입니다.

버핏 회장이 운영하는 버크셔 해서웨이 회사는 〈포브스〉 〈비즈니스 위크〉 〈하버드 비즈니스〉 등 세계적으로 큰 영향력을 행사하는 경제 잡지 설문조사에서 항상 가장 존경받는 기업으로 선정됩니다. 돈을 불려 나가는 능력도 탁월하지만 이에 앞서 깨끗하고 정당하게 돈을 버는 원칙을 더욱 중요하게 생각하기 때문이지요.

미국 사람들은 깨끗하게 돈을 버는 버크셔 해서웨이를 국가의 자랑으로 생각합니다. 코카콜라를 비롯해 맥도널드, 나이키, 마이크로소프트, 야후, 구글 등과 함께 미국의 대표기업으로 생각하지요. 자부심도 대단합니다. 버크셔 해서웨이의 경영 실적도 뛰어나겠지만 그만큼 투명하고 깨끗하게 돈을 벌고 부(富)를 축적하는 버핏 회장을 높게 평가한다는 얘기가 되겠지요.

미국 사회에 부자를 신뢰하고 기업 경영자를 존경하는 풍토가 뿌리 내린 것은 버핏 회장처럼 부자들이 원칙과 규칙을 지켜가며 돈을 벌고 재산을 형성하기 때문입니다.

부끄러운 일이지만 한국의 상황을 한번 둘러봅시다. 기업을 경영하는 사람은 '뒤가 켕기는 사람'이라는 편견이 팽배해 있고, 부자들은 '부정하게 돈 번 사람'이라며 색안경을 끼고 봅니다. 돈을 벌고 부자가 되는 것에도 지켜야 할 원칙이 있는데 한국의 부자들은 이와 같은 규칙을 깨고 부자가 된 사람들이라는 선입견이 널리 퍼져 있습니다.

대기업 회장과 총수들이 비자금을 조성하거나, 회사 돈을 자신의 돈인 것처럼 유용하거나, 자녀들에게 불법으로 재산을 상속하는 등의 방법으로 부정하게 돈을 버는 경우가 허다합니다. 부정과 비리로 감옥에 갔다 와서 다시 회사를 경영하는 사람들도 있지요.

부(富)를 많이 축적했을지 모르지만 사람들은 이들을 속물로 본답니다. 남을 속이거나 부정하게 돈을 버는 부자들은 가난한 사람들보다 마음이 더 가난한 사람들입니다. 여러분은 버핏 회장을 통해 깨끗하게 돈 버는 방법을 배워야 합니다.

고기를 잡으려면 **물에 들어가야 합니다**

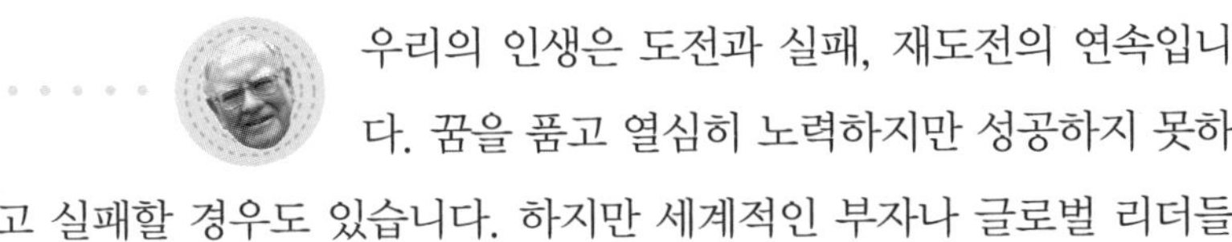

"내가 걷는 길은 험하고 미끄러웠습니다.
그래서 나는 자꾸만 미끄러져 길바닥 위에 넘어지곤 했지요.
그러나 나는 곧 기운을 차리고 내 자신에게 말했습니다.
'괜찮아, 길이 약간 미끄럽긴 해도 낭떠러지는 아니야' 라고."

– 에이브러햄 링컨 –

우리의 인생은 도전과 실패, 재도전의 연속입니다. 꿈을 품고 열심히 노력하지만 성공하지 못하고 실패할 경우도 있습니다. 하지만 세계적인 부자나 글로벌 리더들은 실패에도 굴하지 않고 다시 도전했습니다.

보통의 사람들이 실패를 두려워해 아예 도전조차 하지 않거나 도전하더라도 실패한 이후 자포자기 상태가 되어 재도전을 하지 않는 것과는 큰 차이가 있지요.

사람들은 나이가 들어가면서 현실에 안주하고 새로운 도전을 무서

위하는 경향이 있습니다. 하지만 여러분은 젊습니다. 옛날 어른들이 말씀하시는 것처럼 모래를 먹어도 소화할 수 있을 만큼 젊고 생동감에 가득 차 있습니다.

아무리 많은 돈과 높은 사회적인 지위를 가지고 있더라도 나이가 많은 분들은 여러분을 부러워합니다. 여러분에게는 그분들이 가지고 있지 않은 '젊음'이 있고 젊기에 가능한 '도전 정신'이 있기 때문입니다.

제가 만난 버핏 회장도 어릴 때부터 도전과 모험을 좋아했습니다. 주위에서는 '위험하다' '무모하다'며 말렸지만, 어린 버핏은 도전과 용기로 힘든 역경을 헤쳐 가며 오늘날의 부(富)와 명성을 얻을 수 있었습니다.

작은 도전을 통해 자신감을 얻으세요

버핏이 고등학교 다닐 때의 일입니다. 신문 배달로 얼마간의 돈을 마련한 버핏은 친한 친구와 함께 핀볼(pinball) 게임기 사업을 시작했습니다. 핀볼은 상자 안에 있는 볼이 위에서 아래로 떨어지면 밑에 있는 막대기로 쳐 올리는 게임이지요.

주위에서는 '어린 아이들이 무슨 사업을 하느냐' '학교에 가서 공부나 열심히 해라' '사업도 모르는 녀석들이 너무 까부는 것 아니냐'며 걱정을 하고 핀잔을 주었지만, 버핏과 친구는 분명히 핀볼 게임기 사업이 성공할 것이라고 확신했습니다. 핀볼 게임기 사업은 신문 배달에 이어 버핏의 두 번째 도전이었던 셈입니다.

버핏은 동네 이발소를 찾아가 자신들이 만들고 수리한 핀볼 게임기를 이발소 내에 설치할 수 있느냐고 물었습니다. 이발소 주인들은 시큰둥한 반응을 보였죠. 아이들이 만든 기계라 언제 고장이 날지도 모르고 이발소 공간만 차지한다는 생각에 탐탁찮게 생각했습니다.

하지만 버핏은 포기하지 않고 하루가 멀다 하고 이발소들을 찾아다녔습니다. 이발소 주인들을 만나 핀볼 게임기가 어른들에게도 재미가 있고 이발소 매출에도 큰 도움이 될 것이라고 설득하며 매달렸습니다.

며칠 동안 이발소를 찾아다니며 노력한 결과 버핏은 동네 이발소에 핀볼 게임기를 설치해도 좋다는 허락을 받았습니다. 이발소 주인들이 버핏의 끈질긴 설득과 노력에 손을 들고 만 것이지요.

버핏은 핀볼 게임기를 팔아 얻는 이익을 자신과 이발소 주인이 나누는 조건으로 계약을 맺었지요. 이발을 하는 손님들이 순서를 기다리다 심심풀이로 핀볼 게임기를 이용할 것이라는 버핏의 계산이 그대로 맞아떨어졌지요.

버핏이 〈워싱턴포스트〉 신문 배달에 이어 두 번째로 도전한 게임기 사업도 기대 이상의 성공을 거두었습니다. 남들은 위험하다며 만류했지만 버핏은 사업의 성공 가능성을 미리 간파하고 과감하게 도전했던 것입니다. 버핏은 핀볼 게임기를 통해 매주 50달러(5만 원)를 거두어들이는 작은 사업가로 성공했습니다.

어린 버핏의 도전 정신은 여기서 그치지 않습니다. 동네 아저씨들이 경마(競馬) 경기에 몰두하는 것을 보고 친구들과 경마 소식지를 만들어 경마장을 돌아다니며 판매했습니다. 또 친구들과 중고 골프공을 모아 즉석 골프공 판매점을 만들어 큰돈을 벌기도 했습니다.

자신의 주변에서 돈이 될 만한 아이템을 발굴해 이를 사업으로 연결하는 데 동물적인 감각을 가지고 있었던 것이지요. 그리고 그러한 기회가 왔을 때 주저하거나 망설이지 않고 과감하게 도전해 큰 성과를 거두었습니다.

어릴 때부터 수학과 회계에 천부적인 능력을 가지고 있었던 버핏은 자신의 능력을 그대로 살려 사업으로 연결시킬 수 있었던 것입니다.

버핏의 도전 정신은 현재 그가 회장으로 있는 버크셔 해서웨이를 사들일 때 최고조에 달합니다.

버핏과 링컨 대통령의 교훈을 배우세요

1962년, 32살 버핏이 투자자들을 모집해 왕성하게 투자 활동을 하고 있을 때의 일이죠. 버핏은 당시 경영 환경이 좋지 않아 쓰러져 가던 '버크셔 해서웨이' 라는 섬유회사를 사기로 마음을 정합니다.

버크셔 해서웨이는 섬유회사로 이름을 날렸지만 1950년대 한국, 중국, 동남아 등 아시아로부터 밀려들어오는 값싼 제품에 밀려 가격 경쟁력을 잃고 있었습니다. 아시아로부터 품질은 좋으면서도 가격은 저렴한 섬유 제품들이 물밀듯이 밀려들면서 버크셔 해서웨이는 경쟁력을 상실하고 맙니다. 공장 문을 닫고 직원을 해고하는 등 비용 절감에 나섰지만 경영은 좀처럼 개선될 조짐을 보이지 않았습니다.

버핏 회장은 우리들에게 실패해도 다시 도전하는 용기를 가지라고 주문합니다. 둘째 아들 피터(왼쪽)와 장녀 수지(오른쪽)에게 이와 같은 가르침을 얘기하는 것은 아닐까요.

사람들은 버크셔 해서웨이가 조만간 망하고 말 것이라고 생각할 정도였지요. 하지만 버핏은 모두가 기피하는 버크셔 해서웨이에서 기회를 보았습니다. 다른 사람들 눈에는 보이지 않았던 기회가 버핏의 눈에는 보였던 것입니다.

"저와 여러분의 돈을 합쳐 버크셔 해서웨이 주식을 사려고 합니다. 버크셔 해서웨이는 지금 어려움을 겪고 있지만 앞으로 발전 가능성이 높은 회사입니다. 여러분의 생각은 어떻습니까?"

버핏이 투자자 친구들에게 물었습니다. 투자자 친구들 사이에서는 의견이 분분했습니다. 버핏의 천재적인 혜안을 익히 알고 있는 투자자들은 버핏의 의견에 찬성했지만, 다른 투자자들은 '너무 위험하다'며 반대했습니다.

"버크셔 해서웨이를 사들일 수 있는 좋은 기회입니다. 기회는 남들이 간과하고 있을 때 찾아오는 것입니다. 위험하다고 피하기만 한다면 결코 기회는 오지 않습니다. 지금 찾아온 기회를 놓친다면 우리는 나중에 후회하고 말 것입니다. 우리들 인생에 기회는 그리 많이 찾아오지 않습니다. 기회는 왔을 때 잡아야 합니다."

버핏은 투자자 친구들을 설득했고 마침내 투자자들의 동의를 얻어 버크셔 해서웨이 주식을 사들입니다. 그리고 주식 지분을 가장 많이 가진 최대주주가 되고 버크셔 해서웨이의 회장 자리에 앉습니다.

여러분 중에는 '주식 지분' 용어가 생소한 사람들도 있을 겁니다. 앞으로 주식 이야기가 가끔씩 나오니까 간단하게 설명을 할게요. 아주 간단합니다.

여러분이 피자 가게에 가서 피자를 시켰는데 8조각이 나왔다고 합시다. 여러분이 4조각을 먹고 첫 번째 친구가 1조각, 두 번째 친구가 3조각을 먹는다고 하면 여러분은 8조각 중 4조각, 즉 50%의 지분을 가지고 있는 것이 됩니다. 첫 번째 친구의 지분은 8분의 1, 두 번째 친구의 지분은 8분의 3이 되겠지요. 여러분은 8분의 4를 가지고 있으니까 피자 조각이 가장 많은 최대주주가 되는 것입니다.

여하튼 버핏은 남들의 반대에 굴하지 않고 과감하게 도전해 버크셔 해서웨이를 사들였고, 이를 기반으로 버크셔 해서웨이를 세계적인 기업으로 일구어 냈습니다. 이후 버핏은 섬유회사였던 버크셔 해서웨이를 과감히 투자 회사로 탈바꿈시켜 세계적인 기업으로 성장시켰습니다.

오늘날의 버크셔 해서웨이는 남들은 거들떠보지도 않았지만 기회를 포착해 과감하게 도전했던 버핏의 선견지명이 있었기에 가능했던 것입니다.

버핏 회장의 이와 같은 도전정신은 미국의 16대 대통령인 에이브러햄 링컨(1809년~1865년) 대통령과 무척 닮았습니다.

링컨은 1809년 켄터키 주에서 가난한 농부의 아들로 태어났지요. 집안이 가난해 학교 교육도 거의 받지 못했고, 어려서부터 혼자 책을 읽으며 공부한 것이 전부랍니다. 인생살이도 순탄치 않아 대통령이 되기까지 여덟 번이나 선거에서 떨어졌고 사업에도 두 번이나 실패했습니다.

하지만 링컨은 포기하지 않았죠. 사람들은 차차 링컨의 도전 정신과 성실, 정직함에 관심을 보이며 그를 지지하기 시작했습니다. 결국 그는 51세에 꿈에 그리던 미국의 16대 대통령이 될 수 있었습니다.

"내가 걷는 길은 험하고 미끄러웠습니다. 그래서 나는 자꾸만 미끄러져 길바닥 위에 넘어지곤 했지요. 그러나 나는 곧 기운을 차리고 내 자신에게 말했습니다. '괜찮아, 길이 약간 미끄럽긴 해도 낭떠러지는 아니야' 라고."

링컨 대통령이 힘들고 어려울 때마다 이를 악물고 되뇌었던 말입니다. 그리고 포기하지 않고 도전해 결국 성공의 과실을 얻었습니다.

버핏 회장도 마찬가지입니다. 결국 큰돈을 버는 사람이나 사회생활에서 성공한 사람이나 한결같은 공통점은 실패를 무서워하지 않고 도

전했다는 점입니다. 그들의 피 속에는 도전 유전자(DNA)가 숨어 있
는지도 모릅니다.
　버핏 회장과 링컨 대통령은 여러분에게 가르칩니다. 몇 번 넘어졌
느냐가 중요한 것이 아니라 몇 번 일어섰느냐가 더욱더 중요하다는
사실을 말입니다.

많이 버는 것보다 **잘 쓰는 것이 더 중요합니다**

나눔

남의 좋은 점을 보는 것이 눈의 베풂이요,
환하게 미소 짓는 것이 얼굴의 베풂이요,
사랑스런 말소리가 입의 베풂이요,
자기를 낮추어 인사함이 몸의 베풂입니다.
– 깨달음의 이야기 중에서 –

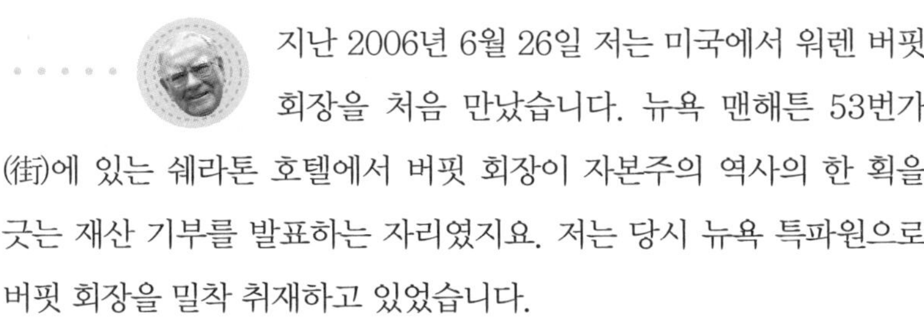 지난 2006년 6월 26일 저는 미국에서 워렌 버핏 회장을 처음 만났습니다. 뉴욕 맨해튼 53번가(街)에 있는 쉐라톤 호텔에서 버핏 회장이 자본주의 역사의 한 획을 긋는 재산 기부를 발표하는 자리였지요. 저는 당시 뉴욕 특파원으로 버핏 회장을 밀착 취재하고 있었습니다.

버핏 회장의 재산기부 기자회견이 예정된 오후 1시쯤이 되자 CNN, 로이터, 폭스뉴스 등 세계 유수의 방송과 신문사 기자들이 버핏 회장의 발표 내용을 취재하기 위해 뜨거운 열기를 뿜어내고 있었습니다.

뿔테 안경을 쓴 버핏 회장이 마이크로소프트의 빌 게이츠 회장과 부인 멜린다 게이츠 여사와 함께 입장해 나란히 자리에 앉았습니다.
역사적인 순간을 카메라 앵글에 담으려고 사진기자들은 연신 카메라
플래시를 터뜨렸습니다.

<table>
<tr><td>버핏 회장의
리세스 오블리제</td><td>버핏 회장이 목청을 가다듬으며 마이크를
앞으로 가져가자 주위는 조용해졌습니다.</td></tr>
</table>

"제가 가지고 있는 재산의 85%인 370억 달러(약 35조 원)를 빌 게
이츠 회장과 부인 멜린다 게이츠 여사가 운영하는 '빌 앤드 멜린다 게
이츠 재단'에 기부하려고 합니다. 저는 먼저 사망한 저의 아내 수전과
의 약속을 지키기 위해 이 자리에 섰습니다. 그녀와 저는 재산의 사회
환원을 꿈꾸어 왔습니다. 오늘은 그 꿈이 현실이 되는 날입니다."

버핏 회장의 재산 사회 환원 발표는 바로 인터넷과 통신을 통해 전
세계에 속보로 타전되었습니다. 세상 사람들은 버핏 회장을 세상에서
가장 돈을 많이 버는 사람으로 알고 있었는데, 전 재산의 85%인 370
억 달러를 가난한 사람과 병자들을 위해 기부한다는 소식을 전해 듣
고 깜짝 놀랐습니다. 370억 달러, 우리 돈으로 35조 원은 얼마만큼
많은 돈일까요.

한국 경제를 대표하는 삼성전자가 전자제품과 반도체를 팔아 1년간
벌어들이는 순익이 10조 원 가량입니다. 버핏 회장의 기부금액은 삼

2006년 버핏 회장은 전 재산의 85%인 370억 달러(35조 원)를 '빌 앤드 멜린다 게이츠 재단'에 기부했습니다. 버핏 회장이 마이크로소프트 빌 게이츠 회장 부부와 함께 사진촬영을 한 모습.

성전자 순익의 3배가 넘는 어마어마한 액수입니다. 그는 눈 하나 깜짝하지 않고 천문학적인 돈을 사회에 돌려주었습니다.

버핏 회장의 다음 말이 너무나 아름답습니다.

"저는 사회로부터 큰 도움과 기쁨을 얻었습니다. 미국 사회가 있었기에 저는 큰 부자가 될 수 있었습니다. 이제는 제가 받은 은혜를 사회에 돌려주어야 할 차례입니다. 저는 당연히 해야 할 일을 하고 있을 뿐입니다. 저는 돈을 버는 데는 천재적인 소질을 가지고 있지만 돈을 제대로 쓰는 방법에 대해서는 젬병입니다. 수년간 '빌 앤드 멜린다 게이츠 재단'을 지켜보면서 기부금을 가장 잘 운영할 수 있는 단체라고 생각해 기부를 결정하게 되었습니다."

버핏 회장은 돈을 버는 것도 중요하지만 돈을 제대로 쓰는 것이 더 중요하다고 말합니다. 돈을 잘 버는 것이 작은 부자라면 평생 동안 애써 모은 돈을 배고프고 아픈 사람, 돈이 없어 교육을 못 받은 사람, 사회에서 소외된 불우한 이웃을 위해 사용하는 사람은 큰 부자입니다.

버핏 회장의 재산 기부는 리세스 오블리제(richesse oblige)가 무엇인지 우리에게 가르쳐 줍니다. 사회 지도층의 의무와 도덕을 강조하는 것이 노블레스 오블리제(Noblesse Oblige)라고 한다면, 사회 지도층 중에서도 부자와 갑부들의 사회적인 의무와 도덕을 지칭하는 것이 리세스 오블리제입니다.

한국 속담에 '개같이 벌어서 정승처럼 쓴다'는 말이 있습니다. 갖은 고생을 해가며 번 돈을 좋은 목적에 사용한다는 뜻입니다. 버핏 회장은 우리들에게 '정승같이 벌어서 정승처럼 쓰는 지혜'를 보여주고 있는 것입니다. 돈을 많이 버는 것도 중요하지만 번 돈을 제대로 쓰는 것이 더욱 중요하다는 가르침입니다.

세계 최고의 부자 집단인 유태인들도 버핏 회장과 같은 마인드를 가지고 있고 이를 생활 속에서 실천합니다. 유태인 아이들은 가난한 사람과 불쌍한 사람들에게 자신이 가지고 있는 돈과 물건을 나누어 주어야 한다는 가르침을 어릴 때부터 배웁니다. 부모들은 아이들에게 자선용 저금통을 줘 저금하도록 하고 돈이 모이면 유태인 교회당에 기부하도록 합니다.

이 습관은 어른이 되어도 변하지 않습니다. 경제적으로 여유가 있는 사람들은 재산의 20% 정도를 기부하고, 보통 사람들은 재산의 10% 정도를 가난한 사람들을 위해 나누어 줍니다.

돈을 모으는 것보다 베푸는 것을 더 강조하는 유태인들이 세계 경제는 물론 정치, 사회, 교육, 문화, 영화, 노벨상 분야 등에서 막대한 영향력을 행사하고 있는 것은 뜻하는 바가 큽니다. 베풀면 베풀수록 더 큰 부자가 된다는 말이 진실이라는 것을 증명하는 것은 아닐까요.

미국 아이들도 어려서부터 사회와 더불어 살아가는 삶이 더 큰 행복을 가져다준다는 가르침을 배우면서 성장합니다. 세상에서 자본주의가 가장 발달한 나라이기 때문에 생존경쟁이 어느 사회보다 치열한 것은 부인할 수 없는 사실이지만 승자는 사회적 약자에게 재산을 기부해 함께 살아가는 지혜를 보여줍니다.

미국의 공공도서관이나 박물관, 미술관, 대학교, 체육관 등과 같은 건물은 빌 게이츠, 록펠러, 벤더빌트, 카네기, JP모건 등과 같은 미국 역사를 뒤바꾼 갑부들이 기부해서 만들어 놓은 것입니다.

세계적인 리더는 자신만을 위해 살지 않습니다

세계 10위의 경제대국을 자랑하는 한국의 현실은 어떠한가요. 대기업 총수나 회장들이 간간이 개인 재산을 털어 사회에 기부한다는 발표를 할 때가 있습니다. 하지만 국민들은 뜨거운 박수를 보내기보다는 시큰둥한 반응입니다.

워렌 버핏 회장처럼 마음에서 우러나오는 진심에서 재산을 사회에 기부하는 것이 아니라 우리나라 대기업의 회장들은 기업비리를 무마하고 속죄하는 목적으로 재산의 사회 환원을 발표하는 경우가 많기 때문이지요. 가난하고 사회에서 소외된 사람들을 대하는 진실성에 차이가 있는 것입니다.

리더십 분야의 3대 권위자로 명성을 날리고 있는 미국 링키스 컨설팅의 필 하킨스 최고 경영자(CEO)는 다음과 같이 말합니다.

"진정한 리더는 자신만을 위해 살지 않습니다. 제가 만난 세계의 리더들은 다른 사람을 위해 살고 있었습니다. 리더의 자리에 오른 사람들은 대부분 개인적인 목표를 이미 달성한 경우가 많았습니다. 하지만 한국의 리더들은 아직까지 자신의 목표 달성에 급급해 하는 경우가 많습니다."

인생을 살아가는 데 있어 산소나 공기같이 없어서는 안 되는 것이 돈과 재물입니다. 일정 수준의·경제력이 뒷받침되어야 우리의 생활이 윤택해지고 편안해집니다.

하지만 돈을 악착같이 버는 것도 중요하지만 제대로 사용하는 것은 더욱 중요합니다. 베풀면 베풀수록, 나누면 나눌수록 더욱 많이 얻을 수 있다는 것을 버핏 회장은 보여 주고 있으니까요.

남에게 관대하고, 자신에게 엄격하세요

자기관리

버핏 회장은 세 자녀들에게 어렸을 때부터 많은 재산을
물려주지 않을 것이라는 점을 인식시켰습니다.
자녀들도 큰 재산을 유산으로 받게 될 것이라고는
생각하지 않고 자신들의 인생을 설계했습니다.
– 버핏 회장을 만나고 나서 –

남의 잘못은 관대하게 대하세요.
그러나 자기의 잘못에는 엄격하지 않으면 안 됩니다.
– 채근담 –

우리 주위에는 자신에게는 한없는 관용을 베풀면서도 다른 사람에게는 엄격한 잣대를 들이대는 사람들이 많습니다. 자신이 실수를 할 때는 대수롭지 않은 것처럼 넘어가지만, 다른 사람들의 과오에 대해서는 비판을 가하는 경우가 많습니다.

하지만 버핏 회장은 남에게 관대하고 자신에게는 오히려 엄격한 삶을 살아야 한다고 강조합니다. 자신을 잘 관리하면 다른 사람들도 나를 인정하게 되고, 부(富)와 재산도 함께 찾아온다는 것이 버핏 회장의 생각입니다.

가난한 사람들에게 기회를 주어야 합니다

여러분은 상속세에 대해서 어떻게 생각합니까? 부모가 아들, 딸들에게 재산을 물려 줄 때에는 국가에 일정부분 세금을 내는 것이 보통입니다. 부모의 재산이 고스란히 자녀들에게 돌아가는 것이기 때문에 대부분의 국가들은 이에 대해 세금을 부과합니다. 한국도 예외가 아니지요.

하지만 미국에서는 상속세를 폐지해야 한다는 목소리가 커지고 있습니다. 미국에는 크게 공화당과 민주당, 2개의 정당이 있는데 공화당은 보수적이고 민주당은 진보적입니다. 공화당은 부자들을 위한 정책을 중시하고, 민주당은 서민층을 위한 경제 정책을 선호합니다.

조지 W.부시 대통령은 공화당 대통령이고, 여성인 힐러리 클린턴과 흑인인 바락 오바마는 민주당 정치인이지요. 부시 대통령을 포함한 공화당 정치인들은 부자들에게 유리하도록 상속세 폐지를 주장합니다. 무거운 세금을 납부하지 않고 자유롭게 재산을 자녀들에게 넘겨줄 수 있기 때문이지요.

여러분도 잘 알다시피 버핏 회장은 세계 최고의 부자입니다. 자신의 재산 중 370억 달러(35조 원)를 자선단체에 이미 기부했습니다.

상속세가 폐지되면 자신의 세 아이들에게 재산을 쉽게 물려줄 수 있는데도 버핏 회장은 상속세를 폐지해서는 안 된다고 목청을 높입니다.

많은 부자들이 지지하는 상속세 폐지에 대해 버핏 회장은 단호히 "그것은 정도가 아니다"라며 반대하고 있습니다.

한국의 졸부들과 한번 비교해 보세요. 한국의 졸부들은 자녀들에게 세금 한 푼 내지 않고 재산을 물려주려고 불법과 탈법을 밥 먹듯이 합니다. 수십억 원의 재산을 가지고 있으면서도 어떻게 해서든지 법망을 빠져나가 상속세를 내지 않으려고 합니다. 신문지상에 대기업 총수와 회장들이 불법으로 자녀들에게 재산을 상속하려다 적발되는 경우를 우리는 종종 보곤 합니다.

버핏 회장은 오히려 자신에게 엄격한 잣대를 적용합니다. 사회에는 재산의 85%를 기부할 정도로 한없이 관대하지만 오히려 자신에게는 엄격한 기준을 적용합니다.

"저는 부(富)의 왕조적 세습에 반대합니다. 상속세는 대단히 공정한 세금이며 상속세를 폐지하는 것은 매우 혐오스러운 일입니다. 가난한 사람들에게는 기회의 균등을 보장하고, 부자들에게 특혜를 주지 않기 위해서라도 상속세는 필요합니다. 상속세를 폐지하는 것은 부자들에게 특혜를 주는 것입니다. 이는 마치 2000년 올림픽 금메달리스트의 자녀들을 2020년 올림픽 대표 팀의 선수로 선정하는 것과 다를 것이 없습니다."

버핏 회장의
엄격한 자녀교육

버핏 회장은 부모가 가진 재산보다는 자녀들의 실력과 능력에 따라 성공이 좌우되는 사회가 만들어져야 한다고 말합니다. 이는 달리 말하면 부모의 유산이 아니라 청소년 여러분의 실력과 노력으로 부(富)를 만들어 가야 한다는 것을 의미합니다.

버핏 회장의 자신에 대한 엄격함은 자녀 교육에서도 여실히 드러납니다. 버핏 회장에게는 하워드(54), 수지(53), 피터(50) 등 세 명의 자녀가 있습니다. 버핏 회장은 재산의 85% 이상을 사회에 기부하기로 한 것에 대해 자녀들에게 수차례 미리 얘기했으며, 자녀들은 아버지의 결정에 전폭적인 지지를 보냈습니다.

웬만한 부자 가정의 자녀들이라면 "왜 어렵게 번 돈을 남들에게 주나요? 아버지의 재산을 저희들에게 상속해 주세요"라며 항의했을 법한데 버핏 회장의 자녀들은 아버지의 뜻을 존중해 주었습니다. 세 자녀는 아버지가 사회에 대해서는 관대하고 아버지 자신과 가족에 대해서는 엄격하다는 것을 어릴 때부터 보고 배웠기 때문에 아버지의 결정을 충분히 이해할 수 있었던 것입니다.

버핏 회장은 세 자녀들이 어렸을 때부터 많은 재산을 물려주지 않을 것이라는 점을 인식시켰습니다. 자녀들도 큰 재산을 유산으로 받게 될 것이라고는 생각하지 않고 자신들의 인생을 설계했습니다.

부모로부터 막대한 재산을 물려받은 자녀들은 돈과 재산을 모으는 것이 얼마나 힘든 일인지 모르기 때문에 돈을 흥청망청 쓰는 경우가 많습니다. 결국 과소비의 노예가 되어 패가망신하는 일도 많습니다.

버핏 회장은 청소년들에게 부모의 유산이 아니라 자신들의 실력과 노력으로 부(富)를 만들어야 한다고 역설합니다. 아버지의 뜻을 존중하는 버핏 회장의 세 자녀, 하워드와 수지(위쪽부터), 피터(오른쪽).

로또 복권에 당첨된 벼락부자들이 하루아침에 거지 신세로 전락하는 것도 이 때문입니다.

버핏 회장은 여러분에게 부모의 재산과 돈이 아니라 여러분의 실력과 노력으로 성공하라고 주문합니다.

버핏 회장의 세 자녀 중 아버지를 가장 많이 닮은 장남 하워드는 다음과 같이 말합니다.

"아버지는 우리들에게 많은 돈을 물려받지 못할 것이라는 점을 분명히 했습니다. 아버지가 매년 5,000만 달러를 개인적으로 받을 것인가, 아니면 재단에 기부할 것인가를 물었을 때 우리는 모두 재단에 기부해야 한다고 말했습니다."

남들에게 베풀어야
더 많은 것을 얻습니다

버핏의 세 자녀가 말하는 어린 시절은 그야말로 평범했습니다. 이들이 청소년 시절인 1960년대까지만 하더라도 버핏이 지금처럼 유명하지 않아 풍족하지만 사치스럽지 않은 생활 속에 평범하게 자랄 수 있었습니다.

세 자녀가 학교에 다닐 때에는 외국인 학생을 교환학생으로 받아들여 아이들의 사교성을 높여주기도 했습니다. 큰 딸인 수지는 어렸을 때 아버지가 밤마다 자장가로 팝송 '무지개 너머 어딘가에(Some whare over the rainbow)'를 불러 줬다면서 아직도 버핏 회장을 '아빠'라고 부르고 있습니다.

막내인 피터는 뉴에이지 음악가로 건반을 연주하는 작곡가로 활동하고 있고, 장남 하워드는 사진작가로 일하고 있습니다. 세 자녀 중 어느 누구도 버핏 회장이 운영하는 버크셔 해서웨이에서는 일하지 않습니다.

한국의 재벌 회장과 총수들이 자녀들을 회사 중역으로 임명하거나 자녀들에게 회사 경영권을 그대로 넘겨주는 것과는 하늘과 땅 차이입니다. 버핏 회장은 자녀 교육에 있어서도 엄격한 잣대를 적용하고 있는 것입니다.

버핏 회장의 자신에 대한 엄격함은 연봉에서도 나타납니다. 버핏 회장은 버크셔 해서웨이 회장으로 일하면서 1년 동안 10만 달러(1억 원)를 받습니다. 1980년 이래 27년째 한 번의 연봉 인상도 없이 이 수준을 그대로 유지하고 있지요.

　더군다나 버핏 회장은 회사에서 자신이 개인적으로 사용한 우편, 전화 사용요금 등 5만 달러 정도를 회사 측에 다시 되돌려 줍니다. 자신의 개인 업무로 사용한 회사 돈을 가져갈 수 없다는 것이지요. 회사 공금을 유용하면서까지 직원들 몰래 회사 돈을 빼돌리는 졸부들과는 비교가 되지 않습니다.

　버핏 회장은 자신이 너무 많은 연봉을 가져가면 회사의 주인인 주주들에게 돌아가는 몫이 그만큼 줄어든다며 주주에게 돌아가는 이익이 많아야 한다고 강조합니다. 버핏 회장이 다른 백만장자들과 달리 세상 사람들의 존경과 부러움을 사는 것은 바로 이 때문입니다.

　뉴욕 월가의 최고 경영자(CEO)들은 말 그대로 천문학적인 연봉을 받습니다. 세계 최대 투자 은행인 골드만삭스의 로이드 블랭크페인 CEO는 2007년에만 6,790만 달러(638억 원)의 연봉을 받았습니다. 버핏 회장이 받은 연봉의 630배가 넘는 어마어마한 액수입니다.

　한국의 경우 대학교를 졸업한 신입 사원들이 평균 3,000만 원의 연봉을 받는다고 가정할 경우 무려 2,000년을 아무 것도 먹지 않고 그대로 저축해야 모을 수 있는 큰돈입니다.

　세계 최고의 가치 투자가인 버핏 회장이 월가의 CEO들처럼 수천만 달러의 연봉을 받는다고 하더라도 반대하거나 이의를 제기할 사람은 없을 겁니다. 하지만 버핏 회장은 다른 CEO들과 달리 회사 이익을 침해하는 과다한 연봉은 사회에 악영향을 미친다며 고액 연봉을 거절합니다.

　이처럼 버핏 회장이 남들에게는 관대하고 자신에게는 엄격한 기준을 적용하기 때문에 투자자들은 버핏 회장을 더욱 신뢰하고 비즈니스

파트너로 같이 일하고 싶어 하는 것입니다. 남들에게 관대하고 자신에게 엄격한 삶을 사는 것은 언뜻 큰 손해를 입는 것처럼 보이지만 장기적인 관점에서 보면 오히려 이익이 된다는 것을 버핏 회장은 여러분에게 보여 주고 있습니다.

솔직함보다 **부유한 유산도 없습니다**

솔직함

솔직하고 당당하게 사세요.
거짓말은 언젠가 들통이 나게 마련입니다.
거짓말쟁이로 신뢰를 잃을 때 그보다 더 큰 손해는 없습니다.

– 필립 체스터필드 –

미국에서 백화점을 운영하는 스튜어트라는 이름을 가진 사장이 있었습니다. 스튜어트 사장은 백화점 개점시간이 되기 전 직원들을 모아놓고 언제나 정직한 상거래를 강조하면서 아침을 시작했습니다.

어느 날 새로 출시된 신상품을 들여온 후 직원들에게 상품에 대한 솔직한 평가를 물었습니다. 직원들은 상품을 이리저리 꼼꼼히 살펴보고는 색상이 눈길을 끌기는 하지만 이렇다 할 특색도 없고 바느질 솜씨도 허술해 보인다고 솔직하게 말했습니다. 스튜어트 사장은 알았다며 그냥 고개를 끄덕일 뿐이었습니다.

때마침 중절모를 쓴 중년 신사가 문을 열고 백화점 안으로 들어왔습니다. 손님은 신상품을 꼬치꼬치 캐물으며 관심을 보였습니다. 이때 눈치 빠른 직원 하나가 손님 옆으로 잽싸게 달려가 상품을 과장해 소개하기 시작했습니다. 손님에게 색상도 어울리고, 바느질 솜씨도 수준급이라며 이 상품이 안성맞춤이라고 칭찬을 쏟아냈습니다.

신상품을 잘 모르고 있었던 중년 신사는 직원의 설명만 듣고 제품을 사기로 결정하고 뒷주머니에서 지갑을 꺼내려고 했습니다. 멀리서 이 장면을 지켜보고 있던 스튜어트 사장이 중년 신사에게 다가가더니 다음과 같이 정중하게 말했습니다.

"손님, 죄송합니다. 이 상품은 그리 좋은 것이 못됩니다. 제가 보기에도 하자가 많은 것으로 보입니다. 성함과 연락처를 저에게 남겨 주시면 좋은 상품이 들어왔을 때 바로 연락을 드리도록 하겠습니다. 이 상품은 저희들이 팔 수 없습니다."

그리고 스튜어트 사장은 직원들에게도 하자가 있는 상품은 손님을 속이며 팔아서는 안 되며 정직하게 제품 상태를 설명해야 한다고 타일렀습니다. 주위의 직원들은 몸들 바를 몰라 고개를 숙이고 있었고, 중년 손님은 스튜어트 사장의 양심적인 상술에 감탄을 하고 말았습니다.

이후 중년 손님은 스튜어트 사장이 운영하는 백화점의 단골손님이 되었으며, 스튜어트 사장은 믿을 수 있다는 입소문이 퍼져 나가면서 큰돈을 벌게 되었습니다.

짧은 기간 동안 손님을 속여 얼마큼의 돈은 벌어들일 수 있겠지만 결국 손님들로부터 외면을 당해 장사는 망하고 말 것이라는 사실을 스튜어트 사장은 잘 알고 있었습니다. 정직한 비즈니스가 성공을 보장하는 지름길이라는 믿음을 간직하고 있었던 것입니다.

어떤 사람들은 각박한 현대사회에서는 정직하게 살면 바보가 되기 때문에 재주껏 남을 속이며 살아야 한다고 목청을 높입니다. 내가 남을 속이지 않으면 남들이 나를 속이기 때문에 먼저 선수를 쳐야 한다고 얘기하기도 합니다.

하지만 이는 당장의 이익만 쫓다 더 큰 이익을 놓치고 마는 어리석은 생각입니다. 정직하고 양심적으로 생활하고 비즈니스를 하는 것이 종국에는 더 큰 이익과 이문을 남겨다 주는 법입니다.

여러분 중에서는 친구들과 함께 벤처기업을 설립하려는 큰 꿈을 가진 사람도 있을 것이고, 취업 전선에 뛰어들어 장사를 하려는 사람도 있을 것이고, 대기업에 취직해 직장 생활을 하려는 사람도 있을 겁니다. 여러분이 어느 분야, 어떤 지위에 있더라도 반드시 명심해야 할 것은 결국 '정직이 승리한다'는 단순한 진리를 따르는 것입니다.

솔직함은 가장 확실한 자본입니다

버핏 회장은 11살 때부터 주식 투자를 시작해 67년 동안 투자활동을 했지만 주식가격을 조작한 일이 한 번도 없었습니다.

큰돈을 굴리는 주식 투자자들은 주가조작에 대한 유혹을 많이 받습니다. 특정 기업의 주식을 대거 사들여 주식가격을 높인 뒤 나중에 높

버핏 회장이 운영하는 보석 가게인 볼샤임 매장 앞에서 부자 손님들이 환담을 나누고 있습니다. 버핏 회장은 솔직함보다 부유한 유산도 없다고 강조합니다.

은 가격에 팔아치워 이익을 챙기는 경우가 많은데 이를 주가조작이라고 합니다. 여러분은 TV나 신문을 통해 주가조작 범죄를 저질러 구속되거나 법의 심판대에 서는 사람들을 많이 보았을 겁니다. 2007년 말 우리 사회를 떠들썩하게 했던 김경준 씨 사태가 대표적입니다.

하지만 버핏 회장은 주가조작을 혐오합니다. 정직하고 깨끗한 방법이 아니라면 투자를 하지 않습니다. 버핏 회장은 '정직은 가장 확실한 자본'이라는 믿음을 가지고 있습니다.

미국 뉴욕의 금융 중심지인 월스트리트에서는 하루에도 헤아릴 수 없는 주가조작과 시세조정이 이루어지고 있지만 버핏 회장은 이들과 벽을 쌓고 삽니다. 월스트리트의 생리와 버핏 회장의 비즈니스 철학과는 큰 차이가 있는 것입니다.

월스트리트의 많은 투자자들이 허위와 기만, 거짓정보, 내부기밀 등으로 돈을 버는 경우가 허다하지만, 버핏 회장은 이들과는 달리 깨끗하고 투명한 투자를 통해서 부(富)를 만들어 갑니다.

미국을 대표하는 신문인 〈워싱턴포스트〉의 주인인 캐서린 그레이엄 여사는 자서전에서 다음과 같이 버핏을 평가하고 있습니다.

"제가 워렌 버핏을 처음 만났을 때 그의 수수한 외모에 깜짝 놀랐습니다. 월스트리트의 돈 많은 은행가나 대기업의 총수들과는 전혀 다른 느낌이었습니다. 버핏은 마치 중서부 시골마을의 아저씨와 같은 인상을 풍겼습니다. 하지만 저는 그의 명석한 두뇌와 재치 있는 유머에 금세 매료되고 말았습니다. 그는 저에게 여전히 매력적인 사람입니다. 저는 친구들에게 이 세상에 '미스터 클린(Mr. Clean: 깨끗한 사람)'이 있다면 그 사람은 바로 버핏이라고 말하고 싶습니다."

버핏 회장이 오늘날 세계 최고의 부자로 거듭날 수 있었던 것은 캐서린 그레이엄 여사가 인정하는 것처럼 솔직하고 청렴했기 때문입니다.

젊은 시절부터 버핏은 솔직하게 투자를 하고 비즈니스를 한다는 인식을 심어 주었기 때문에 투자자들은 그를 믿고 큰돈을 맡겼으며, 버핏은 이를 통해 더 큰 부(富)를 만들 수 있었던 것입니다.

정직하고 깨끗하게 장사를 하거나 사회생활을 하면 언뜻 보기에 처음에는 손해를 보는 것처럼 느낄 수 있지만, 시간이 지나면 더 큰 이익과 이문을 얻을 수 있다는 것을 깨닫게 됩니다. 정직한 사람은 그를 믿고 따르는 사람들이 항상 곁에서 지켜 주고, 어려울 때 도와주기 때문입니다.

정직은 최선의 방어가 아니라 최선의 공격입니다

버핏 회장은 좀처럼 화를 내는 일이 없지만 한 가지 일에서 만큼은 불같이 화를 냅니다. 회사를 운영하는 경영자가 일반인이나 주주들에게 회사의 나쁜 소식을 제대로 알리지 않았을 때입니다.

어떤 경영자들은 회사의 이익이 줄어들었거나, 큰 손실을 입었거나, 신제품 매출이 떨어졌거나, 연구 개발이 실패했거나 하는 등 회사 이미지에 좋지 않은 정보는 가능한 한 숨기고 외부에 밝히지 않으려고 합니다.

하지만 버핏 회장은 자신이 운영하는 버크셔 해서웨이의 경영실적이 좋지 않으면 일반 사람들과 주주들에게 먼저 알립니다. 또 자신이 거느리고 있는 자회사의 경영자들이 회사의 나쁜 소식을 제대로 자신에게 보고하지 않거나 일반 사람들에게 알리지 않으면 불같이 화를 냅니다. 정직하지 못한 경영자와 회사는 사람들에게 신뢰를 줄 수 없고 제대로 된 비즈니스를 전개할 수 없다는 생각에서입니다.

세계 최고의 투자가인 버핏 회장도 자신의 의사결정에 자신이 없을 때에는 솔직하게 투자자들에게 고백합니다.

다음은 투자자들을 위해 1967년 버핏 회장이 작성한 보고서 내용입니다.

"저는 현재의 시장 환경에 적응할 수 없다는 점을 솔직하게 여러분에게 고백합니다. 단 하나 분명한 것은 제가 이해할 수 있는 곳에만 투자하겠다는 생각을 앞으로도 바꾸지 않을 것이라는 사실입니다. 새

로운 곳에 투자를 한다면 많은 새로운 이익을 얻을 수 있을지도 모르
지요. 하지만 새로운 곳을 충분히 이해하지 못했고, 또 그런 방식의
투자가 성공한 적도 없었기 때문에 여러분이 맡긴 돈을 잃을 염려가
있다는 점을 솔직히 말씀드립니다.”

이처럼 버핏 회장은 솔직하고 정직하게 자신의 생각과 의견을 일반
사람들에게 알렸기 때문에 주위 사람들로부터 더 큰 신뢰와 신망을
얻을 수 있었습니다. 버핏 회장은 정직은 최선의 방어책이 아니라 최
선의 공격 무기라는 것을 우리들에게 가르쳐 주고 있습니다.

청소년 여러분, 정직하면 당장에는 손해를 입을 수도 있습니다. 하
지만 그 손해가 나중에는 비교할 수도 없는 만큼의 믿음과 신뢰로 돌
아온다는 사실을 알아야 합니다.

정직한 사람이 뿜어내는 향기는 그 은은한 파동이 너무 크고 아름
다워서 주위에는 사람들이 항상 모여들게 마련입니다. 향긋한 꽃향기
를 찾아 멀리서 벌들이 몰려드는 것처럼 정직한 사람 주위에는 그의
진실성에 매료된 사람들이 찾아오게 되는 법이랍니다.

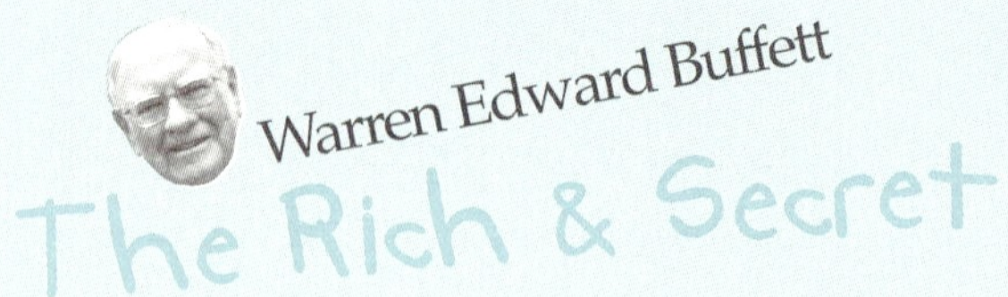

여러분의 멘토는 누구인가?
버핏 회장은 한국 청소년들에게 가장 훌륭한 금융 교과서이다.
버핏 회장처럼 세상을 감동시키는 '마음이 따뜻한 부자'가 되어라.

진념 청소년 금융교육협의회 회장(前 경제부총리)

워렌 버핏의 처세술

인생 최고의 투자는 **친구입니다**

친구

좋은 친구가 생기기를 기다리는 것보다 스스로가
누군가의 친구가 되었을 때 행복합니다.

– 러셀 –

여러분이 학업을 마치고 사회로 나가게 되면 직장생활을 하게 됩니다. 고등학교를 마치고 바로 직업전선에 나가는 사람도 있을 것이고, 대학교를 졸업하고 사회생활을 시작하는 사람들도 있을 겁니다.

대학교를 나와 사회생활을 하느냐 고등학교를 졸업하고 사회생활을 하느냐는 중요한 것이 아닙니다. 자신의 적성에 맞는 직업을 빨리 결정하고 미리 준비하는 자세가 중요합니다. 이와 함께 사회생활을 하면서 평생을 함께 할 진정한 친구를 여러분의 곁에 두는 것이 절대 필요합니다.

비즈니스 관계로 친구를 만날 수도 있고, 조직 생활의 동반자로서 친구를 만날 수도 있습니다. 자신과 취미나 성격이 통하는 친구도 좋고, 성격과 스타일이 다른 친구도 상관없습니다. 평생을 서로 신뢰하고 옆에서 도와줄 수 있는 친구여야 합니다.

인생의 절반은 여러분의 노력과 땀으로 만들어지지만 나머지 절반은 친구의 도움과 힘이 큰 작용을 한다는 것을 알아야 합니다. 결코 독불장군 식으로 혼자 해서는 정글과도 같은 사회생활에 적응하기가 힘듭니다. 사람들은 흔히 이를 '인맥 네트워크'라고 부릅니다.

평생 함께 할 친구를 사귀세요

버핏 회장에게는 찰리 멍고라는 평생의 동지가 있습니다. 어릴 때부터 알고 지냈던 친구가 평생의 사업 동반자가 된 것이지요. 찰리 멍고가 있었기에 워렌 버핏이 빛을 발한 것입니다.

찰리 멍고는 버핏과 같이 오마하 출신입니다. 버핏의 할아버지가 운영했던 식료품 가게에서 찰리 멍고는 심부름꾼으로 일을 했습니다. 손님이 산 물건을 계산하고, 물건을 배달하고, 쓰레기를 비우는 일을 하면서 버핏의 할아버지를 도왔습니다. 버핏과 찰리 멍고의 인연은 이렇게 맺어졌습니다.

찰리 멍고는 버핏보다 7살이 많으니까 버핏에게는 형이 됩니다. 버핏은 찰리 멍고 형을 옆에서 지켜보았는데 어린 시절에는 큰 교우관계를 맺지 못했습니다. 만나면 서로 가볍게 인사를 할 정도였지요. 하지만 버핏이 26살 되던 때에 이들은 다시 운명적적으로 만나게 되고 평생의 사업동지로 발전하게 됩니다.

찰리 멍고의 아버지는 변호사, 할아버지는 판사였습니다. 멍고 자신도 집안의 가풍을 이어받아 법조인이 되기 위해 열심히 공부했습니다. 그는 대학교를 졸업하지도 않은 상태에서 미국 동부의 명문 하버드 대학 로스쿨(법률대학원)에 합격했습니다. 그때까지 학사 학위 없이 하버드 대학 로스쿨에 입학한 사람은 멍고 이외에는 없었을 정도로 그는 뛰어난 두뇌와 열정을 가진 학생이었습니다.

버핏과 멍고의 대학 생활에서 발견할 수 있는 공통점은 자신의 목표를 일찍 설정하고 그 목표를 위해 정열적으로 노력했다는 것입니다. 버핏은 컬럼비아 대학교에 입학해 벤저민 그레이엄 교수 밑에서 공부하며 최우수 학생으로 졸업했고, 멍고도 하버드 대학 로스쿨을 졸업할 때에는 335명의 동급생 중에서 우등평가를 받은 12명에 포함되었을 정도입니다.

버핏은 훌륭한 투자가가 되겠다는 꿈을 실현하기 위해 벤저민 그레이엄 교수를 찾았고, 멍고는 법조인이 되겠다는 꿈을 안고 하버드 로스쿨에서 열정적으로 공부를 했지요. 그리고 그들이 어릴 때 간직했던 꿈은 현실로 나타나게 되지요.

멍고는 하버드 대학을 졸업하고 캘리포니아 주로 이사해 로스앤젤레스(LA)에 '멍고 톨스 앤 올슨(Munger, Tolls & Olson)'이라는 개인 법률사무소를 개업합니다. 버핏의 할아버지가 운영했던 식료품 가게에서 심부름꾼으로 일하면서 간직했던 꿈을 실현한 순간이었습니다. 명석한 머리와 날카로운 분석력, 법률 이론을 모두 겸비한 멍고의 사무실에는 변호를 의뢰하는 사람들이 줄을 이었지요.

버핏은 오마하의 투자가로서, 멍고는 로스앤젤레스의 유명 변호사로서 그들의 인생을 성공적으로 출발한 것입니다.

1956년, 버핏이 26살 되던 때에 버핏의 투자 파트너였던 친구의 소개로 버핏과 멍고는 오마하의 한 레스토랑에서 다시 만났습니다.

버핏 회장에게는 동고동락을 같이했던 친구이자 형님인 찰리 멍고 부회장이 있었습니다. 여러분의 친구는 누구입니까?

"멍고 형, 오랜만입니다."

"잘 지냈나? 버핏. 투자가로 명성을 날리고 있다는 얘기는 들었네. 어릴 때의 꿈을 이루었군."

"아니에요. 이제 시작에 불과해요. 멍고 형, 제가 만남을 요청한 것은 한 가지 제안이 있어서예요. 저와 같이 투자 사업을 해보지 않을래요?"

버핏은 멍고에게 투자 파트너로 같이 일하자는 제안을 했습니다. 어릴 때부터 지켜보았던 멍고의 성품과 능력을 일찌감치 알고 있었기 때문입니다.

버핏의 제안을 받고 로스앤젤레스로 돌아온 멍고는 머릿속이 복잡했습니다. 할아버지와 아버지의 뒤를 이어 변호사의 길을 걷고 있는데 자신의 세계와 영 딴판인 투자가의 길로 들어서는 것은 또 하나의 도전이었습니다.

하지만 어릴 때부터 지켜보았던 동생 버핏의 능력과 열정, 도전 정신을 익히 알고 있었던 멍고는 며칠 후 버핏에게 "그래, 같이 한번 해 보자"라는 답변을 주었습니다.

훗날 워렌 버핏이 찰리 멍고와 같이 투자자를 모아 투자 회사를 설립하고 버크셔 해서웨이의 회장과 부회장이 되어 세계 금융 시장을 움직이는 인물이 되는 계기는 이렇게 만들어진 것입니다. 버핏은 '인생 최고의 투자는 친구' 라는 생각을 가졌던 것이지요.

나의 단점을 지적하는 친구가 진짜 친구

저는 2007년 5월 초 버크셔 해서웨이의 버핏 회장과 멍고 부회장을 모두 만났습니다. 5일 동안 버핏 회장과 멍고 부회장을 따라다니며 그들의 말과 행동 하나하나를 보고 듣고 배웠습니다.

버핏 회장과 멍고 부회장은 모두 안경을 끼고 있고, 뛰어난 투자가 라는 점을 제외하고는 닮은 점이 거의 없습니다. 버핏 회장이 유머와 장난을 좋아하고 사람들과 이야기하는 것을 즐기는 스타일이라면, 멍고 부회장은 무뚝뚝하고 논리적이고 상대방의 잘못을 바로 지적하는 스타일입니다. 멍고 부회장이 장남(長男)의 성격을 갖고 있다면 버핏 회장은 막내의 성격을 가지고 있다고 할까요.

"멍고 부회장은 어떠한 복잡한 문제라도 30초 만에 핵심을 간파하는 능력을 가지고 있지요. 그는 똑똑하고 예리한 사람입니다."

버핏 회장이 멍고 부회장을 이렇게 소개했습니다.

제가 만난 멍고 부회장은 국제 경제 흐름을 분석하고 투자 결정을 내리는 데 있어 버핏 회장과 의견이 다를 경우에는 침묵으로 일관하지 않고 바로 자신의 의견을 내놓았습니다.

"버핏, 저의 생각은 당신과 다릅니다. 한발 물러나서 다른 면을 한 번 분석해 보고 다른 방안을 마련하는 것은 어떨까요?"
보통 이런 식입니다.

이런 일도 있었답니다. 버크셔 해서웨이가 회사용 제트기를 구입했을 때의 일입니다. 버핏 회장은 회사의 업무 생산성을 높이는 일이라고 판단해 굳이 반대하지 않았죠. 하지만 멍고 부회장이 버럭 화를 냈습니다.
"큰돈을 들여 회사용 제트기를 살 필요가 있나요? 회사 돈으로 제트기를 구입하는 것은 주주들에게 손해를 끼치는 행위입니다. 저는 찬성할 수 없습니다."

멍고 부회장은 회사 경영진이나 버핏 회장의 판단과 선택이 잘못되었다고 생각될 때에는 주저하지 않고 반대 의견을 내놓습니다. 상대방의 눈치를 살피거나 아부하는 스타일이 아닙니다.
사실 버핏 회장은 멍고 부회장을 만나 더 많은 돈을 벌고 투자 기회를 더욱 늘릴 수 있는 안목을 키우게 되었습니다.

버핏은 기업의 실적을 중요시합니다. 회계장부 상에 나타난 수치들을 보고 투자 결정을 내리지요.

"버핏. 이제는 당신의 투자 스타일에도 변화가 필요해요. 기업의 회계장부만으로 투자 선택을 해서는 안 돼요. 지금 실적이 좋지 않더라도 기업의 미래 가치가 크다면 그 기업은 분명히 성공할 거예요. 앞으로는 기업의 미래 가치에 대해서도 연구해야 합니다."

이처럼 멍고는 버핏에게 기탄없이 할 얘기는 했습니다. 그리고 중요한 것은 버핏이 멍고의 충고나 지적을 아니꼽게 생각하지 않고 그대로 포용하는 배포와 아량을 가졌다는 점입니다. 친구로서 할 말은 하는 멍고도 뛰어나지만 친구의 충고를 거리낌 없이 받아 주는 버핏의 태도는 더욱 빛난다고 할 수 있지요.

나의 단점을 '비난' 하는 친구가 아니라 사심 없이 '비판' 하는 친구를 두어야 합니다. 그래야 친구를 통해 자신의 잘못을 잡아 나갈 수 있습니다. 세계 최고의 부자 버핏 회장은 자신의 잘못을 지적하는 친구 멍고 부회장을 만나 오늘날의 부(富)를 이룰 수 있었습니다.

자신의 일을 즐기면 부(富)는 따라옵니다

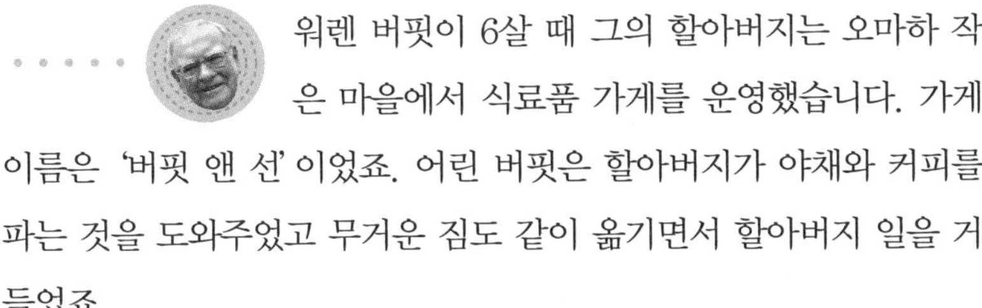

미래는 일하는 사람의 것입니다.
권력과 명예도 일하는 사람에게 주어집니다.
게으름뱅이의 손에 누가 권력이나 명예를 안겨 주겠습니까.

– 힐티 –

워렌 버핏이 6살 때 그의 할아버지는 오마하 작은 마을에서 식료품 가게를 운영했습니다. 가게 이름은 '버핏 앤 선'이었죠. 어린 버핏은 할아버지가 야채와 커피를 파는 것을 도와주었고 무거운 짐도 같이 옮기면서 할아버지 일을 거들었죠.

할아버지가 물건을 팔고 일일이 기록하는 회계장부를 유심히 살폈고 어떻게 물건을 팔아 돈을 버는지 바로 옆에서 지켜본 것이죠. 어쩌면 버핏 회장의 비즈니스 감각은 어릴 때 할아버지와 함께 가게 일을 하면서 자연스럽게 익힌 것이라고 볼 수 있습니다.

어느 날 어린 버핏은 할아버지에게 하나의 제안을 했습니다.

"할아버지. 코카콜라를 저에게 좀 싸게 파세요. 도매가격으로 저에게 파세요. 그럼 저는 이것을 이웃 아저씨, 아주머니들에게 팔게요. 저랑 비즈니스를 하자는 거예요."

할아버지는 어린 버핏의 제안이 황당하기도 하고 당돌하기도 했지만 제 스스로 돈을 한번 벌어보겠다는 생각이 기특해서 허락을 했습니다.

"좋은 생각이구나. 어릴 때 경험했던 고생이 나중에 인생을 살아가는 데 큰 도움이 된단다. 할아버지가 코카콜라를 줄 테니까 이윤을 남겨 보도록 해라. 할아버지도 도와줄 테니까."

할아버지는 어린 버핏의 머리를 쓰다듬으며 엷은 미소를 지었습니다.

"할아버지, 고맙습니다. 절대 손해를 보지 않고 성공할게요."

어린 버핏은 자기 힘으로 돈을 벌 수 있다는 기쁨에 깡충깡충 뛰었지요. 이는 세계 최고의 부자인 워렌 버핏이 처음으로 성사시킨 비즈니스입니다.

어린 버핏은 다음 날 바로 장사를 시작했습니다. 할아버지로부터 6개가 들어 있는 코카콜라 세트를 25센트(250원)에 사들인 뒤 여기에 5센트를 붙여 30센트에 팔았습니다.

동네 아저씨와 아주머니들은 어린 녀석이 기특하다며 할아버지 가게에 가기보다는 어린 버핏의 코카콜라를 사 주었고, 나중에 큰 비즈

니스맨이 될 것이라고 칭찬을 해주
었지요.

자신의 일을 즐기고 있는 어린 버
핏을 옆에서 지켜보면서 할아버지
는 고개를 끄덕일 뿐이었습니다.

고사리 손으로 코카콜라를 팔았
던 어린 버핏은 지금 세계적인 기
업인 코카콜라의 대주주가 되어 있
습니다. 어릴 때 코카콜라를 팔아
용돈을 벌었던 워렌 버핏이 지금은
코카콜라의 주인이라는 이야기입
니다.

버핏 회장은 어린 시절 코카콜라를 팔
아 용돈을 마련했지만, 지금은 코카콜라
회사의 주주가 되었습니다. 버크셔 해서
웨이 주주총회 강당에 마련된 대형 코
카콜라 병.

그럼 워렌 버핏은 어떻게 〈코카콜라〉의 주인이 될 수 있었을까요.
어린 버핏이 할아버지에게서 코카콜라를 저렴한 가격에 사서 이윤을
얹어 동네 사람들한테 팔았던 시절로부터 50년이 지난 1989년의 일
입니다. 당시 버핏 회장은 투자 활동을 통해 이미 세계적인 부자 반열
에 끼어 있었죠. 버핏 회장은 어릴 때의 경험을 바탕으로 코카콜라가
미국을 넘어 세계적인 기업이 될 것이라는 것을 알고 있었습니다.

미국을 적대시하는 쿠바에서도 코카콜라는 인기를 끌고 있고, 중국
청소년들도 햄버거와 같은 패스트푸드를 먹을 때에는 코카콜라를 같
이 주문합니다.

어릴 때 코카콜라를 팔아 본 경험이 있던 버핏 회장은 이후 〈코카콜
라〉에 대해 공부를 했고, 코카콜라가 어떻게 성장해 가는가를 면밀히

관찰했지요. 그리고 1989년 3월 자신의 판단이 정확하다고 확신한 버핏 회장은 〈코카콜라〉의 지분 6.3%를 10억 달러(1조 원)에 사들입니다. 코카콜라를 팔아 용돈을 벌었던 시골의 어린 아이가 세계적인 다국적기업의 주인이 되는 순간이었습니다.

버핏 회장은 자신이 좋아하고 즐기는 일을 천직으로 생각합니다. 하늘이 내려 주신 직업으로 생각하는 것이죠. 1985년에 열린 버크셔 해서웨이 주주총회에서 코카콜라의 대표 상품인 '체리코크'를 버크셔 해서웨이의 공식음료로 지정했을 정도입니다.

어린 시절 코카콜라와 펩시콜라를 모두 좋아했던 버핏 회장은 펩시콜라는 더 이상 마시지 않고 코카콜라만 마십니다. 자신이 선택한 상품이 최고라는 자신감이 있었기 때문이지요.

그는 경영진과의 회의를 진행할 때도, 주주총회에서 주주들과 대화를 할 때도, 신문이나 방송과 인터뷰를 할 때에도 항상 코카콜라를 손에 들고 나타납니다.

자신의 일을 즐기는 할아버지

뉴욕 퀸즈의 더글라스톤 지역에는 '피터 루가'라는 고급 레스토랑이 있습니다. 오랜 역사와 전통을 자랑하는 음식점으로 랍스터(바다가재)와 스테이크를 전문으로 취급하는데 겉모습은 초라하지만 건물 내부로 들어서면 화려한 실내장식에 놀라게 됩니다.

정장 복식을 갖추어야 하는 것은 아니지만 남자 손님들 대부분은 넥타이와 양복을, 여자 손님들은 격식 있는 의상을 입을 정도로 고급 이미지가 강하게 풍깁니다.

식사비용은 애피타이저(전채)와 후식을 포함해 1인 당 100달러(10만 원) 이상 나옵니다. 부부와 아이들이 모처럼 기분을 내기 위해 오랜만에 이 레스토랑을 찾을 경우 400달러는 족히 감수해야 합니다.

문제는 종업원들에게 지급하는 팁(tip)입니다. 미국에서는 보통 음식 값의 10~15% 정도를 팁으로 내는 것이 관례입니다. 이 레스토랑의 경우 자기 테이블에서 주문을 받고 빈 물 잔을 채워 주고 식사 내내 시중을 드는 종업원에게 보통 15~20달러 가량을 팁으로 테이블 위에 올려놓습니다.

이 레스토랑에서 일하는 종업원들은 50대 이상 노인들이 대부분으로 70대 고령자들도 있습니다. 백발에 나비넥타이를 매고 주문을 받는 이들 웨이터들은 수준급이죠. 유명 호텔에서 일한 호텔리어 출신이 많은데다 경험도 많아 업계에서는 베테랑으로 통합니다.

이 레스토랑에서 일하는 시니어 급 웨이터들은 연봉이 10만 달러를 넘습니다. 우리 돈으로 연간 1억 원 이상을 버는 부자들이죠. 젊었을 때에는 화려한 호텔 생활과 기업체 임원으로 활동했지만 정년퇴직 이후에는 규모도 그리 크지 않은 레스토랑에서 웨이터로서 '인생 2막'을 살고 있는 사람들입니다.

"나는 나의 일이 자랑스럽고 이 일을 천직으로 여깁니다. 가족들은 좀 쉬어야 한다고 말하지만 나는 이 일을 그만두고 싶지 않아요. 하고자 하는 일을 하는 것은 세상 어느 것과도 바꿀 수 없는 기쁨이 아닐까요?”

이곳에서 5년째 일하고 있다는 스티브 할아버지의 말씀입니다.

직업에는 귀천이 없다고 하지만 한국에서는 이러한 논리가 통하지 않는 것 같습니다. 보수가 많고 적음에 따라 사람에 대한 평가가 달라집니다. 하지만 3년 4개월 동안 뉴욕 특파원 생활을 하면서 제가 보고 느낀 것은, 미국도 빈부의 격차가 크기는 하지만 직업에는 높고 낮음이 없다는 철학을 굳게 믿고 있는 사회라는 점입니다. ‘피터 루가’ 레스토랑에서 일하는 웨이터들은 그 단면을 보여 줍니다.

작고 낮은 곳에서 부(富)를 쌓으세요

자동차 수리공도 마찬가지입니다.

저희 집 앞에는 중국인이 운영하는 ‘모빌(Mobil) 주유소’ 가 있었습니다. 기름을 넣는 곳일 뿐 아니라 자동차 고장수리, 정기 검사를 위해 손님들로 북적거리는 곳입니다. 미국에서는 전문 기술을 가지고 있으면 대접 받고 삽니다.

미국은 인건비가 비싸기 때문에 웬만한 것은 소비자들이 직접 고치는 것이 상식이죠. 한국에서는 자동차 타이어를 직접 교체하는 운전자가 흔하지 않지만 미국 드라이버들은 웬만하면 타이어 교체는 혼자서 합니다. 주유소에 가서 수리를 할 경우 수백 달러는 고스란히 나가기 때문입니다.

미국 주유소에서 일하는 기계공들은 회사로부터 정기적으로 월급을 받기도 하지만 수리가 끝나면 역시 팁을 받습니다. 기술과 실력을 알아주는 기계공일 경우 1년에 10만 달러를 벌어들이는 것은 힘든 일이 아닙니다. 손에는 기름이 묻고 지저분한 작업복을 입고 있지만 그들의 집은 화려합니다.

웨이터로 시중을 들면서, 자동차 수리공으로 기름땀을 흘리면서 그들은 백만장자의 꿈을 이루어 가고 있습니다.

네일(nail) 가게 종업원들도 마찬가지입니다. 구찌, 페라가모, 버버리, 샤넬 등 고급 명품가로 유명한 맨해튼 5번가를 비롯해 번화가에는 미국사람뿐 아니라 한국인과 중국인들이 운영하는 네일 가게들이 많습니다. 손톱 정리를 하고 불필요한 신체의 털을 제거하고 발톱을 다듬는 등 몸을 가꾸는 곳이죠.

여기서 일하는 종업원들도 전문 학원을 나와 경력이 쌓일 경우 짭짤한 수익을 챙깁니다. 손님들로부터 받는 팁이 쌓이면 목돈이 됩니다. 베테랑일 경우 연봉 1억 원은 손쉽게 벌어들일 수 있습니다.

한국에서 미국으로 건너 온 한국인 이민자들의 경우 남자들은 델리 가게(식료품 가게) 종업원으로, 여성들은 네일 가게에서 일하는 경우를 많이 볼 수 있습니다.

미국에서는 낮은 분야에서 시작해 큰돈을 벌 수 있는 분야들이 많이 있습니다. 앞에서 예로 든 레스토랑 종업원, 자동차 수리공, 네일 가게 근무자들이 대표적인 경우입니다.

백만장자 부자들은 타고나는 것이 아니라 작고 낮은 곳에서 시작해 쌓아가는 것이라는 사실을 워렌 버핏 회장과 미국 부자들은 보여 주고 있습니다.

남들과 다른 **자신만의 원칙을 세우세요**

원칙

반드시 이겨야 하는 건 아니지만, 진실할 필요는 있습니다.
반드시 성공해야 하는 건 아니지만,
소신을 가지고 살아야 할 필요는 있습니다.

– 에이브러햄 링컨 –

 워렌 버핏이 세계 최고의 부자가 될 수 있었던 것은 자신만의 원칙과 소신을 정하고 이 원칙을 평생 지켰기 때문입니다.

자신과의 원칙과 약속을 지키지 못하는 사람에게 성공과 부(富)가 찾아올 리 없습니다.

〈버핏 회장을 만나고 나서〉

2007년 5월 5일. 버크셔 해서웨이 주주총회(기업 설명회) 행사가 열린 둘째 날이었습니다. 대강당을 가득 메운 2만7천 명의 버크셔 해서웨이 주주들은 버핏 회장이 들려주는 주식투자 원칙을 하나라도 빠트리지 않으려고 귀를 쫑긋 세워가며 강의를 들었으며, 마치 고액 과외라도 받는 것처럼 온 정신을 집중해 버핏 회장의 말을 노트에 받아 적었습니다.

유명한 종교 지도자를 따르는 신도들처럼 버크셔 해서웨이 주주들은 버핏 회장의 말을 경청하는 열렬한 신도들이었습니다.

사람들을 끌어 들이는 버핏 회장의 강연

사실 버핏 회장의 주식투자 원칙과 글로벌 경제에 대한 견해를 듣는 것은 쉽지 않은 일일 뿐만 아니라 돈도 많이 듭니다. 2006년의 경우 버핏 회장과 점심 한 끼를 같이하는 경매 비용이 62만100달러(6억2천만 원)에 달했습니다.

경매 낙찰자는, 뉴욕 맨해튼 49번가(街)에 있는 유명한 스테이크 레스토랑 '스미스 앤 월렌스키'에서 버핏 회장과 점심식사를 함께 하며 주식투자의 값진 조언을 얻었습니다.

버크셔 해서웨이 주식을 1주라도 가지고 있으면 공짜로 참석이 가능한 버크셔 해서웨이 주주총회는 주주들에게는 값으로 매길 수 없는 배움의 장소인 것입니다.

기껏해야 2시간 동안 대담을 나누고 6억 원을 지불해야 하는 것과 비교하면 주주총회에 참석해 강연을 듣는 것이 훨씬 값진 것이 아닐까요?

버핏 회장과 점심심사를 같이 할 수 있다는 경매 광고. 버핏 회장과 점심식사를 같이 하려면 6억원의 경매 비용을 내야 합니다.

버핏 회장과 주주들의 질의응답이 오가던 중 아니나 다를까 한 주주가 마이크 앞으로 다가가 "주식투자를 어떻게 해야 됩니까?"라고 질문을 던졌습니다. 버핏 회장이 옷깃을 여미더니 다음과 같이 답변했습니다.

"주식을 짧은 기간에 샀다 팔았다 하는 단타매매(Day Trading)는 도박과 같다고 볼 수 있어요. 사람들은 천성적으로 도박을 좋아하지요. 하지만 투자를 그렇게 해서는 안 됩니다. 기업을 열심히 분석해서 기업 가치가 시장 가치보다 낮아졌다고 생각될 때 투자해 기업 가치가 오를 때까지 장기간 기다린다면 반드시 수익이 올라갈 겁니다."

버핏 회장이 자신의 트레이드마크인 '장기 가치 투자'를 설파했습니다. 금융 시장에 충격이 가해지거나 기업 자체의 일시적인 문제로 주가가 기업 가치보다 떨어질 경우 주식을 사야 한다는 설명입니다.

여러분에게 조금 어렵다고요? 아닙니다. 아주 간단합니다. 예를 들어 삼성전자의 적절한 시장 가치가 1,000원이라고 합시다. 그런데 국제 기름 값이 크게 오르거나, 한국 경제가 일시적인 침체 양상을 보인다면 주식 시장에서 거래되는 기업들의 주식가격은 전반적으로 떨어지게 됩니다.

삼성전자라는 회사 자체에는 별다른 문제점이 없지만 주변의 경제 여건이 좋지 않기 때문에 삼성전자의 주식가치도 덩달아 떨어지게 되겠지요. 만약 삼성전자 주식가격이 800원까지 떨어진다면 삼성전자 주식은 시장 가치인 1,000원보다 크게 떨어져 있는 상태가 됩니다.

버핏 회장은 삼성전자 주식가격(800원)이 시장에서 평가받는 가치(1,000원)보다 하락했을 때 주식을 사서 주가가 오르기를 장기간 기다린다면 투자 이익을 얻을 수 있다는 것을 강조합니다.

이 원칙은 버핏 회장이 11살 때부터 주식 투자를 한 이후 지금까지 지키고 있는 철칙이자 신조입니다.

버핏 회장은 왜 〈마이크로소프트〉에 투자하지 않을까요?

이와 같은 버핏 회장의 투자 원칙은 버크셔 해서웨이가 투자하고 있는 주식을 살펴보면 금방 확인할 수 있습니다. 버크셔 해서웨이는 신용카드 회사인 〈아메리칸 익스프레스(American Express)〉와 〈코카콜라〉, 면도기 회사인 〈질레트(Gillette)〉, 국제신용평가회사인 〈무디스(Moodys)〉, 세계적인 명성을 얻고 있는 신문 〈워싱턴포스트(Washington Post)〉, 〈웰스파고(Wells Fargo) 은행〉, 미국을 대표하는 페인트 회사인 〈벤저민 무어(Benjamin Moore)〉 등 튼튼하고 재정적으로 안정된 기업에 주로 투자합니다.

버핏 회장은 이들 기업이 일시적인 경영 환경 악화로 주식 가치가 떨어지거나, 금융 시장 충격으로 이들 기업의 주가가 하락할 때 주식을 사들였습니다. 그리고 주가가 오른다고 해서 재빨리 내다 팔지 않고 기업 가치를 제대로 평가받을 때까지 묵묵히 기다렸습니다.

〈코카콜라〉의 경우 버핏 회장은 1988년 주식을 사들이기 시작해 20년이 된 지금까지도 주식을 그대로 보유하고 있습니다.

버핏 회장이 주주들에게 짧은 기간에 주식을 사고파는 단타매매는 도박과도 같은 것이라며 그 위험성을 경고하면서 장기 가치 투자를 강조한 것은 그의 투자 원칙을 그대로 밝힌 것입니다.

버핏 회장은 자신이 잘 모르는 기업에는 투자하지 않습니다. 손실을 볼 위험이 크기 때문입니다. 인터넷, 정보통신(IT), 첨단기술 등 기업 내용이 검증되지 않은 회사보다는 꾸준하게 안정된 수익을 올리고, 소비자들에게 친숙한 기업을 선호합니다.

여러분도 잘 알다시피 버핏 회장과 〈마이크로소프트(MS)〉의 빌 게이츠 회장은 오랜 친구입니다. 〈마이크로소프트〉는 소프트웨어를 개발하는 인터넷 기업의 대명사이지만, 버핏 회장은 〈마이크로소프트〉에는 투자하지 않습니다.

버핏 회장은 재산의 85% 정도를 빌 게이츠 회장이 운영하는 재단에 기부했습니다. 버핏 회장의 세 자녀도 각자의 기부재단을 운영하고 있지만, 버핏 회장은 빌 게이츠 재단에 자신의 돈을 기부할 정도로 빌 게이츠를 신뢰하고 그의 능력을 높이 평가합니다.

하지만 버핏 회장은 빌 게이츠가 운영하는 〈마이크로소프트〉 주식은 1주도 가지고 있지 않습니다. 다른 투자자들은 〈마이크로소프트〉 주식 가격을 예의주시하지만 버핏 회장은 거들떠보지도 않습니다.

　왜냐하면 버핏 회장은 〈마이크로소프트〉를 잘 모르고, 인터넷 기업을 모르고, 변화 속도가 빠른 첨단기술에 문외한이기 때문입니다. 철저하게 자신이 잘 이해하고, 경험이 있는 분야의 기업에만 투자를 합니다.

　이는 〈코카콜라〉의 주가 흐름을 보면 알 수 있습니다. 일반 투자자들은 〈코카콜라〉와 같이 대형 기업은 주가가 움직이지 않는다는 착각에 빠져 있습니다. 반면 인터넷, 정보통신과 같이 규모가 작은 기업은 기회만 잘 잡으면 주식 가치가 크게 오른다는 편견에 사로잡혀 있습니다. 버핏 회장은 버크셔 해서웨이 주주들에게 이 같은 착각에서 하루빨리 벗어나라고 조언합니다.

<table>
<tr><td>청소년도 쉽게
따라할 수 있는 투자 습관</td><td>〈코카콜라〉 주가는 1990년
1주당 1만 원(10달러)에도</td></tr>
</table>

미치지 못했지만, 1993년 2만 원(20달러), 1996년 4만 원(40달러)을 넘어섰으며 지금은 6만 원(60달러)대에서 거래되고 있습니다. 1990년에 〈코카콜라〉 주식을 사서 지금까지 오랜 기간 보유하고 있다면 6배 이상의 이익을 올리게 되는 셈입니다.

　1990년에 〈코카콜라〉 주식을 1억 원어치 샀다면 지금은 주식 가치가 6억 원 이상으로 불어나 있는 것인데, 주가 변동이 심하고 기업 내용이 알려지지 않은 기업을 사고 판 투자자들이 과연 이 같은 수익률을 올릴 수 있을까요? 버핏 회장이 강조하는 장기 가치 투자의 진면

목을 볼 수 있는 대목입니다.

버핏 회장은 '타인의 말에 흔들리지 말 것'도 버크셔 해서웨이 주주들과 청소년 여러분에게 당부합니다. 자신의 투자 원칙에 충실해야 하며, 절대 주식 시장 흐름에 흔들리지 말 것을 조언합니다.

많은 개인 투자자들이 주식 시장이 강세를 보이면 앞뒤 가리지 않고 아무 기업이나 선택하는 과오를 범하고, 주식 시장이 크게 떨어지면 자신이 보유한 주식을 무작정 내다파는 실수를 저지릅니다. 기업의 가치를 제대로 보지 않고 다른 사람의 말과 소문에 의존한 투자행태를 보이기 때문이지요.

지난 1999년과 2000년 초 전 세계적으로 인터넷, 첨단 기술주 열풍이 불었습니다. 한국도 예외는 아니었죠. 기업 내용이 알려지지 않은 인터넷 회사들이 주식 시장에서 거래되기 시작했고, 투자자들은 집을 담보로 은행에서 돈을 빌려 이들 회사의 주식을 샀습니다.

주식 시장도 흥분의 도가니였습니다. 연일 주가가 오르다 보니 일부에서는 눈을 가리고 아무 기업을 찍어도 투자 이익을 챙길 수 있다는 우스개 이야기도 있었습니다. 주식을 모르면 바보였고, 이 기회에 수익을 못 내는 사람은 멍청이로 취급 받던 때가 있었습니다.

하지만 버핏 회장은 인터넷 붐이 전 세계를 휘몰아치던 이때에도 인터넷, 기술주 기업에 투자하지 않았습니다. 다른 사람들의 행동을 따라하지 않고 철저하게 기업 가치를 평가하는 투자 원칙을 지켰습니다.

2000년 말부터 시작된 인터넷 거품 붕괴와 주가 급락으로 개인 투자자들 사이에서는 통곡소리가 터져 나왔지만, 버핏 회장은 태연할 수 있었습니다. 군중 심리에 동요하지 않고 자신의 원칙을 지키며 투자를 했기 때문입니다.

2007년 버크셔 해서웨이 주주총회에서 버핏 회장은 다음과 같은 투자 원칙을 주주들에게 전달했습니다.

"주식투자는 기업의 과거를 보고 미래를 전망하는 작업입니다. 주주 여러분, 보수적인 가치를 두고 투자를 하십시오. 기업의 미래 가치를 찾아내는 것이 무엇보다 중요하며, 미래 가치를 보고 사서 장기 보유하도록 하십시오. 첨단 업종의 기업을 고르는 것보다 미래 가치가 높은 기업을 골라야 합니다. 아직도 우리가 모르는 영역이 많습니다. 앞으로 25년 후에 좋은 산업, 좋은 기업이 어디일까 고민하시기 바랍니다. 제가 여러분에게 드릴 수 있는 최고의 조언입니다."

버핏 회장이 버크셔 해서웨이 주주들에게, 또 여러분에게 알려준 가장 기본이 되는 투자 원칙은 '가치가 낮게 평가된 기업을 발굴해 장기간 가지고 있어야 한다는 것' 입니다.

부모님께 어린이펀드를 만들어 달라고 부탁하세요

여러분은 학교와 독서실, 집을 반복해 오가는 현실 속에서 살고 있습니다. 열심히 공부해서 여러분의 꿈과 희망을 이루기 위해 노력하는 것은 아름답고 보람 있는 일입니다.

하지만 살아가면서 경제와 투자 공부를 외면할 수는 없습니다. 물론 대학생이 되고, 어른이 되어서도 경제 공부를 하고 투자 공부를 할

버핏 회장은 청소년 시절부터 올바른 투자습관을 몸에 익히는 것이
무엇보다 중요하다고 말합니다.

수 있지만 어릴 때부터 관심을 두는 것이 좋습니다.

특히 한국과 같은 치열한 교육 현실 속에서는 경제와 투자 공부를
체계적으로 할 수 없습니다. 학과 공부 이외에 별도로 경제와 투자 공
부를 할 시간과 마음의 여유가 없습니다. 하지만 경제 공부를 하고 투
자 습관을 익히는 손쉬운 방법이 있습니다.

여러분의 부모님은 대부분 주식형 펀드에 가입했거나 직접 주식 투
자를 하고 있을 겁니다. 한국은 한 가정 당 평균 한 개의 펀드를 가지
고 있지요. 부모님에게 부탁해 어린이 펀드를 하나 만들어 달라고 하
세요. 또는 여러분 이름의 주식통장을 만들어 삼성전자, LG전자, 현
대자동차 등 여러분이 익히 알고 있는 기업의 주식을 사세요. 부모님
들이 도와줄 겁니다.

그리고 여러분이 산 펀드나 주식의 가격이 어떻게 변하나 한 달에
한 번씩 체크만 하세요. 펀드와 주식 가격이 왜 떨어지고 올라가는지

알게 될 겁니다. 궁금한 것이 있으면 부모님에게 이유를 물어 보세요. 여러분이 대학에 들어가거나 사회생활을 할 때쯤이면 여러분이 아껴서 돈을 모아 투자한 주식이나 펀드의 가치가 많이 올라 있을 겁니다.

버핏 회장은 경제 교육과 주식 투자는 빨리 시작할수록 좋다고 강조합니다. 일찍부터 투자하는 습관을 익히고 경제가 돌아가는 원리를 터득해야 합니다.

경제 마인드로 무장한 친구와 그렇지 않은 친구 사이에는 큰 차이가 있습니다. 대화의 폭과 깊이가 다릅니다. 버핏 회장은 부자가 되는 첫걸음은 자신만의 원칙과 소신을 갖고, 투자 습관을 일찍부터 배우는 것이라고 여러분에게 말합니다. 항상 마음에 새겨 두어야 할 말입니다.

젊다는 것이 **가장 큰 자산입니다**

젊음

젊은이가 범하는 가장 큰 죄악은 평범해지는 것입니다.
젊음이 아름다운 이유는 무한한 가능성과 끝없는
도전을 꿈꿀 수 있기 때문입니다.

– 토크쇼 진행자 오프라 윈프리 –

저는 버핏 회장을 세 번 만났습니다. 2006년 6월 26일 뉴욕 맨해튼 53번가(街)에 있는 쉐라톤 호텔에서 전 재산의 85%에 해당하는 370억 달러를 기부하는 기자 설명회 자리에서 처음 만났습니다. 두 번째는 2007년 5월 버크셔 해서웨이 주주총회에서 개인 인터뷰를 하면서, 마지막으로 주주들과의 질의응답을 경청하면서 버핏 회장을 가까운 거리에서 지켜볼 수 있었습니다.

제가 가장 놀란 것은 버핏 회장의 '젊음'이었습니다. 버핏 회장은 1930년생으로 2008년에 77살이고, 항상 그의 곁을 지키며 오른팔 역할을 하고 있는 찰리 멍고 부회장은 84살입니다.

버크셔 해서웨이 주주총회 강당에서 버핏 회장을 만나 인터뷰를 했을 때 약간의 화장을 한 것 같았지만 그의 얼굴 피부는 80세를 앞둔 노인이라고 보기에는 너무 건강했습니다. 버크셔 해서웨이가 투자한 기업들이 진열한 제품을 둘러볼 때에는 어찌나 빨리 걸음을 걷던지 따라가기가 버거울 정도였지요.

한국의 웬만한 기업총수들이 고령을 이유로 일선에서 물러나 명예 회장으로 남거나, 기업 경영은 전문 경영인에게 맡기고 소일거리를 찾는 것과는 너무나 대조적이었습니다.

젊음은 곧
가능성입니다 "버핏 회장은 가만히 있지를 않아요. 직접 기업들을 찾아가 경영 환경이 어떻게 돌아가는지 챙기고, 아침 일찍 회사에 출근해 경제 신문을 읽고, 기업 보고서를 검토하지요. 너무나 정열적이세요. 심지어 광고 문건 하나하나에도 신경을 쓰신다니까요."

버핏 회장의 개인 비서가 저에게 전해준 말입니다.

버핏 회장의 노익장은 주주총회 강당에서 확인할 수 있었습니다. 2007년 5월 5일 진행된 주주들과의 질의응답은 아침 9시30분부터 저녁 5시30분까지 무려 8시간 동안 진행되었는데 중간에 점심시간 30분만 허용되었습니다.

처음에는 진득하게 앉아 있던 주주들도 몸이 쑤시는지 수시로 자리를 비웠지만, 버핏 회장과 멍고 부회장은 점심시간을 빼고는 연단에서 전혀 자리를 비우지 않았습니다.

주주들의 질문에는 조금의 주저하는 기색도 없이 큰 목소리로 거침없이 답변을 했고, 멍고 부회장도 버핏 회장의 오른쪽 자리에 앉아 부연 설명을 해가면서 주주들의 이해를 도왔습니다.

해외에서 몰려든 60명의 해외 특파원들도 지칠 줄 모르고 설명회를 이끌어 가는 두 거장의 체력과 정열에 혀를 내두를 정도였지요.

"대단하네요. 어디서 저런 에너지가 나오는지 모르겠어요. 정말 자기 관리를 철저히 하는 분들이네요."

제 옆자리에 앉아서 열심히 타이핑을 하고 있던 프랑스 여기자가 말했습니다.

자신의 투자 원칙과 버크셔 해서웨이의 경영 현황을 하나라도 더 많이 주주들에게 알려 주려고 애를 쓰는 버핏 회장과 멍고 부회장을 지켜보면서, 주주들은 나이를 거꾸로 먹는 버핏 회장의 정열을 확인하는 듯 했습니다.

질의응답 시간이 끝나자 버핏 회장은 주주들과 함께 자신이 직접 운영하는 '네브라스카 퍼니처 마트' 에 얼굴을 내밀었습니다. 장시간 토론으로 피곤이 겹쳐 호텔에서 쉴 만도 한데 그는 다시 주주들이 있는 곳으로 발걸음을 옮겼습니다.

중국에서 들여온 가구를 싼 가격에 구입하려고 몰려든 주주와 손님들을 향해 버핏 회장은 웃는 얼굴로 인사를 건네고 손을 흔들어 보였습니다. 온종일 토론을 하고, 걸어 다니고, 사람들을 만났지만 그의 얼굴에는 피곤한 기색을 전혀 찾아볼 수 없었으며, 오히려 그러한 분위기를 즐기는 것 같았습니다.

다음날 기자 간담회 시간에 한국 특파원들이 버핏 회장에게 질문을 던졌습니다.

"회장님, 건강을 유지하는 비결이 뭡니까?"

"저는 담배를 피우지 않아요. 어머니가 80세까지 사실 정도로 장수했지요. 저는 제가 하는 일이 좋고, 스트레스도 받지 않아요."

버핏 회장이 짧게 대답했습니다.

스트레스를 받지 않는 일을 하고 있다는 버핏 회장의 답변에 특파원들이 한바탕 크게 웃었습니다. 어려운 회계장부를 봐야 하고, 투자기업을 골라야 하고, 경영 성과를 내야 하는 어려운 자리에 있는데 어떻게 스트레스를 받지 않겠느냐고 반문하는 표정이었습니다.

고희(古稀)의 나이를 훌쩍 넘긴 버핏 회장은 일에서 즐거움을 찾고 삶의 보람을 얻습니다. '이만하면 되었다'고 현역에서 물러나 은퇴를 선언할 법도 한데 여전히 자신이 하는 일에 정열을 쏟으며 생활하고 있습니다.

주주총회 행사기간 동안 연신 체리 코카콜라를 마시는 버핏 회장과 크래커를 집어 삼키는 멍고 부회장을 보면서 젊게 산다는 것의 의미를 알 수 있었습니다.

나이가 드는 것을 슬퍼하거나 한탄하기보다는 자신의 일을 사랑하고 열정을 쏟는다면 젊은이 못지않은 젊음을 간직할 수 있다는 게 버핏 회장의 인생철학입니다.

버핏 회장은 2007년 76살에 재혼했습니다. 8월 31일 자신의 생일 날 오마하에 있는 딸 수지 버핏의 집에서 조촐하게 결혼식을 올렸죠. 상대는 16살 연하의 아스트리드 멩크스(62)로 버핏 회장과는 오랜 기간 친구로 지내다 부부의 인연을 맺게 되었습니다.

우리의 정서로는 '다 늙은 나이에 주책'이라는 반응을 보일지 모르지만 항상 청춘을 간직하며 살아가는 버핏 회장에게는 대수롭지 않은 지극히 자연스러운 일이었습니다.

버핏은 전 부인인 수전 톰슨과 1952년 결혼해 슬하에 2남 1녀를 두었습니다. 두 사람은 지난 1977년부터 별거에 들어갔으며, 공식적인 이혼 절차를 밟지 않고 수전 버핏이 2004년 세상을 떠나기 전까지 친구 같은 부부로 살아왔습니다.

재미있는 것은 두 번째 부인 멩크스를 버핏 회장에게 소개한 사람도 먼저 세상을 떠난 부인 수전 버핏이라는 점입니다. 워렌 버핏과 멩크스 여사는 멩크스가 오마하의 칵테일 바에서 종업원으로 일하고 있을 당시 수전의 소개로 첫 인연을 맺게 되었지요. 세상을 먼저 떠난 아내 소개로 결국 버핏은 재혼을 하게 된 셈입니다.

버핏 회장은 77살의 나이에도 불구하고 자기가 좋아하는 일과 사랑에 정열을 불태우고 있습니다. 하지만 버핏 회장은 나이가 들어가는 것을 슬퍼하거나 두려워하지 말라고 말합니다. 여러분이 정작 버핏 회장에게서 배워야 할 것은 '돈 버는 기술'이 아니라 '아름답게 나이 드는 방법'이 아닐까 합니다.

부자는 끈기로 **무장한 사람들입니다**

끈기

성공의 열쇠는 인내입니다.
오랫동안 큰 소리로 문을 두드린다면,
분명 안에 있는 누군가가 잠을 깨고 나올 것입니다.
– 헨리 워즈워스 롱펠로우 –

버핏이 21살 때의 일입니다. 버핏이 분석하고 공부하고 있었던 기업들 중에 '가이코(GEICO)' 라는 보험회사가 있었습니다. 국가 공무원이나 학교 선생님, 대학 교수 등 수입이 안정적인 사람들을 대상으로 영업을 하는 보험회사이지요.

주식시장에서는 가이코가 장사도 잘 하고 이익도 많이 내는 좋은 회사라는 평판이 나 있었기 때문에 일반인들이 생각하는 것보다 주식 가격이 다소 비쌌습니다.

버핏은 자신이 대학에서 배운 지식과 이론으로 가이코 회사를 분석한 결과 주식가격은 더욱 올라갈 것이라는 결론을 내렸습니다. 앞으로 투자를 하면 큰돈을 벌겠다는 생각을 하고 있었던 것입니다.

철저하게 기업을 분석하고 공부를 해서 투자 결정을 내리는 버핏이 막무가내로 가이코에 투자할 리가 없었습니다. 버핏은 가이코 본사가 있는 미국 워싱턴으로 날아갔습니다. 버핏은 대학생의 신분이었죠.

상대방을 감동시킨 버핏의 끈기

"경비 아저씨, 문 좀 열어 주세요. 제 이름은 워렌 버핏이고 대학생입니다."

"약속을 하고 온 거니? 아무나 들어갈 수 있는 회사가 아니란다."

"저는 가이코에 관심이 많아요. 회사 관계자를 만나 가이코에 대해 물어볼 것이 있어요. 제발 안으로 들어가게 문 좀 열어 주세요."

"미리 약속을 하지 않으면 안 된단다. 나중에 다시 오도록 해라."

버핏은 가이코 본사에 들어가기 위해 경비 아저씨와 한바탕 실랑이를 해야 했습니다. 경비 아저씨는 한 번도 본적이 없는 녀석이 나타나 다짜고짜 회사 관계자를 만나겠다고 하니 황당하다는 표정이었습니다.

"아저씨, 저는 가이코에 대해 알고 싶어요. 제발 회사 관계자를 만날 수 있도록 해 주세요. 부탁이에요."

버핏도 뜻을 굽히지 않고 경비 아저씨에게 매달렸습니다.

10여 분간 실랑이를 벌인 끝에 경비 아저씨가 안내 데스크로 가서 어디론가 전화를 거는 것이었습니다. 몇 분이 지난 후 경비 아저씨가 전화를 끊고 버핏에게 말했습니다.

"6층으로 가면 회사 임원이 있을 거야. 너의 사정을 얘기하니까 기꺼이 만나 보겠다고 하는구나. 너의 당돌함에 어이가 없지만 어쨌든 6층으로 가 보도록 해라."

버핏은 뚫어지게 자신을 쳐다보는 경비 아저씨를 뒤로 하고 엘리베이터를 탔습니다. 이날 버핏이 만난 사람은 가이코의 재무담당 부사장인 로리머 데이비슨이었습니다. 가이코의 돈을 관리하는 임원이었던 것입니다.

버핏의 행색은 초라했습니다. 사치와 허영을 싫어하는 버핏의 옷차림은 수수했고, 뿔테 안경을 눌러쓴 얼굴은 세련미와는 거리가 멀었죠. 하지만 데이비슨 부사장이 생전에 본 적도 없는 버핏을 만나 보겠다고 한 것은 버핏의 끈기와 열정을 높이 평가했기 때문입니다.

여러분도 한번 생각해 보세요. 생판 만난 적도 없는 대학생이 삼성전자나 LG전자, 현대자동차 등 한국을 대표하는 대기업을 찾아가 회사 임원을 만나 보겠다고 고집을 부린다면 정신 나간 놈이라고 손가락질하지 않을까요.

웬만한 끈기와 뚝심이 없다면 거의 불가능한 일입니다. 대기업 입사 시험에 합격하고 기업 임원들 앞에서 면접시험을 볼 때에도 떨려서 말을 더듬거나, 고개도 못 드는 학생들이 많습니다.

"자네 이름이 버핏이라고? 대학생이 가이코를 알고 싶다고 나를 찾아온 것은 자네가 처음이네. 사전 약속도 없이 찾아온 건 예의 없는 행동이라고 생각했지만 자네의 끈기와 의욕이 대단하다고 생각해 만나 보기로 했네."

"고맙습니다. 저는 가이코에 대해 많은 것이 궁금합니다. 좀 더 많은 것을 배우고 공부하고 싶어서 이렇게 실례를 무릅쓰고 찾아왔습니다."

한때 홀대를 받았던 회사의 주인이 됩니다

데이비슨 부사장은 버핏의 진솔함과 배움에 대한 열정에 놀랐습니다. 데이비슨 부사장은 버핏이 알고 싶어 하는 내용에 열과 성을 다해 일일이 대답했습니다.

데이비슨 부사장은 가이코의 역사와 경영 현황, 보험 사업, 주식 가치, 미래 성장성 등에 대해 버핏에게 설명해 주었습니다. 이들의 대화는 무려 4시간 동안 계속되었습니다.

데이비슨 부사장은 버핏과 대화하면서 버핏의 경영 지식과 기업분석 능력에 깜짝 놀랐습니다. 웬만한 기업의 재무 담당자(CFO)나 증권 분석가보다도 더 뛰어난 실력을 갖추고 있다는 것을 알았습니다.

기업의 부사장과 4시간 동안 경영 현황을 논의한다는 것은 그만큼 경영 지식과 기업 분석 능력이 뛰어나다는 것을 반증하는 것입니다.

“저는 그때 마치 유명한 증권 분석가와 얘기를 나누고 있는 듯한 착각에 빠졌습니다. 그의 대답 속에는 배우고자 하는 열정과 갈망이 함께 배어 있었습니다.”

훗날 가이코의 최고 경영자(CEO)가 되는 데이비슨 부사장은 당시를 이렇게 회고했습니다.

데이비슨 부사장과의 만남을 마치고 뉴욕으로 돌아온 버핏은 가이코 투자에 대한 확신을 갖게 되었습니다. 가이코의 경영 자료를 다시 분석하고, 증권회사의 분석가들을 찾아다니며 투자에 앞서 철저하게 공부를 했습니다.

그리고 그는 21살의 젊은 나이에 일생 일대의 투자를 합니다. 물론 대상은 가이코였습니다. 버핏은 신문 배달과 핀볼 게임기 대여 등으로 벌어들인 돈 1만 달러를 투자해 가이코의 주식을 사들였습니다. 가이코의 가치가 여전히 낮게 평가되고 있어서 시간이 지나면 주식가격이 더욱 상승할 것이라는 것을 확신하고 있었기 때문이죠.

버핏은 투자를 하고 나서 1년이 된 시점에 가이코 주식을 1만5천 달러에 팔았습니다. 1년 만에 50%의 이익을 올린 셈입니다.

그리고 대학을 졸업하고 본격적인 투자자의 길로 들어선 이후에는 가이코의 주식 대부분을 사들여 가이코의 주인이 됩니다. 21살 때 가이코를 방문해 경비 아저씨에게 홀대를 받았던 대학생이 나중에 가이코의 주인이 된 것입니다.

버핏이 가이코의 주인이 되고, 다른 여러 기업에 투자해 세계적인 부자가 될 수 있었던 것은 가슴에서 솟아오르는 열정이 있었기 때문입니다. 남들은 무모하다고 도전하지 않았지만, 그는 정열을 무기삼아 세상에 도전했고, 그 결과는 엄청난 것이었습니다.

버핏 회장과
고(故) 정주영 회장의 공통점 ┃ 여러분도 잘 알다시피 고(故) 정주영 현대그룹 회장은 한국 경제를 이끈 위대한 인물입니다. 가난한 소작농의 아들로 태어났지만 자신의 처지를 비관하거나 불평하지 않고 맨손으로 한국 경제를 반석 위에 올려놓은 입지전적인 인물이지요.

정주영 회장 역시 버핏 회장과 마찬가지로 끓어오르는 정열과 도전 정신으로 한 평생을 살았던 인물입니다. 가진 것 없고, 배운 것 없고, 부모로부터 물려받은 재산도 없었지만 그는 맨 손으로 자수성가해 한국 최고의 부자가 되었습니다.

정주영 회장이 해외에 국산으로 만든 선박을 수출하기 위해 애쓰던 때의 일입니다. 1970년대만 하더라도 한국은 세계 경제의 변방에 불과했으며, 한국을 알아주는 해외 바이어는 많지 않았습니다.

정 회장은 현대에서 만든 선박을 홍보하며 해외 바이어를 찾아다녔지만, 바이어들은 현대 선박을 외면했습니다. 선박의 완성도나 기술력을 확인하지 않은 상태에서 후진국이었던 한국의 제품을 사줄 까닭이 없었습니다.

정 회장은 백방으로 뛰어 다녔습니다. 현재는 한국의 대통령이지만 당시 정 회장 밑에서 일했던 이명박도 같이 밤을 새워가며 일했습니다.

정 회장은 한국의 화폐에 새겨진 거북선을 해외 바이어들에게 보여주며 다음과 같이 말했습니다.

"우리나라는 수백 년 전에 이미 철갑선을 만들었습니다. 세계에 내놓아도 손색이 없는 조선 기술을 가지고 있습니다. 현대에 맡겨 주십시오. 우리를 믿고 기회를 주세요. 결코 실망시켜드리지 않을 것입니다."

해외 바이어들은 정 회장의 열정과 끈기에 감복했다고 합니다. 한국의 화폐를 보여주면서까지 선박을 해외에 팔려고 하는 굳은 의지에 해외 바이어들은 큰 감동을 받았습니다. 그렇게 정 회장은 한국 기업으로는 처음으로 국산 선박을 해외에 수출했습니다.

한국이 지금 세계 1위의 조선강국으로 올라설 수 있었던 것은 정 회장의 열정과 도전 정신이 숨어 있었기 때문이었습니다.

정주영 회장과 버핏 회장은 앞에 놓인 장해물을 정열과 열정으로 뛰어넘어 오늘날의 부(富)를 이루었다는 점에서 공통점이 있습니다.

한국 사회에서 학벌이나 학연, 지연, 외모 등을 무시할 수는 없습니다. 하지만 이것보다 더 중요한 것은 정열입니다. 정열은 학벌이나 부모의 재산, 외모보다 더욱 강렬한 힘을 가지고 있고, 무한한 가능성을 내포하고 있습니다. 버핏 회장과 정주영 회장은 청소년 여러분에게 정열의 전도사가 되라고 주문합니다.

돈 관리에 일찍 눈을 뜨세요

실천

자녀들이 일찍 돈 관리와 투자에 눈뜰 수 있도록
부모들이 도와주어야 합니다.
지혜로운 부모들은 그렇게 합니다.
− 워렌 버핏 회장 −

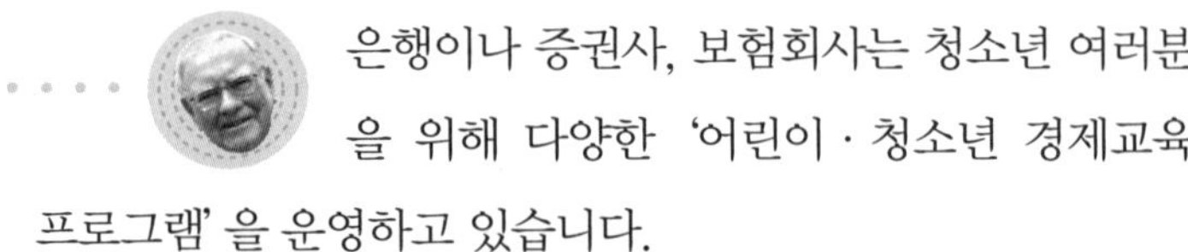

은행이나 증권사, 보험회사는 청소년 여러분을 위해 다양한 '어린이 · 청소년 경제교육 프로그램'을 운영하고 있습니다.

TV를 보고, 놀이동산에 가고, 컴퓨터 게임을 하는 것도 좋은 여가활용 방법입니다. 하지만 부모님의 손을 잡고 경제교육 프로그램에 참여해 금융 지식을 쌓는 것이 여러분의 미래를 위해 더 큰 투자가 될 것이라는 생각을 가져야 합니다.

〈버핏 회장을 만나고 나서〉

부모로부터 막대한 유산과 집을 물려받는 행운을 바라지 않는다면 여러분 스스로 돈을 모을 수 있는 기술과 노하우를 배우는 것이 대단히 중요합니다.

고생 없이 번 돈은 쉽게 나갈 수 있다는 동서고금의 진리가 옳다는 것을 깨닫고, 부모로부터 '고기'를 받기보다는 '낚시' 하는 방법을 배우는 것이 더 현명한 일이죠.

경제전문 온라인 매체인 CNN머니는 '자식들을 부자로 만드는 5가지 선물(5 gifts that will make your kids rich)'을 제시했는데, 워렌 버핏 회장의 가르침과 정확히 일치합니다.

미국과 한국의 금융 시스템과 제도가 다르기는 하지만 한국에서도 청소년들을 위한 다양한 금융 상품과 경제 관련 게임기가 많이 나와 있기 때문에 참고하면 큰 도움이 될 것입니다.

어린이펀드를 만드세요

미국에는 아이들이라면 누구나 쉽게 가입할 수 있는 '저축통장'이라는 금융 상품이 있습니다. 10만 원(100달러)이면 통장을 만들 수 있지요. 청소년들이 아르바이트나 심부름을 해서 어렵게 번 돈을 차곡차곡 모아 저축통장에 넣도록 유도하는 것입니다.

일반적으로 청소년들은 자기 손에 들어온 돈을 쉽게 소비하는 경향이 있습니다. 온 사방에 소비를 조장하는 광고와 문구가 판을 치는 현대 사회에서 저축 습관을 유지하기는 힘든 게 사실입니다. 부모들이 아이들의 장래를 위해 일찌감치 미래를 위한 투자 방법을 가르쳐 줄 경우 아이들은 나중에 부모가 자신들에게 남겨준 '투자의 철학'을 깨닫게 될 것입니다.

한국에서도 청소년들을 위한 많은 투자 상품과 보험 상품들이 나와 있습니다. 또래 친구들에게 기죽는 것이 싫어서 비싼 장난감과 옷을 사달라고 졸라대기보다는 어린이펀드를 만들어 달라고 부모님에게 얘기하세요.

어린이 저축과 펀드는 매월 용돈이 생길 때마다 은행을 찾아가 돈을 넣으면 됩니다. 펀드(Fund)는 여러 사람의 돈을 모아 금융 전문가가 뭉칫돈을 운영하는 것을 말합니다. 100원이 모여서 1,000원이 되고, 1,000원이 나중에 10만 원이 되고, 10만 원이 세월이 흐르면 100만 원이 됩니다. 이렇게 돈을 모으면 무심코 돈을 쓰는 유혹에서 벗어날 수 있고, 나중에 자신의 힘으로 돈을 모았다는 뿌듯함도 느끼게 됩니다. 이게 바로 저축의 힘이죠.

돈의 귀중함을 일깨우는 책을 읽으세요

미국 최대의 서점인 '반스 앤 노블(Barnes & Noble)'의 어린이, 청소년서적 코너에 가면 정신이 없습니다. 몇 시간 동안 바닥에 주저앉아 책을 보는 아이, 이리 저리 뛰어 다니는 아이, 유모차를 끌고 좁은 통로를 왔다 갔다 하는 부모들. 한국의 대형 문고와 별다른 차이가 없지만 아이와 부모가 같이 책을 고르고, 책 내용을 의논하는 풍경이 조금 다르다고 할 수 있습니다. 특히 경제서적 및 투자 코너에 청소년들이 많이 북적거립니다.

청소년들에게 돈의 가치를 알려 주는 책들도 인기를 끌고 있는데 이 중 『지난 일요일 부자였던 알렉산더(Alexander, Who Used to Be Rich Last Sunday)』가 좋은 책으로 평가받고 있습니다. 주디스 비오스트가 4~8세 아이들을 대상으로 쓴 이 책은 아이들에게 한 순간의 소비보다는 장래를 위한 저축의 중요성을 우화적인 요소를 섞어 잘 설명해 줍니다.

책의 내용은 할아버지에게서 1,000원(1달러)을 용돈으로 받은 알렉산더가 평소 사고 싶어 했던 상품을 사기 위해 계속 저축을 하겠다는 계획을 세우지만, 주위의 유혹을 뿌리치지 못해 돈을 다 써버리고 결국 후회한다는 내용입니다.

아이들은 4세가 되면 저축과 소비의 개념을 알게 됩니다. 하지만 이 고리타분한 얘기를 듣기 위해 의자에 오랫동안 앉아 있을 아이들은 별로 없습니다. 지루한 부모들의 설명보다는 한 권의 재미있는 책이 아이들의 저축에 대한 관심을 높일 수 있습니다.

한 권에 1만 원도 하지 않는 책을 통해 여러분의 가치관을 바꿀 수 있다면 이보다 더 좋은 투자는 없을 것입니다.

"아이들이 책의 내용에 흥미를 느끼고 주인공의 경험과 인생에 대해 깨닫는 것이 있다면 이들은 간접 경험을 통해 하나씩 배우게 될 겁니다."

피츠버그 대학교 학습연구센터의 마거릿 멕케원 수석 과학자의 설명입니다.

요즘 한국에서도 청소년용 재테크 관련 서적이 많이 나와 있습니다. 값비싼 장난감을 사거나, 고가의 생일 파티를 열기보다는 여러분의 일생을 바꿀 수도 있는 재미있는 경제 관련 책을 사 보는 것이 현명한 선택이라고 생각합니다.

돈 쓰는 기술을 알려 주는 보드게임을 즐기세요

미국의 웬만한 장난감 소매점에 가면 '페이데이(Payday)'라는 보드게임을 볼 수 있습니다. 대표적인 금융 보드게임으로 10세 전후의 아이들에게 돈을 어떻게 벌고, 저축하고, 소비하는지를 놀이를 통해 일깨워 주는 상품입니다. 조금이라도 일찍 아이들에게 '재테크 교육'을 시키려는 부모들이 선호하는 보드게임이죠.

워렌 버핏 회장도 페이데이와 비슷한 재테크 게임을 판매하고 있답니다. 1975년 시판된 이후 상품의 효율성이 높다는 평판이 퍼지면서 아직까지도 큰 인기를 끌고 있습니다.

아이들은 정해진 길을 가면서 돈을 벌고, 지출하고, 투자하고, 쇼핑하고, 계산하고, 때로는 도박도 하면서 돈을 굴립니다. 게임이 끝난 후 최종적으로 돈을 가장 많이 번 사람이 이기는 게임이죠.

수학과 금융 계산을 싫어하는 아이들이 게임을 통해 자연스럽게 돈과 재테크에 친밀감을 느끼게 함으로써 '놀면서 돈 벌기' 기술을 익히게 되는 셈입니다.

단일 민족으로 세계 최고의 부자로 일컬어지는 유태인들의 자녀 재테크 교육은 남다릅니다. 어릴 때부터 계약서를 작성하는 방법을 배우고, 장사를 하는 기술을 배우고, 비즈니스를 하는 노하우를 터득합니다.

싸우고, 공격하고, 사람을 살해하는 오락 게임기보다는 경제 교육을 할 수 있는 어린이용 게임을 사달라고 부모님에게 얘기해 보세요.

기업경영 게임기를 즐기세요

보통의 부모들은 아이들이 열심히 공부해서 좋은 성적으로 일류대학에 들어가고, 대기업에 입사하는 것이 최고의 성공이라고 생각합니다. 반대로 자기 아이들이 회사의 최고 경영자(CEO)나 창업주가 되기를 바라는 사람들은 그리 많지 않습니다. 투자할 돈도 없거니와 위험 부담이 많다고 생각하기 때문이지요. 아이들이 회사에서 주는 월급으로 안정된 생활을 하는 것이 인생의 정해진 길이라고 생각합니다.

미국에는 기업경영을 유도하는 게임기와 소프트웨어들도 많습니다. 10세 이상 아이들을 겨냥한 '더 심스 2(The Sims 2)'가 대표적인데 이 소프트웨어는 아이들에게 레스토랑, 옷 가게, 목욕탕 등을 창업하고 이를 경영하는 방법을 알려줍니다. 아이들은 직원을 고용하고 해고하는 것은 물론 효율적인 마케팅 전략 등도 혼자서 수립하게 됩니다. 아이들이 기업경영 놀이를 통해 기업 운영의 묘미와 함께 최고 경영자의 고충과 어려움을 간접 경험하게 되는 것이죠.

여러분은 회사의 주인이 되는 방법을 생각해야지 회사의 직원이 되는 방법을 먼저 생각해서는 안 됩니다. 여러분의 능력을 살리고 꾸준히 노력한다면 여러분이 만든 회사를 경영할 수 있다는 마인드를 가지고 있어야 합니다. 반드시 기회는 오는 법이니까요.

저축통장을 만드세요

미국에서는 부모와 아이들이 함께 대학 학자금을 조달하는 방법으로 부모들이 저축통장을 아이들에게 선물합니다. 아이들이 지금 당장 저축통장을 선물로 받는다면 시큰둥한 반응을 보일지도 모릅니다. 하지만 또래친구들이 학자금 마련에 어려움을 겪고 있는 것을 목격한 다음에는 자신의 부모들이 건네준 저축통장에 고마움을 느낄 것입니다.

은행과 증권, 보험 등 금융 기관들이 아이들의 학자금, 질병 등 일시에 목돈이 필요한 경우를 대비할 수 있도록 다양한 금융 상품을 경쟁적으로 선보이고 있습니다.

아이들이 용돈을 절약해 미래를 대비할 수 있도록 하고, 부모와 아이가 함께 저축을 하면서 돈의 소중함을 일깨워 가는 계기를 만드는 것이 무엇보다 중요합니다.

버핏 회장과의 **특별 인터뷰**

성공

수많은 사람들이 인생에서 성공을 못하거나,
출세하지 못하는 이유는 기회가 찾아와 문을 두드릴 때
뒤뜰에서 네 잎 클로버를 찾고 있기 때문입니다.
– 크라이슬러 자동차의 창업자인 월터 크라이슬러 –

어떤 일이 두렵고 하기가 싫다면 다른 사람들도
여러분과 마찬가지로 하기 싫어할 겁니다.
남들보다 멋진 인생을 살고자 한다면 그러한 일에
망설이지 말고 나서서 해결해야 합니다.

– 데일 카네기 –

 "우리는 버핏 회장을 만나 그의 이야기를 듣기 위해 왔습니다."

미국 중부 네브라스카 주의 한적한 도시 오마하가 북적거렸습니다.
3만 명에 가까운 버크셔 해서웨이 투자자들이 버핏 회장의 이야기를
듣기 위해 방문했습니다.

오마하의 상징 퀘스트 센터에서 '가치 투자의 귀재' 이자 세계 최고

부자인 버핏 회장이 경영하는 버크셔 해서웨이의 주주총회가 2007년 5월 초 열렸습니다.

이곳에서 48년간 살았다는 택시 운전사 레이번 밸러드 씨는 "버핏 회장과 버크셔 해서웨이 주주총회 행사로 네브라스카 주의 동쪽 변방에 불과한 오마하가 전 세계에 알려지는 게 자랑스럽습니다. 바야흐로 오마하의 향연이 시작되었습니다"라고 흥겨워했습니다.

오마하로 향하는 발길들

사흘간 열리는 버크셔 해서웨이 주주총회를 맞아 오마하 시내는 물론 주변 상업 지역도 들썩였습니다. 힐튼 호텔 객실은 이미 6개월 전에 동이 났고 VIP룸과 특실은 400여 명의 버크셔 해서웨이 주주들이 꿰찼습니다. 마리아나 스마일리 객실 매니저는 "지금 방을 예약하는 사람은 세상물정을 모르는 사람"이라며 "주주총회 시즌이 끝나면 숙박료는 40% 이상 내려갑니다"라고 귀띔했습니다. 너무나 흥겨워 '자본주의의 우드스톡(Woodstock: 음악축제)' 이란 별칭이 붙은 버크셔 해서웨이 주주총회에는 한국을 비롯해 일본, 독일, 영국, 남미 등 세계 각국에서 참석하는 해외 주주들도 500명이 넘습니다.

지난 1965년 주식 1주당 1만2,000원(12달러)에 불과했던 버크셔 해서웨이 주식가격은 현재 1억 5,000만 원(15만 달러)을 돌파한 상태입니다. 10주만 가지고 있어도 백만장자 대열에 합류하게 되는 셈이죠.

호텔 로비에서 만난 한 주주는 "미국 동부 뉴저지에서 시카고 공항을 경유해 4시간 이상 가족들과 함께 날아왔습니다. 버핏 회장의 성공 습관과 투자 철학을 배우고, 같은 주주로서 동료의식을 느낄 수 있는 귀중한 기회이기 때문에 시간과 비용이 아깝지 않습니다"라고 말했습니다.

오마하에서 버핏 회장은 '이웃집 할아버지'로 불릴 정도로 다정다감한 인물입니다. 관광 업계에서 일하는 샤나 메이슨 양은 "억만장자이지만 보통 집에서 살고, 10년 이상 된 자가용을 아직 몰고 다니며, 경호원을 거의 두지 않고 살아가는 그를 보면 털털하다는 인상을 받습니다. 개인 재산의 사회 환원을 통한 기업 박애주의 정신은 그의 진면목을 보여주는 대목입니다"라고 강조했습니다.

버핏 회장은 미국 대학생들이 가장 존경하는 경영인입니다. 미국 경제가 세계 경제를 좌지우지하는 힘도 기업인이 존경받기 때문이고, 그 분위기를 오마하에서 읽을 수 있습니다.

저는 2006년 버핏 회장이 뉴욕 맨해튼에서 재산기부 발표를 할 때, 2007년 버크셔 해서웨이 주주총회에 참석했을 때 등 3번 가량 버핏 회장을 만나 인터뷰를 했습니다. 부(富)와 성공에 대한 교훈을 제시하는 버핏 회장과의 인터뷰 내용을 소개합니다.

아버지에게서 가장 큰 영향을 받았습니다

Q 회장님의 인생과 투자 철학에 가장 큰 영향을 미친 사람은 누구입니까?

Ⓐ 아버지에게서 가장 큰 영향을 받았습니다. 부모는 말보다는 행동으로 자녀들에게 더 많은 것을 보여 주는 아주 중요한 스승입니다. 아이들은 부모를 따라 하게 마련입니다. 부모들이 지각과 비전을 갖고 미래를 향해 나아간다면 아이들도 그럴 것입니다.

물론 절약도 좋은 가르침입니다. 하지만 지나친 절약에는 찬성하지 않습니다. 가족들이 디즈니랜드에 여행을 가는 것처럼 젊을 때 가족들과 같이 추억을 만드는 것이 좋다고 생각합니다.

Q │ 사람들은 부자를 갈망합니다. 하지만 방법을 모르지요. 부자가 될 수 있는 비결은 무엇인가요?

Ⓐ 어린 시절부터 돈 버는 데 관심을 가져야 합니다. 저는 7살 때부터 투자에 관한 책을 읽었고, 초등학생인 11살 때부터 주식 투자를 시작했으며, 고등학교를 졸업하기 전에 20가지 사업을 했습니다. 여러 가지 사업 중에서 가장 성공한 것이 핀볼 게임이었지요.

다른 사람들이 여러분에게 돈을 지급할 만한 일을 찾는 것이 좋습니다. 재테크와 경제에 대한 관심은 빠르면 빠를수록 좋다고 생각합니다. 고등학생 때부터는 다른 사람들이 가지고 있는 돈을 어떻게 하면 나에게로 오게 할 수 있을까 궁리를 해야 합니다. 명심할 것은 가능하면 빚을 지지 말아야 한다는 것입니다.

기회는 모든 사람들에게 찾아옵니다

Q │ 보통 사람들에게도 돈을 벌 수 있는 기회가 있을 것으로 보
나요?

A 물론이지요. 기회는 모든 사람들에게 찾아옵니다. 저는
"책을 많이 읽고 경제와 금융에 관심을 기울여야 한다"고 기회 있을
때마다 강조합니다. 저는 이론으로 배우는 것에 그치는 것이 아니라
실제 행동으로 옮기는 것이 무엇보다 중요하다고 생각해요. 책에서
얻은 투자 지식이 현실에서는 유용하지 않은 경우가 많습니다. 연인
들 간의 사랑을 생각해 봐요. 연애도 해보지 않고 연애 소설만 읽고서
사랑을 이해했다고 말할 수 없는 것과 같은 이치이지요.

Q │ 재산의 85%인 35조 원(370억 달러)을 사회에 기부했는데요.
A 제가 남들에게 많이 베풀었다고 생각하지 않습니다. 훨
씬 적게 소유하고도 자선을 하거나 베푸는 사람들이 훨씬 훌륭합니
다. 저는 사회로부터 큰 도움을 받고 기쁨을 얻었습니다. 미국 사회가
있었기에 저는 큰 부자가 될 수 있었던 것입니다. 이제는 제가 받은
은혜를 사회에 돌려주어야 할 차례입니다. 저는 당연히 해야 할 일을
하고 있을 뿐입니다. 저는 돈을 버는 데는 천부적인 소질과 능력을 가
지고 있지만, 돈을 제대로 쓰는 방법에 대해서는 잘 모릅니다.

Q │ 버핏 회장의 자녀들도 기부재단을 운영하고 있는데 왜 〈마이크로소프트(MS)〉의 빌 게이츠 재단에 기부했나요?

A 저의 세 자녀들도 각각 기부재단을 운영하고 있습니다. 하지만 저는 누가 가장 잘 기부금을 운영할 수 있는지를 고민합니다. 수년간 '빌 앤드 멜린다 게이츠 재단' 을 지켜보면서 기부금을 가장 잘 운영할 수 있는 단체라고 생각해 기부를 결정하게 되었습니다. 만일 당신이 많은 재산을 모았다면 아는 사람 중에 당신보다 이 재산을 더 잘 관리할 수 있는 사람에게 돈을 맡길 겁니다. 골프 내기를 할 때 누구든 최고의 기량을 자랑하는 타이거우즈 선수에게 돈을 거는 것은 당연한 일 아닌가요.

Q │ 보통 사람들은 상속세가 줄어들거나 없어지기를 바랍니다. 하지만 회장님은 상속세를 유지해야 한다고 주장하는데요. 왜 그렇습니까?

A 저는 부(富)가 대대손손 물려지는 부의 왕조적 세습에 반대합니다. 상속세는 대단히 공정한 세금이며 상속세를 폐지하는 것은 매우 혐오스러운 일입니다. 가난한 사람들에게 기회의 균등을 보장하고, 부자들에게 특혜를 주지 않기 위해서라도 상속세는 필요합니다. 상속세를 폐지하는 것은 부자들에게 특혜를 주는 것과 같습니다. 이는 마치 2000년 올림픽 금메달리스트의 자녀들을 2020년 올림픽 대표 팀의 선수로 선정하는 것과 다를 것이 없지요.

버핏 회장은 청소년 시절부터 올바른 투자습관을 몸에 익히는 것이 무엇보다 중요하다고 말합니다.

Q | 미국의 대통령이 된다면 어떤 정책을 펼칠 건가요?

A 부자(High Rich)들에게서 세금을 더욱 더 많이 걷을 것입니다.

Q | 주식 투자 대상을 고르는 원칙은 무엇입니까?

A 투자에 고정불변의 비법은 없습니다. 굳이 조언을 하자면 주식을 살 때 마치 내가 기업체를 산다는 마음으로 진실성 있게 접근해야 합니다. 올바른 선택을 해야 한다는 것이죠. 주식이 얼마에 거래되고 있고, 다른 사람들은 이 기업에 대해 어떻게 얘기하고 있는지에 신경 쓰지 마세요. 내가 투자한 기업이 다음 주에 얼마가 될지 속을 태우지 말고 장기적으로 보고 투자하세요.(버핏 회장은 지난 1997

년 다음과 같이 강연했습니다. "돈을 모으는 것은 눈덩이를 언덕 아래로 굴리는 것과 비슷한 면이 있습니다. 눈을 굴릴 때에는 긴 언덕 위에서 하는 것이 중요합니다. 저는 56년짜리 언덕에서 굴렸습니다. 그리고 잘 뭉쳐지는 눈을 굴리는 것이 좋습니다. 처음 시작할 때에는 작은 눈 뭉치가 필요할 것입니다. 나는 〈워싱턴포스트〉지를 돌려서 그 돈을 마련했습니다. 지나치게 서두르지 않는 것이 좋고 올바른 방향으로 오랫동안 지속하는 것이 중요합니다.")

흘러간 과거에 미련을 두지 마세요

Q | 투자를 하고 후회한 적은 없나요?

A 11살 때부터 수많은 기업에 투자를 했고 몇 개는 좀 실망스러운 결과를 냈죠. 하지만 과거는 생각하지 않아요. 내일 이익을 안겨다 줄 기업을 다시 찾지요.

Q | 코카콜라 음료를 좋아해서 주식을 사신 건가요?

A 제가 코카콜라 음료를 아무리 좋아한다고 하더라도 장기적으로 투자하는 것이 좋지 않다고 생각했다면 사지 않았을 겁니다. 지난 1998년 8% 지분을 샀을 때 1조 원(10억 달러)이었는데 지금은 12조 원(120억 달러)이 되었죠. 12배나 재산이 늘어난 것입니다. 더 많은 사람들이 코카콜라를 마시고 있기 때문에 〈코카콜라〉 주식 가격이 올라가는 것 아닐까요.

Q │ 주식 투자에 실패한 사람들에게 어떤 조언을 하시나요?

A 주식을 짧은 기간에 사고파는 단타 매매(데이 트레이딩)는 도박과 같다고 볼 수 있습니다. 사람들은 천성적으로 도박을 좋아하지요. 하지만 투자를 그렇게 해서는 안 됩니다. 기업을 열심히 분석해서 기업 주가가 시장에서 평가하는 가치보다 낮아졌다고 생각될 때 투자해 시장 가치가 다시 올라올 때까지 장기간 기다려야 합니다. 그러면 반드시 수익이 올라갈 것입니다. 주식 투자는 기업의 과거를 보고 미래를 전망하는 작업이지요. 보수적인 가치를 두고 투자를 하기 바랍니다. 기업의 미래 성장성을 찾아내는 것이 무엇보다 중요하며, 미래 성장성을 보고 사서 장기 보유하도록 해야 합니다. 앞으로 25년 후에 좋은 산업, 좋은 기업 아이디어일까 고민하기 바랍니다. 제가 여러분에게 줄 수 있는 최고의 조언입니다.

좋은 지도자는 뜨거운 열정을 품은 사람

Q │ 어떤 사람이 좋은 지도자이고 리더인가요?

A 저는 수많은 기업에 투자합니다. 하지만 저는 회사 경영진의 말을 믿기보다는 회사의 보고서를 열심히 읽습니다. 기업 보고서를 유심히 살펴보면 회사의 경영자나 리더가 거짓말을 하고 있는지, 진실 되게 회사를 운영하는지 금방 확인할 수 있어요. 진정한 리더는 주주나 아랫사람들에게 모든 것을 투명하게 알려야 합니다. 어

떤 경영자는 회사에 좋지 않은 정보는 알리지 않고 감추며, 주주들을 속이려고 합니다. 저는 이 같은 부류의 사람을 싫어합니다. 조직의 리더나 지도자는 정직하고 솔직해야 합니다.

Q 훌륭한 인재를 어떻게 고를 수 있을까요?

A 훌륭한 사람들의 눈에서는 뜨거운 열정을 읽을 수 있습니다. '돈'에 대한 열망보다 '일'에 대한 열정이 중요합니다. 저의 목표는 훌륭한 관리자를 찾는 게 아니라 관리자가 처음과 같은 열정을 유지할 수 있도록 도와주는 것입니다.

Q 팔십을 앞두고 있는데 건강미가 넘치네요. 비결이 뭡니까?

A 저는 담배를 피우지 않아요. 그리고 균형 잡힌 식습관이 중요합니다. 어머니가 80세까지 살 정도로 장수했지요. 내가 하는 일이 좋고 스트레스도 받지 않아요. 자신의 일에 열정을 가지면 늙지 않나 봅니다. 좋은 사람들과 좋은 일을 하는데 건강이 나빠질 이유가 있겠습니까.

Q 최근 재혼(再婚)을 했는데 결혼식은 어떠했나요?

A 외동딸 수지 집에서 결혼식을 올렸는데 화려하지 않게 조촐하게 했습니다. 아내의 자녀들과 나의 자녀들이 참석했을 뿐입니다. 개 두 마리와 고양이 두 마리는 초청하지도 않았는데 와 있더라고

요. 만일 내 얼굴이 지난해보다 생동감 있고 보기 좋다면 아마 결혼을 했기 때문일 거예요.

Q | 대한민국과 한국 기업을 어떻게 평가하나요?

A 한국 주식 시장은 1997년 외환위기를 겪은 이후 제가 일생 동안 살펴본 시장 중 가장 매력적입니다. 한국 기업은 수익률이 좋고 경쟁력 있는 경영자들이 기업을 운영합니다. 아마도 나중에는 추가로 한국 주식을 살 수 있을 것으로 생각합니다.

저는 한국 기업을 무척 좋아합니다. 철강 회사인 〈포스코(POSCO)〉는 정말 대단한 기업이지요. 이런 기업이 주식 시장에서 제대로 대접을 못 받는 이유가 궁금합니다.

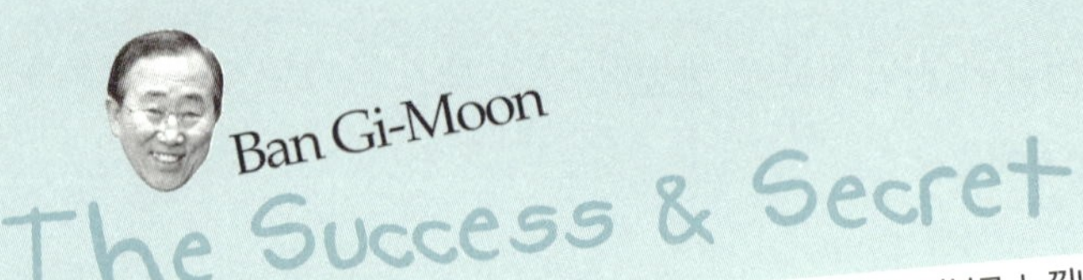

반 총장을 옆에서 지켜보면서 참으로 마음이 따뜻한 분이라는 것을 피부로 느낍니다.

뉴욕의 한국 특파원들이 이구동성으로 하는 말이기도 하지요.

그래서 반 총장을 만나는 것은 언제나 기쁜 일입니다.

4장

반기문 총장의
인간관계

사무총장 반기문

워렌버핏처럼 부자되고 반기문처럼 성공하라

인생 최대의 **지혜는 친절입니다**

친절

이로울 때에만 친절을 베풀지 마세요.
자기에게 이로울 때에만 남에게 친절하고, 어질게 대하지 마세요.
지혜로운 사람은 이해관계를 떠나 누구에게나 친절하고,
어진 마음으로 대합니다. 왜냐하면 어진 마음 자체가 나에게
따스한 체온이 되기 때문이지요.

− 파스칼 −

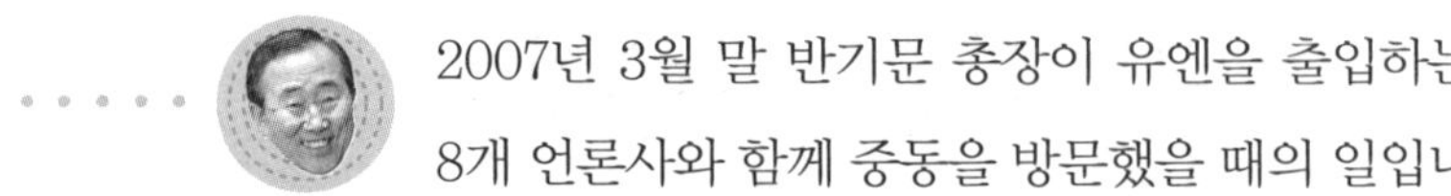

2007년 3월 말 반기문 총장이 유엔을 출입하는 8개 언론사와 함께 중동을 방문했을 때의 일입니다. 종교 갈등, 인종 차별이 난무하고 전쟁과 분쟁, 반목이 그치지 않아 중동은 '세계의 화약고' 라고 불립니다. 위험하기 짝이 없는 중동지역을 반 총장이 방문하기로 한 것은 중동지역의 현실을 제대로 파악해 평화구축의 실마리를 찾아보자는 의도에서였습니다.

이슬람교를 믿는 아랍국가와 유태교의 이스라엘은 물과 기름같이 서로를 받아들이지 못하며 총부리를 겨누고 있지요.

옛날 자신들의 영토에서 밀려난 팔레스타인은 이스라엘이 눈엣가시와 같은 존재입니다. 아랍 국가와 이스라엘은 '한 하늘 아래에서는 같이 살 수 없다'는 식으로 서로 으르렁거리고 있지요. 언제든지 화약이 터질 수 있는 위험한 지역입니다.

반 총장이 이들 지역을 순방한 것은 이 같은 긴장 관계를 완화하고, 평화 분위기를 만들어 보자는 생각에서였습니다.

이번 순방에 동행한 기자 중에 이스라엘 출신의 오를리 아줄레이 여기자가 있었습니다. 아줄레이 기자는 순방 첫째 날부터 불안한 모습이 역력했으며, 안색이 좋지 않았습니다. 순방 국가 중의 하나인 사우디아라비아의 비자(VISA)가 나오지 않았기 때문이지요.

이스라엘의 수도 예루살렘을 거쳐 며칠 뒤면 아랍정상회의가 열리는 사우디아라비아로 들어가야 하지만 여태까지 사우디아라비아 비자가 나오지 않아 노심초사하고 있었습니다. 잘못하다가는 반 총장과의 동행 취재가 어렵게 될 처지였습니다.

사우디아라비아 정부가 아줄레이 기자의 비자 발급을 거부한 것은 그녀가 적대국인 이스라엘 출신이었기 때문입니다. 적대국 국민을 자국 영토 안에 들여놓을 수 없다는 생각이었죠. 뉴욕에 있는 사우디아라비아 영사관이 아줄레이 기자의 신원을 보증하고 여행에 별 다른 문제가 없다는 사실을 보고했지만, 사우디아라비아 정부는 꿈쩍도 하지 않았습니다.

시간이 지나갈수록 아줄레이 기자는 더욱 초조해졌지만, 사우디아라비아 정부로부터는 어떠한 긍정적인 답변도 돌아오지 않았습니다. 아줄레이 기자는 프랑스와 이스라엘 이중국적을 가지고 있었습니다. 이스라엘 국적으로 비자 신청을 하면 비자가 거부당할 위험이 있다고 판단해 일부러 프랑스 여권으로 비자를 신청했지만 결과는 마찬가지였습니다. 이스라엘 국적도 함께 가지고 있다는 사실이 들통 났기 때문이지요.

여행 중 이스라엘을 경유한 외국인에 대해서도 입국을 불허하는 마당에 이스라엘 국적을 가지고 있는 아줄레이 기자의 입국을 허용할 리 만무했습니다. 반 총장은 아줄레이 기자의 안타까운 소식을 전해 듣고 반드시 도와야 한다고 생각했지요.

반 총장의 중동평화 협상을 취재하기 위해 위험한 지역에 같이 온 것도 고마운 일인데 그녀의 어려운 처지를 그냥 두고 볼 수는 없었습니다. 유엔사무총장과 기자와의 관계를 떠나서 아랫사람에 대한 도리가 아니라고 생각했습니다.

반 총장은 사우디아라비아 정부와 전화 접촉을 시도했지요. 매일 협상의 연속이라 개인적인 시간이 없었지만, 그래도 시간을 쪼개고 쪼개서 사우디아라비아 외무장관과 통화했습니다.

"사무총장님, 우리도 원칙이 있으니 양해해 주시기 바랍니다. 좀 더 검토한 뒤에 연락을 드리도록 하겠습니다. 조금만 시간을 주십시오."

유엔사무총장까지 나서서 이 문제 해결에 매달리리라고는 생각지도 않았던 사우디아라비아 외무장관은 순간 당황했습니다.

아무리 적대국인 이스라엘이 밉지만 유엔사무총장의 요청을 거절하다가는 국제 사회의 비웃음과 냉소를 살지도 모를 일이었습니다. 사우디아라비아 외무장관은 곧바로 조치를 취해 보라고 외무부에 명령을 내렸죠.

그리고 몇 십 분이 지나 '비자가 나왔습니다' 라는 보고가 반 총장에게 들어왔습니다. 반 총장은 고개를 끄덕일 뿐이었죠. 하마터면 동행취재 자체가 무산될 뻔한 아줄레이 기자는 기뻐서 어쩔 줄을 몰라 환호성을 질렀습니다. 그녀는 반 총장과 유엔 직원들에게 연신 '감사합니다' 를 연발했습니다.

특히 자신의 안타까운 사연을 전해들은 반 총장이 팔을 걷어붙이고 도움을 준 것에 대해 고마움을 넘어 존경심을 가지게 되었습니다. 그런데 아줄레이 기자가 또 한 번 반 총장의 따뜻한 마음씨에 감동을 받은 일이 있었습니다.

사우디아라비아 방문을 마치고 다음 행선지인 레바논으로 향하기 위해 공항에 도착한 날이었습니다. 사우디아라비아와 마찬가지로 이번에는 레바논 정부가 아줄레이 기자의 입국 불허를 통보해 왔습니다. 적대국 국민을 받아들일 수 없다는 게 레바논 정부의 설명이었죠. 반 총장은 이와 같은 일이 일어날 것으로 예상하고, 전날 에밀 라후드 레바논 대통령과의 회담 때 중요한 논의를 마친 뒤에 아줄레이 기자의 입국 허가를 요청했었습니다.

레바논 정부가 너무나 완곡한 표현을 써가며 제안을 거부했기 때문에 아줄레이 기자는 레바논으로 향하지 못하고 결국 뉴욕으로 돌아가야만 했습니다. 하지만 그녀는 자신의 개인적인 문제에 대해 반 총장

뉴욕 유엔본부 1층에 들어서면 반 총장 사진이 세계에서 몰려든 관광객들을 맞이합니다. 반 총장은 아랫사람에게 더욱 친절해야 한다고 가르칩니다.

이 레바논 대통령에게까지 선처를 호소했다는 사실을 전해 듣고 또한 번 놀라지 않을 수 없었습니다.

미소 뒤에 감추어진 친절

뉴욕으로 돌아오는 비행기 안에서 그녀는 반 총장의 따뜻한 마음씨와 상대방을 인격적으로 대하는 그의 성품에 다시 한 번 '무한(無限) 감동'을 느꼈다고 훗날 기자들에게 얘기했습니다.

반 총장이 아줄레이 기자에게 베푼 선행 소식은 바로 유엔본부 기자들과 직원들에게 전해졌습니다. 취재를 하다 유엔본부 3층 기자실 복도에서 만난 오스트리아 출신의 핀카스 자웨츠 특파원은 "나는 반 총장의 미소 뒤에 숨겨져 있는 강한 힘(파워)을 보았어요. 그는 아줄 레이 기자가 어려운 상황에 처해 있었을 때 적극적이고 신속하게 대 처했습니다. 상대방에 대한 깊은 애정과 사랑이 담겨 있음을 알 수 있 었죠"라고 말했습니다.

반 총장이 상대방에게 베푸는 '인격적인 사랑'은 여러분에게 가르 치는 바가 큽니다. 삭막하고 딱딱한 학교와 조직 생활 속에서 우리는 인격적인 사랑을 잊고 살 때가 많습니다. 친구나 부하 직원의 작은 실수 하나에도 온갖 신경질을 부리는 사람이 있기도 하고, 부하 직원 이 올린 멋진 보고서를 자신이 작성한 것인 양 가로채는 상사도 있습 니다. 동료가 곤경에 처했을 때 겉으로는 위로의 말을 건네지만 돌아 서서는 미소를 짓는 사람이 있기도 하고, 친구의 성공을 못마땅해 하 는 사람도 있습니다.

가정에서는 어떠한가요. 돈벌이가 시원찮은 남편을 무시하는 아내 가 있기도 하고, 학벌이 쳐진다고 아내를 한 수 아래로 보는 남편도 있습니다. 상대방의 약점을 찾아야만 내가 월등해 보이고, 상대방을 억눌러야만 내가 돋보일 수 있다는 그릇된 사고방식에서 생겨난 악습 들입니다.

반 총장이 아줄레이 기자에게 베푼 인격적인 사랑을 지켜보면서 한 국을 떠나오기 전 인연을 맺은 한 중소기업 대표가 생각납니다.

볼펜심에서 불빛이 나오는 펜을 만들어 해외에 수출하는 '길라씨엔 아이'의 김동환 사장으로, 그와 직원들 간에는 위와 아래, 명령과 복종, 사장과 직원이라는 구분이 없습니다. 그가 직원이고, 직원들이 사장입니다.

그의 명함에는 '대표'니 '사장'이니 '회장'이니 하는 거창한 직함이 없습니다. 대신 '책임사원'이라고만 쓰여 있지요. 직원들과 마찬가지로 그도 회사의 사원에 불과하며, 다만 차이가 있다면 그는 사원들을 '책임'질 위치에 있다는 점입니다.

사장이라고 해서 직원들을 함부로 대해서는 안 되며, 오히려 회사를 위해 일하는 직원들을 위로하고 섬겨야 한다는 정신이 묻어 있지요. 반 총장과 김동환 사장의 상대방을 대하는 '인격적인 사랑' 정신이 여러분에게 전해졌으면 하는 마음 간절합니다.

23

나를 비판하는 사람을 **친구로 만드세요**

포용

강한 사람이란 자기를 억누를 수 있는 사람과
적을 벗으로 바꿀 수 있는 사람입니다.

– 탈무드 –

결혼식을 앞둔 신혼부부들은 신혼여행을 어디로 갈지 고민하게 됩니다. 한적한 휴양지를 찾아 동남아로 갈까, 역사의 숨결이 느껴지는 유럽으로 갈까, 자유의 여신상과 나이아가라 폭포를 보러 미국으로 갈까, 잉카제국 유적들이 즐비한 남미로 갈까 행복한 고민에 빠지게 되지요.

신혼부부들은 허니문 기간 동안만이라도 세상 속의 모든 고민과 괴로움을 떨쳐 버리고, 둘만의 행복한 시간을 즐깁니다. 정말 꿀벌들이 모아 놓은 달콤한 꿀을 먹는 듯 행복한 나날을 보내게 되지요.

허니문(honeymoon)은 인생에서 두 번 다시 즐길 수 없는 감미롭고 향기로운 시간들입니다. 반 총장이 2007년 초 때 아닌 '허니문 타령'을 한 적이 있었습니다. 사무총장으로 처음 유엔에 들어와 여기저기서 축하 인사도 받고, 꽃다발도 받고, 뭇사람들의 부러움도 받을 것으로 생각했는데, 상황은 영 딴판으로 돌아가는 것이었지요.

나에게는
허니문 시간도 없네요

많은 사람들이 열렬히 반 총장을 환영하고, 손이라도 한번 잡아 보려고 환호성을 지르기도 했지만, 그의 마음 한구석은 뭔가 망치로 얻어맞은 듯 불편하기만 했습니다. 바로 유엔을 취재하는 신문과 방송 기자들이 수시로 그의 심기를 건드리는 일이 많았기 때문입니다.

신임 장관이나 관료가 새로운 자리에 취임하면, 언론은 이들이 업무를 파악하고, 조직을 제대로 장악할 수 있도록 10일 정도 여유 기간을 주는 것이 보통입니다. 신임 관료가 큰 잘못을 하는 경우가 아니라면 사소한 잘못은 눈감아 주고, 실수가 있어도 경험 부족을 이유로 기사화하지 않는 것이죠.

신혼부부들이 신혼여행 동안 싸우거나 다투지 않고 허니문을 즐기는 것처럼, 신임 관료들은 언론의 견제가 없는 취임 초기 10일 가량을 '허니문'이라고 부릅니다. 반 총장이 '허니문 타령'을 했다고 앞에서 얘기하는 것은 바로 취임 초기인데도 신문과 방송들이 그를 가만히 내버려 두지 않고 비난의 기사를 마구 쏟아냈기 때문이지요.

“나에게는 허니문 시간도 없네요.”

반 총장이 농담 반 진담 반으로 기자들에게 자주 했던 말입니다.

사실 반 총장이 사무총장 자리에 앉자마자 여기저기서 안 좋은 방향으로 기사들이 터져 나오기 시작했습니다. 물론 어려운 역경을 이겨내고, 대한민국에서 큰 인물이 나왔다는 찬사도 빼놓지 않았지만, 다른 한편으로는 비판의 칼날을 높이 세웠고, 악의적인 내용을 싣기도 했습니다. 정말 반 총장에게는 ‘허니문 시간’ 이 없었던 것이지요.

이에 대해 유엔 관계자들은 반 총장 취임 당시 어수선하고 뭔가 나사가 빠진 듯한 유엔 조직 자체에 문제가 있었고, 유엔을 둘러싼 뒤숭숭한 소문들도 반 총장에게 불리하게 작용했다고 설명하고 있습니다. 즉, 반 총장 개인에게 문제가 있었던 것이 아니라 유엔 조직 자체에서 새어 나오는 불미스러운 일들의 불똥이 반 총장에게까지 튀었다는 것이죠.

당선 초기에 반 총장을 겨냥해 날카로운 칼을 겨누며, 비판의 강도를 높였던 대표적인 신문들이 영국의 〈더 타임스〉와 〈뉴욕 타임스〉, 〈뉴욕 선〉 등이었습니다. 이들 신문사의 유엔 담당 기자들은 이전 사무총장인 코피 아난 총장의 개인적인 비리가 터져 나오고, 유엔 조직의 비효율성이 도마 위에 오르자 연일 유엔에 대해 부정적인 기사를 쏟아내고 있었습니다. 상황이 이처럼 불리하게 돌아갈 때에 반 총장이 취임하게 된 것입니다.

일단 유엔을 부정적으로 보기 시작한 이들 기자들이 신임 반 총장이 들어왔다고 해서 하루아침에 입장을 바꿀 리 만무했습니다. 반 총장이 '허니문 시간' 을 기대하기는 사실상 불가능했습니다.

상황을 더욱 악화시킨 사건이 있었습니다.

맨해튼의 동쪽 이스트(East) 강에는 '루즈벨트' 라는 섬이 있습니다. 이곳에는 서민들을 대상으로 임대하는 영세민 아파트가 많은데, 뉴욕 시(市)가 저렴한 가격에 이들 영세민들이 살 수 있도록 배려해 주었습니다. 영세민들을 위한 삶의 보금자리인 셈이죠. 문제는 코피 아난 전(前) 유엔사무총장에게서 터지고 말았습니다.

아프리카 가나 출신인 코피 아난 사무총장은 유엔 고위 관료를 지낼 정도로 유엔에서는 잔뼈가 굵은 인물이었습니다. 1997년 사무총장에 취임하기 전 고위 관료로 있으면서 그도 루즈벨트 아파트에 살았습니다.

총장 취임까지는 별 문제가 없었지요. 하지만 총장 취임 이후 총장 관저로 이사한 이후에도 이 아파트를 그대로 가지고 있었던 것으로 밝혀지면서 유엔 기자들이 그의 도덕성과 청렴성을 비판하기 시작했습니다.

총장 관저로 옮긴 이후에는 당연히 다음 순번을 기다리는 영세민에게 이 아파트를 넘겨야 했지만, 어찌 된 영문인지 취임 후 10년 동안 이 아파트를 그대로 가지고 있었던 것입니다.

심지어 자신의 가족과 친척들이 퇴임 이후에도 루즈벨트 아파트에 살았던 것으로 드러나면서, 유엔 기자들은 작정이라도 한 듯 코피 아난 사무총장과 유엔을 비판하기 시작했습니다.

유엔과 언론사 간 갈등이 정점을 향해 치닫고 있는 시점에 반 총장이 유엔의 새로운 지휘봉을 잡게 된 것이죠. 옛날의 나쁜 기억을 가지고 있었던 언론들은 새로운 총장이 왔다고 해서 인정을 베풀지는 않았습니다. 반 총장은 취임 초기 언론사들의 집요한 공격에 시달려야만 했습니다.

아니나 다를까 〈뉴욕타임스〉는 2007년 1월 4일자에서 반 총장이 결정한 유엔 고위직 인사에 대해 '반 총장이 관료주의를 개혁할 계획이 없음을 보여주는 신호'라며 딴죽을 걸었습니다.

〈뉴욕 선〉도 반 총장의 인사를 놓고 '유엔 관료주의를 손보겠다던 반 총장이 오히려 유엔 조직에 길들여진 것처럼 보인다'며 비판적으로 보도했습니다.

언론의 냉담한 반응은 여기서 끝나지 않았지요. 주간지인 〈뉴스위크〉는 '신임 유엔 사무총장이 실패할 수밖에 없는 이유'라는 기사에서 "반 총장이 취미가 일이고, 관료주의와 끊임없이 싸워온 투사이지만 결국에는 실패할 것"이라고 반 총장을 과소평가했답니다. 또 '역대 가장 성공적인 사무총장이라고 하더라도 지금 총장직을 맡는다면 결코 성공할 수 없을 것'이라며 반 총장을 깎아 내렸습니다. 이후에도 언론의 반 총장에 대한 십자포화는 계속되었습니다.

궁지에 몰린 반 총장은 상황을 역전시킬 묘안을 짜내야 했지요. 이대로 언론의 '먹잇감'이 될 수는 없는 노릇이었고, 언제까지 언론과 불편한 관계를 유지할 수는 없었습니다.

이런 저런 궁리에 궁리를 거듭하다 반 총장은 흉금을 터놓고 자신의 본 모습을 기자들에게 보여주는 것이 가장 좋은 방법이라고 생각했습니다.

피해갈 수 없다면 오히려 즐기세요

촌음을 쪼개 〈뉴욕타임스〉와 〈뉴욕 선〉 기자를 만났지요. 피해간다고 해서 해결될 문제가 아니었습니다. 자신의 비전을 설명하고, 향후 유엔 개혁의 방향을 알리고, 오해의 소지가 있는 부분은 해명했습니다.

도도하고 위엄을 내세울 것으로 예상했던 것과는 달리 반 총장의 솔직함과 수수함에 이들 기자들은 매료되기 시작했습니다. '뭔가 이루려고 하는 의지가 강한 사람' 이라는 인상을 강하게 받았고, 반 총장의 진실을 인정하게 되었지요.

문제가 있다고 피해 다니거나 방관하는 것이 아니라 정면으로 대응하는 반 총장의 '승부사 기질' 이 빛을 발한 순간이었습니다.

요즘 유엔 기자들은 반 총장의 '열성 팬' 이 되었습니다. 따끔하게 지적할 때에는 날카로운 비판의 칼날을 세우지만, 전반적으로 우호적인 분위기로 반전되었다는 것이 일반적인 설명입니다.

유엔 개혁에서 알 수 있듯이 한 번 뱉은 말은 그대로 실천하는 추진력도 확인했으며, 아프리카와 중동을 연이어 순방하는 등 그의 부지런함을 눈으로 보았기 때문입니다. 말이 아니라 몸소 실천으로 보여주는 반 총장의 진실성에 뭇사람들이 감동을 하고 있는 것이지요.

반 총장은 '피할 수 없다면 오히려 그 상황을 즐겨라' 라는 가르침을 여러분에게 보여주고 있습니다. 아무리 조건이 나에게 불리하게 돌아가더라도 노력과 정성만 기울인다면 반대로 그 상황을 즐길 수 있는 기회가 온다는 뜻이지요. 취임 초기 언론들로부터 '허니문 기간'을 받지 못했던 반 장관은 요즘 진정한 '허니문'을 보내고 있답니다.

베푸는 것이 얻는 것입니다

배려

독불장군이 될수록 그만큼 자신의 위치가 흔들리는 법이며,
자신을 낮게 할수록 위치는 견고하게 되는 법입니다.

– 톨스토이 –

한국 어머니와 일본 어머니가 아이들을 데리고 백화점에 쇼핑을 갔습니다. 백화점은 손님들로 붐볐고 아이들은 여기저기 뛰어 돌아다녔죠. 에스컬레이터를 탈 때에는 핸드레일을 잡고 가만히 서 있는 것이 상식이지만, 아이들은 오랜만의 외출에 기분이 좋은지 에스컬레이터 계단에서도 가만히 있지를 않았습니다.

한국인 어머니가 말했습니다.

"좀 가만히 있어. 그러다가 다치면 어쩌려고 그래."

하지만 일본인 어머니는 이렇게 말했습니다.

"좀 가만히 있어. 다른 사람들한테 피해가 되잖아."

한국 어머니는 다칠까봐 아이들에게 장난을 치지 말라고 말하는 것이고, 일본 어머니는 다른 사람들에게 피해가 될까봐 아이들의 행동을 제지시킵니다.

'고슴도치도 제 자식은 예쁘다고 한다' 는 말이 있듯이 어느 부모인들 아이들이 기죽는 것을 좋아할까마는 한국 부모들은 아이들의 거친 행동을 제지하는 데 인색합니다. 하지만 '남에 대한 배려' 가 지나치다 싶을 정도로 까다로운 일본 어머니들은 남들에게 피해가 될까봐 아이들의 거센 행동을 제지시킵니다. 남을 배려하는 동기에서 차이가 있는 것이죠.

물론 많은 한국 어머니들이 그렇다는 얘기는 아닙니다. 식당에서도 아이들을 마음대로 풀어놓아 다른 손님에게 피해를 주는 몰지각한 어머니들을 두고 하는 말입니다.

맨해튼에서 빛난 반 총장의 배려

반 총장의 따뜻한 마음 씀씀이와 배려에 대해 여러분께 말해 볼까 합니다. 맨해튼은 교통지옥입니다. 출퇴근길에 길이 막히는 것은 서울과 별반 다를 것이 없으며, 맨해튼을 빠져나가는 데만 1시간 이상이 걸릴 정도로 교통체증이 심합니다. 평일에도 교통이 대단히 혼잡한 편이죠. 세계 금융의 중심지이다 보니 좁은 땅에 인구밀도가 높기 때문입니다.

맨해튼 주차장들이 1시간 주차에 20달러(2만 원) 이상을 받는 것은 그만큼 교통 혼잡이 심하고, 수많은 차들이 주차하기 위해 장사진을

반 총장이 양손을 모으고 유엔본부 정면에 서 있네요. 반 총장은 베풀면 더 많은 것을 얻게 된다고 말합니다.

이루기 때문입니다.

유엔회의나 큰 국제회의가 있어 외국정상, 국가원수가 맨해튼을 방문할 경우에는 안전이 최우선이기 때문에 차량 통제가 심합니다. 바리케이드를 치고 차량 흐름을 막는가 하면 일부 차선을 아예 차단하기도 합니다. 안 그래도 체증이 심한 맨해튼의 교통 흐름은 그야말로 지옥이 되고 맙니다. 여기저기서 차를 빼라고 빵빵거리는 소음이 진동하죠.

반 총장은 아침 출근길에 20분 거리의 유엔본부까지 걸어가지만 중요한 미팅이 있어 이동할 경우에는 경호 차량을 이용합니다. 하지만 대기시간을 5분 이내로 단축시키도록 합니다.

반 총장이 처음 경호 차량을 이용할 때에는 경호원들이 옛날 방식 그대로 20분가량 차를 도로변에 세워놓은 적이 있었습니다. 지나가는 차량들이 "무슨 대단한 분이 지나간다고 검은 리무진이 도로를 점령하고 있나?" 하며 힐끗 쳐다보곤 했지요. 반 총장이 경호원들을 불러 모았습니다.

"앞으로 차량 대기 시간을 최대한으로 줄이세요. 뉴욕 시민들에게 피해가 가서는 안 됩니다."

경호원들이 반 총장의 마음 씀씀이에 감동했지요. 반 총장은 아무리 유엔사무총장이라고 하더라도 자신의 편의를 위해 일반 시민들에게 피해를 주어서는 안 된다는 생각을 경호원들에게 전달한 것입니다.

지금은 많이 개선되었지만 옛날 권위주의가 팽배하던 한국에도 고위 관료 차량이 도로를 지나가면 교통 통제를 하던 때가 있었습니다.

광화문 대로변에 스위치로 신호를 줘 고위 관료 차량이 완전히 지나갈 때까지 시민들의 차량 운행을 중단시켰습니다. 시민들은 "대단한 사람이 지나가는가 보다" 하고 생각은 하면서도 "이렇게까지 시민들에게 피해를 주어야 하나?" 하며 투덜거렸죠.

하나를 주면 두 개를 얻습니다

월스트리트 투자은행과 기업들을 취재하면서 한국 기업과 미국 기업 문화의 중요한 차이점을 하나 발견하게 됐습니다. 조직 사회라고 하면 통상 시멘트처럼 딱딱하고 무미건조한 인간관계를 떠올리지만 그래도 한국의 기업문화는 '정(情)'이 있습니다. 다시 말하면 남에 대한 배려라고 볼 수 있겠죠.

동료가 아프면 야근을 대신 서주기도 하고, 잔업을 도와주기도 합니다. 생일을 맞이한 직원이 있으면 지갑은 얄팍하지만 상사가 한턱

을 내기도 하지요. 가정만큼 온화하고 부드럽지는 않지만 한국의 직
장에는 따뜻한 정과 배려가 흐르는 것을 알 수 있습니다.

　하지만 실적과 능력이 모든 것을 말하는 맨해튼 월스트리트의 투자
은행과 미국 기업에는 그러한 인간미가 없습니다. 상사의 수직평가가
인사고과에 반영되기 때문에 자신의 라인에 있는 상사가 시키는 일은
심지어 잔심부름이더라도 '예스맨'을 자처하며 처리하지만, 나의 라
인이 아닌 상사가 시키는 일은 무관심으로 일관합니다. 처리하겠다고
말은 해놓고 방치하기 일쑤지요. 자신의 실적과 이해관계에 따라 인
간관계가 결정되는 메마른 구조라고 볼 수 있습니다.

　상사에게 걸려오는 외부전화를 받는 비서들은 상사가 자리에 없을
경우 전화 통화가 귀찮다는 듯이 바로 음성 메시지로 돌려 버립니다.
어떻게 해서든 자신의 상사와 상대방을 연결하도록 방안을 강구하는
것이 아니라 빨리 전화를 끊어 버리려고 합니다. 전화선으로 냉담한
반응을 느낄 수 있습니다. 외국 기업에 전화를 걸 때마다 한국 기업의
'따뜻한 정' 문화가 그리워집니다.

　반 총장을 옆에서 지켜보면서 참으로 마음이 따뜻한 분이라는 것을
피부로 느낍니다. 뉴욕의 한국 특파원들이 이구동성으로 하는 말이기
도 하지요. 그래서 반 총장을 만나는 것은 언제나 기쁜 일입니다. '배
려의 아름다움'을 반 총장은 우리에게 보여 주고 있습니다. 하나를 주
면 두 개를 얻을 수 있다는 가르침을 우리들에게 주는 것입니다.

유머감각은 **큰 자산입니다**

유머

우리는 행복하기 때문에 웃는 것이 아니라
웃기 때문에 행복한 것입니다.

– 윌리엄 제임스 –

청소년 여러분은 고등학교를 졸업하면 사회라는 큰 울타리로 들어가게 됩니다. 사회라는 새로운 조직은 업무 실적과 능력이 인간을 평가하는 가장 중요한 잣대가 되기 때문에 학창시절보다 삭막하고 언제나 긴장감에 휩싸여 있습니다.

하지만 결코 두려워하거나 무서워할 필요가 없습니다. 학창시절부터 자신이 일하고 싶은 분야에 대한 전문 지식을 쌓고, 원만한 인간관계를 형성한다면 여러분은 회사와 조직이 원하는 인간형이 될 것입니다.

또 한 가지 중요한 점은 원만한 인간관계를 유지하기 위해서는 유머 감각과 같은 대화의 기술을 익혀야 한다는 것입니다.

유머 감각은 사람과 사람 간 인간관계를 더욱 친밀하게 하고, 동료
와의 화합도 촉진시키는 역할을 합니다. 무미건조하게 대화하는 것보
다는 유머를 섞어가면서 얘기를 나누면 여러분은 조직이나 동료들 사
이에서 인정을 받게 됩니다. 유머 감각은 성공과 부(富)를 이루는 큰
자산이라는 점을 명심하기 바랍니다.

사회생활은 따분하고, 무미건조하고, 지루함을 느낄 때가 많습니
다. 초등학생들도 학교에서 돌아오면 또래 친구들과 놀지 못하고 영
어 학원에 가거나, 피아노 레슨을 받거나, 태권도를 배우거나, 수학을
배우러 학원으로 달려갑니다.

조급증에 시달리고 있는 아이들의 얼굴에서 미소와 웃음이 점점 사
라지고 있는 것이 현실입니다. 마음의 여유가 없이 항상 무언가에 쫓
기는 마음으로는 올바른 학교생활, 회사생활을 할 수 없고, 이러한 생
활은 그 자체가 참기 힘든 고역입니다.

독서를 통해
유머 감각을 키우세요 │ 유엔 직원들에게 '일벌레'로 소문
난 반기문 총장은 유머 감각을 강
조합니다. 하루에도 5~6명의 외국 정상들과 전화 통화를 하며 국제
문제를 논의하는 빠듯한 일정 속에서 반 총장은 유머 감각으로 생활
의 활력을 찾습니다.

반 총장은 외국 정상이나 외교관과의 대화를 원만하게 이끌고, 좋
은 대화 분위기를 연출하기 위해 의식적으로 유머 공부를 합니다. 반

총장의 연설을 자세히 들어 보면 군데군데 유머가 섞여 있는 것을 발견하게 됩니다.

반 총장은 풍부한 독서를 통해 지식을 쌓고 적당한 타이밍에 유머를 구사할 수 있는 능력이 인생을 살아가는 큰 자산이라는 점을 강조합니다.

2007년 2월 17일 토요일 저녁의 일이었습니다. 뉴욕의 한국 특파원들이 맨해튼에 있는 주유엔 한국대표부의 대사관저에 모였습니다. 최영진 유엔대사가 뉴욕 특파원들을 저녁식사에 초대한 것입니다.

한국 시간으로는 음력 설날(구정)이었기 때문에 멀리 이국땅에서 떡국도 제대로 얻어먹지 못하는 특파원들을 불쌍히(?) 여겨 마련한 소중한 자리였습니다. 최 대사와 특파원들은 화롯불이 활활 타오르는 거실에서 신년 인사와 덕담을 건네며 오붓한 시간을 보내고 있었습니다.

그리고 한 10분이 지났을까. 반 총장이 환한 웃음을 짓고 양손을 흔들며 거실로 들어서는 것이 아닌가요. 특파원들의 눈이 모두 반 총장에게로 향했습니다.

맨해튼의 고급 호텔인 월도프 아스토리아 호텔의 임시 관저에서 조용하게 구정을 보내기가 좀 심심했는지, 반 총장도 특파원들과의 저녁식사에 자리를 같이 한 것입니다. 반 총장은 특유의 구수한 웃음을 지으며 특파원들에게 인사를 건넸고, 특파원들은 반 총장의 건강과 유엔에서의 승승장구를 기원했습니다.

저녁식사는 한국의 전통 궁중 음식이었습니다. 보기만 해도 군침이 돌 정도로 먹음직스러웠는데 외국 대사들을 초대하면 이 음식을 대접한다고 최 대사가 설명했습니다. 식사를 반쯤 끝냈을 때 반 총장이 우스운 얘기가 있으니 한번 들어 보라며 좌중의 흥미를 끌었습니다.

주위는 조용해졌고, 손님들의 눈과 귀는 반 총장이 어떤 말씀을 하실까에 쏠렸습니다. 반 총장이 충청도 특유의 느린 톤으로 이야기보따리를 풀기 시작했습니다.

미국에 이민 온 한국 할머니 두 분이 계셨습니다. 자식들을 따라 미국으로 같이 이민 온 할머니들이었죠. 한 분은 경상도 할머니이고, 다른 한 분은 전라도 할머니였습니다.

영어가 전혀 안 통하는 미국 생활이 지겨워 하루는 전라도 할머니가 경상도 할머니 집을 방문했습니다. 초인종을 누르자, 집 안에서 경상도 할머니가 물었습니다.

"후(Who)~꼬?"

전라도 할머니가 대답했습니다.

"미(Me)랑께~."

순간 폭소가 터졌습니다. 물을 마시다가 사래가 걸린 사람도 있었습니다. 경상도 할머니는 '누구신가요?'를 뜻하는 '후(Who)'라고 말한다는 것이 그만 경상도 사투리가 들어가 '누군교?'를 의미하는 '후꼬?'를 얼떨결에 내뱉은 것입니다.

또 전라도 할머니는 '저예요.'를 뜻하는 '미(Me)'를 말한다는 것이 그만 전라도 사투리가 불쑥 나와 '미랑께.'로 대답한 것입니다.

식사 전까지만 해도 저녁 만찬의 이야기 주제는 유엔 개혁, 북한 핵문제, 외국 순방 등 딱딱한 내용들이었지만, 반 총장의 재치 있고 번

뜩이는 유머 한마디에 포도주에 붉은 기운이 오른 만찬 분위기는 더욱 무르익었습니다.

그날 저는 융숭한 저녁 대접과 함께 즐거운 미소도 선물로 받은 느낌이었고, 집으로 돌아오는 길이 마냥 즐거웠습니다.

유머와 조크
공부를 하는 반 총장 | 반 총장의 유머 감각은 2006년 12월 초 이미 전 세계적인 관심과 흥미를 끈 적이 있었습니다. 일명 '산타 송(Santa Song)' 유머입니다. 유엔 본부 3층에 있는 유엔출입기자단(UNCA)의 송년 만찬 장소에서 유엔을 출입하는 전 세계 방송, 신문기자들이 묵은해를 보내고 새해를 맞이하기 위해 조촐한 행사를 가졌습니다.

연사로 나선 반 총장이 서먹한 분위기를 띄우려고 간단한 유머와 조크로 운을 뗐습니다. 반 총장의 유머와 위트가 유감없이 또 한 번 발휘되는 순간이었습니다.

"나의 성은 '반(Ban)'이지만 007 영화에 나오는 제임스 본드(Bond)와 다르게 '007'이 아니라 '07'을 나의 작전 암호명으로 쓰려고 합니다. 2007년부터 나의 임기가 시작되기 때문입니다."

반 총장은 이날 그를 초대한 사람들, 즉 세계 언론에 대해서도 잘 대응해 나갈 자신이 있음을 유머로 표현했습니다. 자신에게 어려운 질문을 해 답변을 궁하게 만들기도 하고, 날카로운 비판으로 자신의 신경을 거슬리게 할 수도 있겠지만 이에 대응할 준비가 되어 있다는 '출사표'를 세계 언론에 던진 것입니다.

반 총장은 "나는 한국에서 기자들의 질문을 잘도 피해간다고 해서 '기름장어(slippery eel)'라는 별명을 얻었는데, 뉴욕에서 나는 '테플론 외교관(Teflon diplomat)'이라는 별명을 또 하나 얻었습니다. 여러분의 매서운 비판도 나는 잘 피해나갈 자신이 있습니다."라고 말했습니다.

'테플론'은 표면이 코팅 처리돼 생선요리 등이 눌러 붙지 않는 프라이팬을 말하는데, 반 총장은 이를 통해 어떠한 언론으로부터의 비난과 비평에 대해서도 유연하게 대처하겠다는 의지를 간접적으로 내비친 것입니다. 순식간에 좌중에 웃음꽃이 피었습니다.

반 총장의 유머는 여기서 그치지 않고 계속 이어졌습니다.

반 총장은 '산타 할아버지가 오신다네(Santa Clause is coming to town)'라는 크리스마스 캐럴을 '반기문이 우리 동네에 온다'로 가사를 바꿔 멋들어지게 한 곡조 뽑았습니다.

반 총장은 '누가 착한 아이인지, 나쁜 아이인지 리스트를 만들어 두 번이나 확인을 했다'라는 내용을 원래 리듬에 맞춰 멋들어지게 불렀습니다. 근무태만으로 유엔에서 내보내야 할 직원의 명부를 만들고 있다는 강력한 의지를 노래를 통해 전달한 셈입니다.

반 총장은 부드러운 유머가 거센 호통이나 꾸지람보다 더 효과적이라는 아주 기본적인 이치를 유엔 기자들에게 소개한 것입니다. 저의 옆 자리에서 반 총장의 연설을 지켜보던 한 외국 기자는 "반 총장은 지혜와 함께 유머도 겸비한 멋쟁이"라고 말했습니다.

사실 반 총장은 유엔 사무총장이 되고 난 이후 날카로운 촌철살인의 유머와 조크를 공부하고 있다고 고백하기도 했습니다. 대화와 협상이 많은 국제 외교 무대에서 유머는 대화 분위기를 부드럽게 해주는 윤활유 역할을 한다고 강조합니다.

화술 학원에 다닌 워렌 버핏

반 총장과 마찬가지로 버핏 회장도 유머를 공부하고 대화의 기술을 배우라고 역설합니다. 반 총장의 성공 이면에 유머와 위트가 있었다면, 버핏 회장이 투자자를 유치해 부(富)를 형성하는 데에도 유머가 큰 역할을 했습니다.

제가 만난 버핏 회장은 공식석상에서 연설을 하거나 저와 개인적인 인터뷰를 할 때에도 유머를 섞어가며 대화를 전개해 나갔습니다. 항상 얼굴에 웃음을 머금고 즐겁게 인생을 살아가는 그의 생활 이면에는 유머가 자리하고 있습니다. 버크셔 해서웨이의 주주총회에 투자자들이 먼 거리를 마다하지 않고 몰려드는 것도 버핏 회장의 유머와 익살스러운 말에 매료되었기 때문입니다.

버핏 회장은 어려운 경제 용어나 금융 현상을 설명할 때에도 쉬운 유머를 구사해 투자자들의 이해를 돕습니다. 상대방의 긴장을 풀어주고 대화의 분위기를 부드럽게 하는 데는 유머만큼 좋은 수단이 없다고 버핏 회장은 강조합니다.

버핏 회장은 의식적으로 유머와 대화의 기술을 배웠습니다. 많은 사람을 비즈니스 파트너로 만들어야 하고, 사람들을 설득하기 위해서는 유머가 들어간 대화가 필수적이라고 생각했기 때문이죠.

대학을 갓 졸업한 버핏은 여가 시간이 있을 때마다 대화의 기술을 향상시키기 위해 동네 학원에 등록해 화술(話術) 교육을 받았습니다. 이미 투자가로서의 꿈과 비전을 확고히 간직하고 있었기 때문에 향후 투자자를 설득하기 위해서는 대화의 기술이 필수적이라고 생각하고 미리 준비를 한 것이지요.

자신의 꿈과 목표를 달성하기 위해 필요한 것이라면 그는 준비를 게을리 하지 않았으며, 특히 많은 사람들을 대하는 직업의 특성상 대화의 중요성을 일찌감치 감지하고 있었던 것이지요.

버핏은 자신의 유머와 대화 기술을 시험해 보기 위해 오마하 대학의 직장인 대상 교육프로그램에서 투자 원칙에 대해 강의를 하기도 했습니다. 학원에서 보고 배운 대화 기술을 실전에서 응용해 본 것입니다.

직장인들은 자기네들보다 나이가 어린 버핏이 강사로 들어오는 것에 대해 처음에는 불만이 많았지만 첫 시간 강의를 듣고 나서는 바로 버핏의 매력에 빠지고 말았습니다. 버핏이 토해내는 해박한 투자 이론도 나무랄 데가 없었지만 무엇보다 청중들을 휘어잡은 것은 그의 탁월한 유머 감각이었습니다.

이후 버핏이 투자자를 유치해 세계 최대의 부(富)를 형성한 데는 일찌감치 배운 유머와 대화의 기술이 큰 역할을 했습니다.

사회생활을 하면서 상대방을 나의 친구로 만들고, 비록 나와 의견을 달리하는 상대편이더라도 나의 우군으로 만들 수 있는 것이 바로 유머와 대화의 기술입니다.

반 총장의 성공과 버핏 회장의 부(富) 이면에는 사람들을 끌어 들이고 흡입할 수 있는 유머와 협상 능력이 있었다는 점을 명심해야 합니다. 반 총장과 버핏 회장은 배움의 과정에 있는 여러분에게 폭 넓은 독서와 공부를 통해 유머 감각을 키우고 대화의 기술을 향상시킬 것을 주문하고 있습니다. 유머와 대화 능력은 성공과 부를 약속하는 큰 자산인 것입니다.

대화로 승리하는 법을 배우세요

설득

남의 의견을 뚝 잘라 반대하거나 독단적으로 내 의견을
밀어붙이기보다는 겸손하게 남의 의견을 물으세요.

– 벤저민 프랭클린 –

2007년 1월 초 유엔 회원국들이 반 총장에게 거
세게 반발하며 '노(No)' 라고 말하는 일이 벌어졌
습니다. 당시 반 총장은 유엔의 '군축국(군비축소를 관할하는 부서)'
을 줄이는 방안을 회원국에게 제시했는데, 118개 회원으로 구성된 비
동맹운동(NAM) 국가들이 '받아들일 수 없다' 며 거세게 반발한 것입
니다.

비동맹운동은 제2차 세계대전 이후 미국과 소련으로 나눠진 국제
정치 질서 속에서 동서 냉전의 어느 쪽에도 가담하지 않고, 정치적 중
립을 지킨 운동을 말합니다. 제2차 세계대전 종전 뒤 독립한 아프리
카와 아시아 후진국들이 대부분 여기에 속하죠.

반 총장의 당선에 압도적인 지지와 성원을 보내 주었던 아시아, 아프리카의 후진 국가들이 이번에는 반 총장에게 반대 의사를 표명한 것입니다. 반 총장이 유엔 개혁의 깃발을 걸고 시작한 첫 시도가 무산될 위기에 처한 것이죠.

사면초가에 몰린 반 총장은 고민에 빠졌습니다. 어떻게 하면 후진국과 선진국의 이해갈등과 충돌을 조화롭게 수습할 수 있을까. 잘못하다가는 개혁 작업에 착수하기도 전에 유엔 회원국 간 분열만 가중시킬 판이었습니다.

후진국의 목소리를 '나 몰라라' 하고 밀어붙이는 것은 활활 타오르는 불에 기름을 퍼붓는 격이었습니다. 결코 독불장군 식으로 밀어붙여서는 안 되며, 대화와 타협을 통해 회원국 모두의 동의를 구하는 것이 무엇보다 중요하다는 결론을 내렸습니다.

반대 의견을 찬성으로 되돌리는 기술

반 총장은 수정된 아이디어를 들고 다시 회원국들을 찾아다니며 설득에 나섰습니다. 38년간 외교관 생활을 하면서 '대화와 설득'이 '강경대응' 보다는 더욱 큰 힘을 발휘하고, 결국에는 조직 전체의 화합을 꾀할 수 있다는 것을 반 총장은 경험으로 알고 있었습니다.

반 총장의 이러한 노력에 대해 댈 길레르만 유엔주재 이스라엘 대사는 "반 총장이 아마도 유엔에서 무엇을 바꾼다는 것이 얼마나 힘든 일인가를 배우고 있을 것"이라며 "유엔 사무국 개편이 반 총장에게 첫 번째 현실 파악의 기회가 될 것”이라고 지적하기도 했습니다.

반 총장은 아랑곳하지 않고 발이 닳도록 뛰어 다니고, 입술이 마르도록 회원국을 설득했습니다. 그 결과 한 달이 지나면서 성과가 나타나기 시작했죠. 아크람 유엔주재 파키스탄 대사는 “분위기가 예전에 비해 좋아진 것을 느낍니다”라고 말했고, 토마스 마투섹 유엔주재 독일 대사도 “중요한 것은 이제 모두가 반 총장을 지지한다는 점입니다”라고 설명했습니다. 유엔 개혁의 기치를 내건 반 총장의 노력이 결실을 맺는 순간이 점점 다가오고 있었습니다.

그리고 2007년 3월 15일. 유엔총회 회의실로 각국의 회원국 대표들이 몰려들었습니다. 그리고 반 총장의 유엔 조직개편 결의안을 한 사람의 반대도 없이 만장일치로 채택했습니다. 의사결정의 속도는 다소 느렸지만, 대화와 타협을 통해 만들어 낸 값진 결실이었죠.

“유엔 조직 효율화를 위해 제안한 사무국 개편방안을 총회가 승인해 준 것은 사무총장 리더십에 대한 회원국의 전폭적인 신뢰를 보여 준 겁니다. 이를 거울삼아 남은 개혁 과제도 지속적으로 추진해 나갈 겁니다.”

총회 회의 뒤 유엔 출입 기자단과 만난 반 총장의 말에는 당당함과 자신감이 넘쳐흘렀습니다. 반 총장과 달리 독단적인 고집과 아집으로 내려진 결정이 어떠한 결과를 초래하는지 다른 예를 한번 살펴볼까요.

독불장군이
되어서는 안 됩니다

지난 2003년 3월 20일 새벽, 이라크 수도 바그다드 남동부에 미사일 폭격이 시작되었습니다. 미국이 주도하는 이라크 전쟁의 시작이었죠. 이라크 침략의 명분으로 내세운 이라크의 대량살상무기 은닉이나 9·11테러와 알카에다의 연계 등에 대해서는 제대로 증거를 제시하지 못한 채 중동 지역 패권 장악이라는 자신들의 필요에 따라 미국이 무력을 행사한 겁니다.

세계 평화와 안보를 위해 무력 사용 권한이 있는 유엔의 승인도 받지 않고 오로지 '힘의 논리' 만을 내세운 것이죠. 미국 정부는 유엔 정신은 헌신짝 버리듯 내팽개쳤습니다.

'미국의 이익이 유엔정신 위에 있다' 는 조지 부시 대통령과 관료들이 독불장군 식으로 유엔 회원국들의 반대에도 불구하고 전쟁을 선택한 것이죠.

당시 일간지인 〈뉴욕타임스〉는 사설을 통해 "최소한 한 세대 안에 워싱턴이 저지른 최악의 실책이며, 외교적 실패의 절정"이라며 "전임자들과 달리 부시 대통령은 동맹관계를 과소평가하고, 군사력은 과대평가했다"고 꼬집었습니다.

대화와 타협을 버리고 힘의 논리만으로 전개된 이라크 전쟁은 6년이 지난 지금도 진행 중이며, 국제사회는 물론 부시 대통령과 공화당을 지지하는 국민들로부터도 냉대를 받았습니다. 2006년 11월 미국 중간선거에서 부시 대통령의 공화당이 상·하원을 모두 야당인 민주당에 내주는 참담한 결과를 얻은 것은 당연한 일이었습니다.

　부시 대통령은 대화와 설득을 통해 협상에서 이기는 법을 몰랐습니다. 오로지 미국이 가지고 있는 힘의 우위를 앞세워 외교 전략을 세웠기 때문에 국제 사회로부터 외면당하고 있습니다.

　반 총장이 꾸준한 대화와 지속적인 협상을 통해 유엔 회원국들의 모든 동의를 이끌어 낸 것과는 비교가 됩니다. 설득의 기술이 얼마나 중요한지 알 수 있는 대목입니다.

　상대방을 인격체로 인정하고 ‘대화와 타협’을 통해 문제를 풀어 가는 반 총장과 ‘힘의 논리’를 앞세워 상대방을 위압적으로 대하는 부시 대통령의 국제외교 정책은 이처럼 상반된 결과를 만들어 냈습니다.

　이는 비단 유엔이라는 국제 사회에서만 통용되는 것이 아닙니다. 가정에서의 남편과 아내, 직장에서의 최고 경영자(CEO)와 직원, 상사와 부하, 학교에서의 선생님과 학생 등과 같이 우리 사회 전 분야에서 적용되는 자연 법칙과도 같다는 것을 반 총장은 보여 주고 있습니다.

소크라테스의 설득 방법을 배우세요

미국 건국의 아버지로 통하는 벤저민 프랭클린도 힘을 앞세운 강압보다는 지속적인 설득과 대화로 문제를 해결한 위인입니다. 프랭클린은 그리스의 유명한 철학자 크세노폰(BC 431년~355년)이 쓴 〈소크라테스의 회고록〉을 통해 대화와 설득의 기술을 배웠습니다.

미국의 40대 대통령이었던 로럴드 레이건 대통령의 부인 낸시 레이건 여사가 지난 1984년 유엔에 기증한 그림. '남들로부터 대접을 받고 싶으면 먼저 남들에게 대접을 베풀어라(DO UNTO OTHERS AS YOU WOULD HAVE THEM UNTO YOU)' 라는 심오하지만 평범한 인생철학이 담겨져 있습니다.

남의 의견을 뚝 잘라 반대하거나 독단적으로 자신의 의견을 밀어붙이기보다는 겸손하게 다른 사람의 의견을 묻고 의문을 던지는 식입니다.

인쇄소를 직접 운영하면서 직원들의 동의를 구할 때나 주(州) 방위군을 조직할 때나 필라델피아대학을 세울 때나 전쟁에 필요한 자금을 마련할 때나 프랭클린은 주민들을 찾아다니며 설득하고 동의를 구했습니다.

프랭클린은 다른 사람들보다 높은 지위와 권위를 가지고 있었지만 다른 사람을 윽박지르거나 강압적으로 문제를 처리하지 않고, 대화와 설득으로 해결했습니다.

그는 자신의 회고록에서 다음과 같이 말합니다.

"자신을 겸손하게 표현하는 습관을 지녀야 한다. 예를 들면 논란과 분쟁의 여지가 있는 의견을 낼 때에는 '확실히' '의심할 여지없이' 등과 같이 독단적인 분위기를 풍기는 말은 사용하지 말아야 한다. 그 대신 이런 식으로 말하는 것이 좋다. '제 생각에는 이런 것 같은데요' '그럴 거라고 짐작이 갑니다만' '내가 틀리지 않았다면 이럴 겁니다'.

이런 습관은 내게 큰 이득이 되었다고 믿고 있다. 특히 나의 의견을 다른 사람들에게 관철시키거나 내가 추진하고 있는 일을 다른 사람들에게 납득시킬 때 큰 효과가 있었다."

프랭클린은 평생을 살면서 어려운 문제에 봉착할 때마다 설득과 대화로 문제를 풀어 나갔습니다. 프랭클린이 소크라테스의 회고록을 통해 배운 설득의 기술은 반 총장의 대화 기술과 흡사합니다. 이런 점에서 성공한 역사적인 위인들은 닮은 점이 많은가 봅니다.

여러분의 친구는 누구입니까?

인간관계

사람 행복의 90%가 인간관계에 달려 있습니다.

- 키에르 케고르 -

'인사(人事)가 만사(萬事)'라는 말이 있습니다. 어떤 조직이든 사람을 적재적소에 잘 써야 조직이 제대로 굴러간다는 말입니다. 기업의 경우 기술 개발도 중요하고, 생산성도 중요하고, 해외시장 개척 등도 중요하지만 무엇보다 우선시해야 하는 것은 인재를 잘 뽑아야 한다는 말입니다.

초등학교 학생들도 반장을 뽑을 때에는 학급을 어떻게 꾸려 나가고, 어떻게 모범반이 되도록 하겠다는 정책을 발표합니다.

국가를 다스리는 대통령은 능력도 탁월하고 청렴한 장관을 뽑아야 나라가 제대로 돌아가지만, 반대로 부패하고 무능한 인물을 옆에 앉힐 경우에는 나라가 퇴보하게 됩니다. 기업의 최고 경영자(CEO)도

회사에 보탬이 되고, 회사 가치를 높일 수 있는 사람을 뽑으면 회사가 성장하지만, 무능한 신입 직원을 뽑으면 그 회사는 경쟁력을 잃게 됩니다.

남들에게 도움이 되는 존재가 되세요

개인의 일상생활도 마찬가지입니다. 남편은 아내를, 아내는 남편을 잘 만나야 가정이 화목하고, 번창하게 되는 법입니다. 동업자를 고를 때에는 신뢰할 수 있고 믿음이 가는 사람을 만나면 의기투합할 수 있지만, 믿음이 가지 않는 동료를 만날 때에는 같이 일할 맛이 나지 않습니다. 그만큼 제대로 된 사람을 만나는 것이야말로 삶의 또 다른 행운이라고 할 수 있습니다.

반 총장이 한국에서 외교통상부 장관으로 일하면서 같이 업무를 보았던 직원들을 유엔본부로 데려가 유엔을 훌륭하게 이끌고 있는 것도 좋은 친구와 인재를 가지고 있기 때문입니다.

반 총장이 세계의 외교관으로 명성을 날리는 데는 그 이면에 항상 반 총장의 그림자가 되어 성실히 업무를 수행하는 한국 외교관들이 있기 때문입니다.

이는 버핏 회장이 찰리 멍고 부회장을 만나 버크셔 해서웨이를 세계적인 기업으로 이끌고 있는 것과 똑같은 이치입니다. 서로의 단점을 보완하고 힘들 때 도움이 되는 친구와 인재가 있기 때문에 가능했던 일입니다.

여러분의 주위를 한번 둘러보세요. 여러분은 어떤 친구를 가지고 있고, 여러분은 친구들에게 어떠한 존재입니까.

사람을 잘못 만나 조직 전체가 와해된 경우는 수없이 많습니다. 그 중에서 대표적인 케이스가 베어링스 은행입니다. 베어링스 은행에 '닉 리슨'이라는 직원이 있었는데, 그는 위험도 높지만 수익도 많이 챙길 수 있는 금융 상품 거래를 담당했습니다.

리슨은 당시 경영진들도 제대로 이해하지 못했던 위험이 높은 금융 상품 거래에 투자해 엄청난 수익을 올렸으며, 1993년에는 싱가포르 지점 전체 수익의 20%를 혼자서 벌어들일 정도로 베어링스 은행의 '떠오르는 스타'로 인정받았지요.

경영진들도 회사에 많은 수익을 안겨 주는 그를 신뢰하게 되었고, 30만 파운드의 연봉과 수백만 파운드의 천문학적인 보너스를 그에게 주었습니다. 상사로부터 전폭적인 지지를 받고, 연봉도 상상할 수 없을 정도로 많이 받는 백만장자가 되자 그는 더 큰 욕심을 내기 시작했습니다.

그는 지난 1995년 일본 주식 시장에 일생일대의 큰 도박을 걸었는데, 그 해 1월 고베 지진이 일어나면서 14억 달러라는 천문학적인 손실을 입었습니다. 이로 인해 232년 전통을 자랑했던 세계적인 기업 베어링스 은행은 한 순간에 파산하게 되었고, 단돈 1달러에 다른 회사에 매각되는 비운을 맞게 되었습니다.

1990년대 전 세계 금융 회사들을 바짝 긴장시켰던 베어링스 은행의 몰락은 한 직원의 실수가 얼마나 치명적인 손실을 조직에 안겨다 주는가를 보여 주는 실증적인 예라고 볼 수 있습니다. 다시 말해 사람을 제대로 발탁하고 제대로 관리하는 것이 무엇보다 중요하다는 것을 의미합니다.

게으름과 나태의 굴레에서 벗어나세요

그럼 반 총장은 사람 관리를 어떻게 할까요. 2007년 초 유엔사무총장에 당선되었을 당시로 돌아가 봅시다. 유엔본부 38층 집무실에 발을 들여놓기 무섭게 반 총장은 고위관리 55명을 대상으로 사직서 제출을 요구했습니다.

조직의 최고 경영자가 힘을 과시하기 위해 '군기 잡기'를 하는 차원이 아니라 느슨했던 조직 문화를 쇄신하고, 반 총장의 유엔 개혁에 동참할 수 있는 능력 있는 인물을 찾기 위해서였습니다.

당시까지만 하더라도 유엔은 '굼벵이' 조직이라는 불명예스러운 소리를 들을 정도로 현실에 안주하는 공무원들이 많았고, 내근과 외근 직원 간 인사 교류가 거의 없어 능력 있는 인재들이 요직을 차지하는 경우가 드물었습니다.

반 총장이 고위관료 사직서 제출을 통해 노린 것은 안일한 조직 문화에 긴장감과 살아 움직이는 생동감을 함께 불어넣기 위함이었죠.

곧 고위관리들의 반발이 잇따랐습니다. 반 총장이 관리들의 집단 반발에 결국 사직서 요구를 철회할 것이라는 기대를 갖고 끝까지 버틴 관리도 적지 않았지요. 하지만 반 총장은 자신의 첫 번째 유엔 개혁 과제가 관리들의 반발로 실패로 끝날 경우 유엔 개혁 전체가 타격을 받을 것이라는 판단 아래 굽히지 않고 관리들을 압박했습니다.

반 총장의 개혁 의지가 꺾이지 않을 것이라는 점을 간파한 관리들이 하나 둘씩 반 총장의 뜻을 따르기 시작했고, 끝까지 버틴 관료들도 인사 개혁이 대세로 굳어짐을 알고서는 반 총장에게 백기를 들기 시작했습니다.

한 달이 지나자 결국 고위관리 대부분이 사직서를 반 총장에게 제출했습니다. 이어 반 총장은 공석이 된 자리에는 경험과 능력을 겸비한 사람들을 채용했습니다. 무엇보다도 중요한 것은 개인의 자질과 경험이었죠. 인재를 고르는 인선 과정에 외부 청탁도 많았지만, 어떠한 양보와 타협도 있을 수 없었습니다.

고위관리들이 개인적인 친분관계를 이유로 반 총장에게 사람을 천거하는 경우도 있었지만, 반 총장은 일언지하에 거절했습니다. 개혁의 기치를 내건 당사자가 외부 청탁을 들어 준다는 것은 곧 개혁의 실패를 의미한다는 것을 잘 알고 있었기 때문입니다.

반 총장은 '유엔의 2인자'인 사무 부총장에 탄자니아의 여성 외무장관인 아샤 로스 미기로를 임명했습니다. 선거 공약으로 사무 부총장에 여성을 임명할 것이라는 약속을 지킨 것입니다.

그런데 문제가 생겼습니다. 유엔 출입 기자들이 미기로 부총장은 경험이 없고 검증도 되지 않았으며, 그 자리에 맞지 않는 인물이라고 비판의 기사를 마구 썼습니다. 시간이 지나면 조용해질 것으로 예상했지만, 날이 갈수록 비판의 강도는 강해지기만 했습니다. 반 총장의 인사 개혁이 수술대에 오르는 순간이었죠.

“저는 미기로 부총장을 잘 압니다. 그녀의 능력을 검증하기 위해 수 많은 시간 그녀와 인터뷰를 했습니다. 그녀는 폭넓은 재능과 능력을 겸비하고 있어 부총장으로서의 업무도 잘 처리할 것으로 생각합니다. 저에게 시간을 주십시오. 지금 당장 그녀에 대한 인사가 제대로 되었 는지 얘기하는 것은 시기상조입니다. 시간이 지나 되돌아보면 당신들 도 저의 판단과 결정이 옳았다는 것을 알게 될 겁니다.”

반 총장은 미기로 부총장의 능력과 인품을 익히 알고 있었고 자신 의 결정에 대한 자신감도 있었기 때문에 결코 외부 비판에 흔들리지 않았습니다.

취임 1년이 지난 현재 반 총장의 인사를 문제 삼는 유엔 기자들은 별로 없습니다. 결국 유능한 인재를 뽑는 반 총장의 탁월한 혜안과 안 목이 승리를 거둔 것이지요.

경쟁을 피할 수 없다면 맞서세요

이와 함께 반 총장은 유엔에서 그 동안 시도되지 않았던 직원들 간 경쟁의식을 새롭게 주입했습니다. 뉴욕 유엔본부 직원이 아닌 현장근 무 직원이더라도 업무 성과가 좋고, 탁월한 능력을 보여줄 경우에는 과감하게 본부로 스카우트하는 인사 정책을 펼쳤습니다. 부지런히 열 심히 일하는 직원은 가까이 두어야 한다는 반 총장의 평소 소신을 실 천한 것입니다.

본부 직원들에게는 열심히 하지 않으면 언제든지 밀려날 수 있다는 위기의식을 심어 주었고, 현장근무 직원들에게는 외지에 있더라도 자신의 업무에 최선을 다한다면 언제든지 본부로 승진해 갈 수 있다는 희망을 불어 넣었습니다.

고여 있는 물은 시간이 지나면 썩게 되듯이 조직에도 언제나 변화가 있어야 한다는 반 총장의 철학을 유엔에 적용한 것입니다. 특히 유엔본부 사무국 고위직이 개방되면서 이전까지는 본부 근무가 희망 사항에 불과했던 현장근무 직원들로부터 큰 반향을 일으켜 총장실이 개방한 12개 자리에 1,200명 이상의 직원들이 지원하는 경우도 있었습니다.

이에 대해 미국 정론지인 〈뉴욕타임스〉는 반 총장의 인사쇄신에 따른 조직 문화 변화를 칭찬하는 기사를 내보냈습니다. 반 총장이 추진하는 유엔 개혁을 바라보는 외부 시각이 변해가고 있음을 보여 주는 대목이지요.

"반 총장이 나태와 비대함이 지배해 온 유엔 분위기를 쇄신시키고 있습니다. 반 총장이 직원들의 내부 경쟁을 유도하고, 자신의 사무실부터 일부 직원의 임기보장을 없애는 등 이전에 없었던 변화를 시도하고 있습니다."

〈뉴욕타임스〉가 반 총장의 인사 개혁을 평가한 기사 내용입니다.

반 총장의 인사 개혁을 옆에서 지켜보면서 과거 한국 국민들로부터 지탄받았던 대통령 자녀와 측근들의 비리가 떠오릅니다. 능력도, 경힘도 없는 사람들이 혈연, 지연, 인맥을 동원해 고위직에 진출하고 갖은 권력형 비리를 저질렀던 때가 있었습니다.

하지만 반 총장은 우리들에게 실력과 능력으로 승부하라고 가르칩니다. 그리고 나태와 게으름에 빠진 친구나 사람들을 멀리하고, 우리들의 삶에 도움이 될 수 있는 부지런하고 능력 있는 사람들을 친구로 두라고 합니다.

여러분의 친구는 누구입니까. 또 여러분은 친구들에게 어떠한 존재입니까. '좋은 친구가 생기기를 기다리는 것보다 스스로가 누군가의 좋은 친구가 되었을 때 행복하다' 는 격언을 곰곰이 생각해 보기 바랍니다.

세계 역사를 바꿀 수 있는 **리더십을 배우세요**

리더십

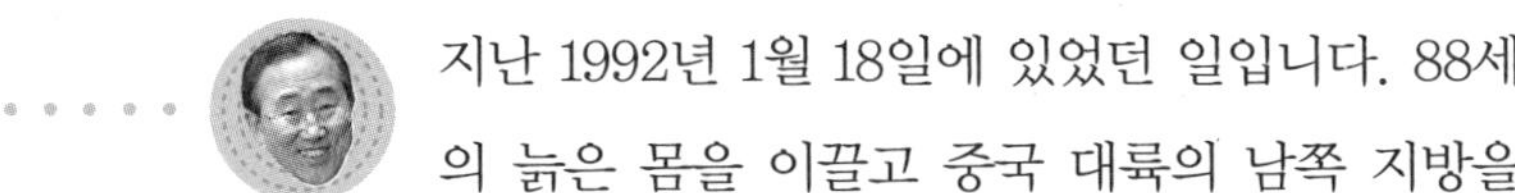

지난 1992년 1월 18일에 있었던 일입니다. 88세의 늙은 몸을 이끌고 중국 대륙의 남쪽 지방을 시찰하는 사람이 있었습니다. 사회주의 중국 경제에 자본주의 시스템을 도입해 중국 경제 발전의 디딤돌을 놓은 인물로 평가받는 등소평(鄧小平 · 등샤오핑 · 1904~1997년)이었습니다. 몸은 비록 노구였지만 무엇인가 반드시 이루고야 말겠다는 굳은 결의와 의지가 그의 발걸음 하나하나에 묻어 있었습니다.

가난했던 한국 경제를 중진국 수준으로 끌어올린 사람이 박정희 대통령이었다면, 허약한 중국 경제에 새로운 바람을 불러일으킨 사람이 등소평 중국 주석이었습니다.

그때까지만 하더라도 중국은 중앙정부가 경제를 관리하고, 통제하는 사회주의 경제 시스템을 가지고 있었습니다. 인민들이 공동으로 논과 밭을 경작해 농작물을 수확하고, 수확된 쌀과 양식을 균등하게 배급했습니다.

이와 같은 시스템을 개혁해 열심히 일한 사람은 더욱 많이 돈을 벌고, 경쟁을 통해 생산성을 높이는 시장 경제를 중국에 도입한 장본인이 등소평입니다. 그가 중국 경제 발전에 미친 영향을 높이 평가해 중국 사람들은 그를 '작은 거인'이라고 부릅니다.

<table>
<tr><td>등소평
중국 주석의 리더십</td><td>등소평은 우창, 선전, 상하이 등 중국 대륙 남쪽의 도시를 방문하면서 중국</td></tr>
</table>

경제의 개혁과 개방이야말로 인구 10억 명의 중국이 살아나갈 수 있는 길이라고 목청을 높였습니다.

이처럼 등소평이 지방의 간부들을 격려하면서 시장 경제 도입에 대한 확고한 의지를 밝힌 것이 그 유명한 남순강화(南巡講話)입니다. 등소평이 중국 대륙의 남쪽을 돌아다니면서 강연을 통해 자본주의 경제 시스템을 받아들이도록 했다는 뜻을 담고 있습니다.

한마디로 말하자면 세계 경제의 개방 흐름에서 외로이 동떨어져 문을 꼭꼭 걸어 잠그는 것이 아니라 개혁과 개방을 가속화한 것입니다.

그 동안 중국이 공동 생산, 공동 배분의 사회주의 이념에 기반을 두고 나라를 이끌어 왔지만 인민들은 여전히 가난에 허덕이고 있었던 만큼 새로운 변화가 필요하다는 것이 등소평의 생각이었습니다.

여러분이 잘 알고 있는 것처럼 등소평의 생각은 '검은 고양이든 흰 고양이든 쥐만 잘 잡으면 된다' 는 것이었습니다. 고양이는 쥐만 잘 잡으면 되지, 고양이의 색깔이 검은색이든 흰색이든 상관할 것이 없다는 얘기입니다. 이는 인민들의 생활을 윤택하게 하고, 풍요롭게 하는 것이 중요한 것이지 사회주의를 굳이 고수할 필요는 없다는 것이었습니다.

이후 개방 경제를 도입하겠다는 등소평의 생각은 중앙 정치국을 통과해 전국 각지에 빠르게 전달되었으며, 이에 근거해 중국 경제는 개혁과 개방에 속도를 내면서 빠른 성장을 달성할 수 있었습니다.

등소평이 경제 개혁과 개방을 추진하는 과정에서 반대가 만만치 않았습니다. 중국의 기존 경제체제를 고수해야 한다며 반대하는 사람들이 많았지만 등소평은 그들의 주장을 일언지하에 물리치고 자신의 생각대로 개혁과 개방 정책을 밀고 나갔습니다.

자본주의 경제 시스템을 도입하는 과정에서 처음에는 혼란과 문제점이 나타나겠지만 장기적으로 보면 중국 경제에 도움이 된다는 것을 등소평은 알고 있었기 때문에 자신의 소신을 굽히지 않았습니다.

오늘날 중국 사람들은 등소평의 리더십을 중국 역사를 바꾼 위대한 리더십이라고 극찬하고 있습니다.

최근 중국 남부에 있는 심천을 방문했을 때 느낀 중국 경제는 놀라움 그 자체였습니다. 현대식 건물은 규모 면에서 오히려 서울의 웬만한 건물보다 더 웅장했으며, 밀려드는 해외 기업들의 직접 투자로 심천은 그야말로 괄목할 만한 성장을 보이고 있었습니다.

중국 산둥성에 있는 위해시를 방문했을 때에는 경쟁과 생산성 향상을 소리 높여 외치는 공무원들의 의지에 오히려 혀를 내두를 정도였습니다. 외국기업을 많이 유치할수록 실적이 올라가기 때문에 하나의 기업이라도 더 유치하려고 백방으로 뛰는 공무원들의 모습이 인상적이었습니다.

현재 중국이 연 9% 이상의 경제 성장률을 달성하며, 미국과 함께 세계 경제를 이끄는 쌍두마차로 부상한 것은 결코 우연이 아닙니다. 이는 개방 경제를 이끈 등소평의 위대한 리더십이 있었기에 가능한 것이었습니다.

반 총장의 아프리카 개혁 리더십

이처럼 등소평이 강한 리더십과 사고의 전환을 통해 중국 경제를 크게 변화시킨 것처럼 반 총장도 아프리카 대륙에서 새로운 변화의 바람을 일으키고 있습니다.

2007년 1월 29일. 아프리카 대륙 에티오피아의 아디스아바바에서 아프리카연합(AU) 정상회의가 열렸습니다. 아프리카 국가들이 경제 발전과 국가 번영을 꾀하기 위해 개최한 대규모 회의로 각국의 대통령과 수상들이 한 자리에 모인 것입니다.

반 총장이 기조 연설자로 나섰습니다.

반기문 총장은 승자의 리더십을 배우라고 가르칩니다. 반 총장이 세계 각국에
서 모여든 젊은이들을 대상으로 에이즈 등 국제 현안을 설명하고 있습니다.

"전쟁이 어떻게 인간의 숭고한 삶과 발전의 기회를 빼앗아 가는지
너무나도 잘 알고 있습니다. 저도 어린 시절 한국에서 이와 같은 경험
을 했으니까요. 어린 시절 할머니들이 고물을 찾아 이리저리 돌아다
니고, 아이들이 제대로 먹지를 못해 영양실조와 오염된 물에 괴로워
하며, 논과 밭이 썩어 들어가는 것을 눈으로 직접 보았습니다.

하지만 한국 국민들은 포기하지 않았습니다. 국민들이 단합하고 노
력한 결과 사정은 바뀌었습니다. 별다른 경제 활동도 없었던 병든 나
라였던 한국이 건설적이고 활기찬 사회로 바뀌었고, 점차 경제 강국
으로 성장하는 것을 보았습니다.

한국 국민들의 노력과 땀방울에 국제 사회도 적극적인 지원을 아끼
지 않았습니다. 어린 시절 목격했던 이와 같은 광경은 지금도 잊히지

않습니다. 아프리카에서도 한국과 같이 단합된 목표를 통해 경제 발전을 이루도록 합시다.”

반 총장의 힘찬 연설에 아프리카 정상들은 회의실이 떠나갈 정도로 박수를 쳤습니다. 지난 1930~50년대만 하더라도 아프리카보다 더 가난했던 한국이 지금은 세계 11위의 경제력을 자랑하는 경제 대국으로 우뚝 선 것에 대해 아프리카 정상들은 동경의 대상으로 생각하고 있었습니다.

아프리카 정상들은 놀라운 경제 성장과 뛰어난 외교력으로 유엔 사무총장까지 배출한 한국의 저력을 내심 부러워했으며, 한국이 이렇게까지 빨리 발전할 수 있었던 원동력이 무엇인지 궁금해 했습니다.

반 총장이 아프리카 순방을 마치면서 케냐 나이로비에서 이번 순방에 동행한 세계 각국의 특파원들을 잠깐 만났습니다.

“오늘 아침 케냐 나이로비에서 유엔과 산하기관 직원들을 만나 아프리카에 한국의 새마을운동을 도입하는 것이 어떻겠느냐고 제안했습니다. 아프리카 곳곳을 돌아다녀 보면서 느낀 점은 외국의 많은 물적 지원과 원조에도 불구하고 아직까지 큰 진전이 없다는 겁니다.

아프리카에서도 한국의 새마을운동처럼 근면 정신과 협동을 통해 발전하는 방안을 강구해 보면 어떻겠느냐는 의견을 내놓았더니, 모두들 좋은 아이디어라는 반응을 보였습니다.“

반 총장이 아프리카 국가들에 한국의 새마을운동을 제안한 것이었습니다.

반 총장은 이전 뉴욕 특파원들과의 만남에서도 일부 아프리카 국가들이 국가 원수 주도로 '한국형 새마을운동'을 전개하는 것을 많이 목격했다고 밝히기도 했습니다. 아침 일찍 일어나 길거리를 빗자루로 쓸고, 동네를 청소하는 등 근면과 성실로 대표되는 1970년대 한국의 새마을운동을 그대로 따라 하는 국가들이 꽤 있다고 소개했습니다.

반 총장이 소개한 새마을운동

아프리카 국가들은 한국의 새마을운동 도입을 통해 그들의 생활 방식을 바꾸고, 경제 환경도 더욱 건설적으로 바꿀 수 있을 것으로 기대하고 있습니다.

반 총장이 취임 후 첫 방문지로 아프리카를 선택하고, 한국의 경제 성장의 디딤돌이 되었던 새마을운동을 제안한 것은 그만큼 한국 경제에 대한 자신감이 있었기 때문입니다. 아프리카 국가들이 한국의 경제 모델을 통해 반드시 성공할 수 있을 것이라는 확신을 가졌습니다.

한국이 1970년대 박정희 대통령의 리더십 아래에서 새마을운동을 성공적으로 수행해 경제 발전을 이루었던 것처럼, 아프리카 정상들도 이를 본받아 새마을운동을 도입해 볼 것을 아프리카 대륙에 권유하고 있는 것입니다.

반 총장은 현재 세계에서 가장 가난한 나라인 아프리카의 빈곤 퇴치와 경제 발전을 위해 강한 리더십을 발휘하고 있습니다. 반 총장이 유엔사무총장에 취임하고 첫 방문지로 아프리카를 선택한 것도 아프리카 경제 개혁에 강한 의욕을 보이며 리더십을 발휘하겠다는 의지로 보입니다.

등소평의 강력한 리더십으로 중국 경제가 발전의 초석을 다진 것처럼, 아프리카 대륙도 유엔본부에서 펼쳐 보이는 반 총장의 위대한 리더십 아래 변화의 가능성을 보이고 있습니다.

중국의 등소평 주석과 반 총장은 한 사람의 뛰어난 리더십이 개인의 생활을 바꾸고, 국가를 변화시키고, 세계 역사의 흐름을 바꿀 수 있다는 것을 보여 주고 있습니다.

사회는 리더십을 갖춘 인재를 원합니다

여러분은 학업을 마치거나 대학을 졸업하면 사회생활을 시작하게 됩니다. 물론 회사를 위해 열심히 일하고 개인의 능력을 계발하면서 조직 생활을 하는 것이 중요하지만, 이보다 더욱 중요한 것은 조직 생활에서 리더십을 발휘해야 한다는 것입니다.

다른 사람들에게 자신의 의견을 강요하는 것이 리더십이 아닙니다. 대화를 통해 자신의 생각을 전달하고, 상대방의 동의를 구해내는 것이 좋은 리더십입니다.

좋은 리더십을 갖고 있는 사람 주위에는 항상 사람들이 몰립니다. 리더십이 없는 사람은 다른 사람들의 관심을 끌지 못합니다. 리더십은 자신을 변화시키고 조직을 바꿀 수 있는 가능성을 가지고 있습니다.

학교 성적만을 유일한 평가 잣대로 삼는 한국의 대학과 달리 미국에서는 신입생을 뽑을 때 학교 성적뿐 아니라 봉사 활동 경력, 조직에서의 리더십을 같이 평가해 성적에 반영합니다.

교회 성가대를 이끈다든가, 청소년 단체의 회장직을 지냈다든가, 자원봉사 활동을 주도했다든가 하면 높은 점수를 받습니다. 조직 사회는 리더십이 있는 인재를 원하기 때문입니다.

중국의 등소평 주석과 반 총장처럼 세계 역사의 흐름을 바꾼 리더십이 있습니다. 배움의 과정에 있는 여러분도 자신의 인생을 변화시킬 수 있는 리더십을 기르기 위해 노력해야 합니다. 어릴 때 경험한 리더십이 사회생활을 하면서 더 큰 리더십으로 발전하게 됩니다. 등소평 주석과 반 총장의 리더십처럼 말입니다.

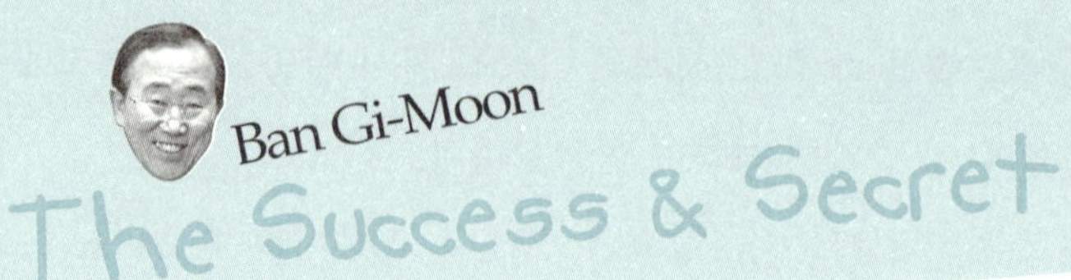

반 총장의 개인 브랜드는 유엔사무총장 당선 때부터 갑자기 만들어진 것이 아니라

과거 반 총장이 뿌린 자기 계발의 노력이 모이고 모여 만들어진 것입니다.

기업이건 개인이건 브랜드 가치는 어느 한순간에 만들어지는 것이 결코 아닙니다.

하루하루 흘린 작은 땀방울과 노력이 모여 나중에 큰 가치를 지니게 되는 것입니다.

5장

반기문 총장의
자기계발

사무총장 반기문

워렌버핏처럼 부자되고 반기문처럼 성공하라

1등이 되세요. 2등은 패배입니다

최선

나무는 그 열매에 의해서 알려지고,
사람은 일에 의해서 평가됩니다.
- 탈무드 -

꿈 많던 학창시절, 버핏의 인생을 이끌어 준 정신적인 멘토(스승)가 벤저민 그레이엄 컬럼비아 대교수였다면 반기문의 멘토는 존 F. 케네디 미국 대통령이었습니다.

반기문은 유독 케네디 가문과 인연이 깊습니다. 반기문은 충주고등학교 3학년 때 미국을 방문해 케네디 대통령을 직접 만난 이후 외교관의 꿈을 더욱 확고히 했습니다. 또 외교관 시절 미국에서 유학할 때에는 하버드 대학교의 케네디 스쿨(행정대학원)에서 공부하면서 외교관으로서의 자질과 능력을 더욱 키울 수 있었습니다.

케네디 대통령이 미국 역사상 최연소 대통령으로 미국인들의 존경과 사랑을 한 몸에 받고 있는 것처럼, 반기문 총장은 한국 역사상 최초로 유엔사무총장에 당선돼 전 세계인의 존경을 받고 있는 것도 비슷하답니다.

준비하면 기회는 반드시 옵니다

1962년 반기문이 충주고등학교 3학년에 재학할 때의 일입니다. 좀 더 넓은 세상을 구경하고 다양한 문물을 경험하기 위해서는 세계를 알아야 한다는 생각으로 영어공부에 몰두했던 반기문에게 기회가 찾아왔습니다.

반기문은 어릴 때부터 어렴풋하게나마 외교관이 되고 싶다는 꿈을 간직하고 있었고, 외교관의 꿈을 이루기 위해서는 영어구사가 필수적이라고 생각하고 있었습니다.

공장에서 일하는 외국인 근로자들을 찾아가 영어를 배우고, 미국 선교사들을 쫓아 다니며 영어회화 공부를 할 정도로 반기문은 영어에 남다른 매력을 느꼈습니다. 당장 영어를 활용할 기회는 없겠지만 언젠가는 영어가 꿈을 펼치는 데 큰 도움이 될 것이라는 확신을 가지고 있었지요.

그런데 고등학교 3학년 때 그 기회가 정말로 찾아온 것입니다. 기회는 준비하고 있는 자에게만 찾아온다는 격언도 있지 않습니까.

반기문은 미국 적십자사가 주최하는 미국 연수프로그램인 비스타(VISTA: Visit of International Student to America) 시험에 합격했습니다. 전 세계에서 120여 명의 학생이 비스타 미국연수 프로그램에 참가했는데 한국에서는 반기문을 포함해 4명이 최종 선정되었습니다.

미국에 체류하는 30일 동안 샌프란시스코 등 미국 각지를 돌아다니며 미국의 가정과 학교생활, 봉사 활동을 경험한 것도 소중한 자산이 되었지만 무엇보다 반기문의 인생에 큰 영향을 미친 것은 백악관에서 케네디 대통령을 만난 일이었습니다.

한국의 시골마을에서 비행기로 15시간을 날아와 만난 케네디 대통령은 반기문의 인생에 커다란 영향을 미치게 됩니다.

세계 각국의 학생들에게 둘러싸인 케네디 대통령이 한국에서 온 반기문에게 물었습니다.

"학생은 앞으로 무엇이 되고 싶어요?"

케네디 대통령이 상냥한 미소를 지으며 반기문에게 물었습니다.

"저의 꿈은 외교관입니다."

반기문은 마치 오래전부터 준비하고 있었던 것처럼 자신도 모르게 '외교관'이라는 단어를 내뱉었습니다. 지금까지 막연하게 간직했던 외교관의 꿈이 더욱 구체적인 모습으로 반기문에게 다가왔습니다. 케네디 대통령과의 만남으로 반기문의 꿈은 더욱 확고해졌습니다.

반기문은 케네디 대통령을 만난 이후 오로지 외교관의 꿈을 향해 전진했습니다. 서울대학교 외교학과에 입학한 것도 외교관의 꿈을 이루기 위한 과정의 하나였지요.

반기문은 케네디 가문의 가훈인 '1등을 하라, 2등은 패배다'라는 문구를 좋아합니다. 물론 겸손과 겸양을 미덕으로 여기는 집안에서 자라난 반기문이지만 그는 꿈을 향해 열심히 노력하면 반드시 꿈은 현실이 된다는 확신을 가지고 있었습니다.

반기문은 열심히 공부하고 노력해 1등이 되는 일이 많았지만 언제나 겸손한 마음을 잃지 않았습니다.

반기문은 2006년 10월 13일 유엔사무총장 임명 수락연설에서 다음과 같이 말합니다.

"저는 겸손으로 최상의 결과를 내놓겠습니다. 제가 솔선수범해서 (유엔을) 이끌 것입니다. 약속은 지키기 위해서 존재합니다. 이것이 제 평생을 지배해 온 신념입니다.(I will seek excellence with humility. I will lead by example. Promise should be made for the keeping. This has been my motto in life.)"

1등을 하더라도 꼴찌처럼 겸손하세요

반기문은 언제나 최상의 결과를 내놓기 위해 노력했지만 그 결과에 대해서는 자랑이 아니라 겸손으로 일관했습니다. 언제나 1등을 목표로 꾸준히 노력했지만 정작 1등이 되었을 때는 마치 꼴찌인 것처럼 자신을 낮추었습니다.

그럼 반기문의 꿈을 더욱 단련시켰고 반기문의 인생에 큰 영향을 미친 케네디 대통령은 어떤 사람이었을까요.

케네디 대통령의 증조할아버지는 1849년 아일랜드의 가난했던 생활을 청산하고 가족들과 함께 '아메리칸 드림'을 안고 미국에 이민 왔습니다. 다른 이민자들처럼 영국에서의 종교적인 박해를 피해서 온 것도 아니고, 성공하기 위해 조국을 떠난 것도 아니고, 단지 가난이 싫어 먹고 살기 위해서 미국행을 선택했습니다.

케네디 가문은 '1등을 하라. 2등은 패배일 뿐이다' 라는 가훈을 가지고 있습니다. 이국땅에서 갖은 고생을 해가며 케네디의 할아버지(2대)가 주의원이 되고, 케네디의 아버지(3대)가 영국대사를 하고, 케네디(4대)가 최연소 미국 대통령이 될 수 있었던 것은 그들의 가훈처럼 최고를 향해 노력한 결과입니다.

지긋지긋한 가난이 싫어 케네디 가문은 빈손으로 미국에 왔지만 그들은 미국 정치를 주도하는 명문 가문으로 자리 잡았습니다.

특히 케네디 대통령은 1961년 대통령에 당선돼 1963년에 암살당하기까지 겨우 2년 동안 대통령 자리에 있었지만, 그는 미국 민주주의의 상징이 되어 미국 국민들의 사랑과 존경을 한 몸에 받고 있습니다.

가난한 농사꾼의 자손이었던 케네디 가문은 1등주의 정신과 노력으로 하버드 대학과 깊은 인연을 맺게 됩니다.

케네디 아버지와 케네디 대통령을 포함한 4명의 아들이 모두 하버드 대학을 졸업해 5부자가 모두 하버드 대학의 동문입니다. 이후 케네디 가문의 자손들은 하버드 대학 진학이 인생의 필수 코스가 되었습니다. 자손들이 땀을 흘려 1등주의 가훈을 실천하고 있기 때문이지요.

하버드 대학에는 케네디 가문의 이름을 딴 케네디 스쿨이라는 행정대학원이 있습니다. 아일랜드에서 이민 와 갖은 역경과 어려움을 견뎌 내고 최연소 미국 대통령을 배출한 케네디 가문을 기리기 위한 것이지요.

저는 2005년 미국 텍사스 주 달라스에 있는 케네디 기념관을 방문한 적이 있습니다. 케네디 대통령이 리무진을 타고 선거운동을 하다 암살범의 총탄을 맞고 사망한 자리가 도로에 'X'로 표시되어 있습니다.

케네디 기념관은 암살범인 오스왈도가 케네디 대통령을 저격하기 위해 숨은 장소를 개조해 만들었습니다. 전 세계에서 몰려든 관광객들이 케네디 대통령을 애도하기 위해 방문하는데 특히 어린이들이 역사의 현장을 체험하기 위해 많이 옵니다.

고등학교 3학년 때 케네디 대통령을 만나 외교관의 꿈을 확고히 한 반기문도 1983년 하버드 대학의 케네디 스쿨에서 유학을 하게 됩니다. 반기문의 1등주의 정신은 유감없이 발휘돼 케네디 스쿨 전 과정에서 최고점수인 'A+'를 받았으며 졸업식에서 하버드 대학교 설립자상을 수상했습니다.

케네디 가문과 반기문의 1등주의 정신이 서로 통했던 결과였을까요. 우연치고는 대단한 우연입니다. 아니, 뜻을 세우고 열심히 노력하면 모든 것은 서로 통하게 되어 있다는 필연일지도 모를 일입니다.

세계는 **멀티 플레이어를 원합니다**

멀티 플레이어

특파원들과 인터뷰나 기자회견을 할 때에는
세계 각국의 이해관계가 걸려 있는 질문들이 쏟아지는데
어떤 때는 답변이 어려운 질문들도 있습니다.
늘 역사를 공부하고 세계 각국에서 일어나는 일들의
백그라운드를 공부해야 합니다. 하도 세상을 많이
돌아다니다 보니 지금은 인사말 정도는
15개국 언어로 할 수 있을 정도입니다.

– 반기문 총장 –

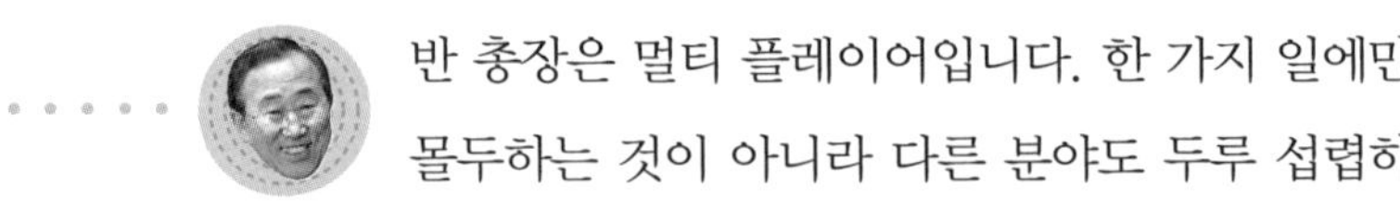

반 총장은 멀티 플레이어입니다. 한 가지 일에만 몰두하는 것이 아니라 다른 분야도 두루 섭렵하면서 자신의 전문 분야를 더욱 넓혀 나갑니다. 자신의 전문 분야 이외에는 별다른 지식과 상식이 없어 친구들과의 대화에 끼이지 못하는 사람들과는 다르죠.

이는 외교관으로서 쌓은 폭넓은 경험이 바탕이 되었겠지만 기본적

244

으로 꾸준히 자신의 영역을 넓혀 나가고 새로운 분야를 개척하려는 의지와 노력이 없으면 불가능했을 것입니다.

외교관으로서 영어는 기본이고 반 총장은 요즘 프랑스어 공부에 몰두하고 있습니다. 지금도 국제회의에서 의사소통에 큰 불편을 느끼지 않을 정도로 능숙하게 프랑스어를 구사하지만, 좀 더 세련된 프랑스어로 이야기하기 위해 틈나는 대로 공부를 합니다.

쉬지 않고
어학 공부하는 반 총장

유엔이라는 국제무대에서 영어만으로는 인정받을 수 없으며, 다른

외국어, 특히 외교언어라고 하는 프랑스어를 마스터해야 한다는 생각에서입니다.

반 총장은 2006년 선거 기간 중 자주 연설을 했는데 영어와 프랑스어를 섞어서 구사하는 경우가 많았습니다. 하나만 잘 해서는 안 되고 대화와 협상이 중요한 국제무대에서 또 다른 자신만의 무기가 필요하다고 생각했었기 때문이죠.

이는 반 총장의 업무 스타일에서도 여실히 나타납니다. 2007년 3월 유엔본부 4층에 있는 오스트리아 기자가 저를 찾아왔습니다. 제가 오스트리아 기자에게 먼저 물었습니다.

"취임한 지 4개월이 지났는데 반 총장 어떻게 평가하세요?"

오스트리아 기자는 잠시 생각에 잠기더니 "좀 더 지켜봐야겠지만 지금은 아주 좋아요. 저는 사실 당선 전까지만 하더라도 반 총장이 특

정 분야에 대해서만 아는 문외한인 줄 알았는데 지금은 생각이 달라졌어요. 그는 멀티 플레이어입니다."라고 대답했습니다.

저는 무슨 영문인지 궁금했습니다. 왜 오스트리아 기자의 생각이 변한 것일까요. 사정은 이러했습니다. 오스트리아 기자는 환경에 관심이 많은 사람이었습니다. 지구 온난화 등 기후 변화로 지구가 몸살을 겪고 있는 데 대해 걱정을 많이 하고 있었으며, 반드시 국제 사회가 공동으로 적절한 조치를 취해야 한다고 생각하고 있었습니다.

반 총장이 당선되기 전 그는 반 총장에게 질문할 기회가 있었다고 합니다. 오스트리아 기자는 지구 온난화에 대해 질문을 던졌고, 반 총장은 나름대로의 답변을 했습니다. 하지만 오스트리아 기자는 환경 전문가였던 만큼 반 총장의 답변이 뭔가 부족하고, 그다지 만족할 만한 수준의 명쾌한 답은 아니었다고 말했습니다. 그래서 솔직히 그 당시에는 반 총장을 좀 더 지켜보아야겠다는 생각을 하게 되었다고 합니다.

그리고 수개월이 지난 지금, 그는 반 총장이 지구 온난화와 기후 변화에 대해 높은 관심을 기울이는 것은 물론 폭넓은 식견을 가지고 있는 것에 대해 놀랐다고 합니다. 옛날 반 총장과 지금의 반 총장은 180도 다르다는 것이 그의 설명이었죠. 오스트리아 기자가 말했습니다.

"반 총장은 할 일이 산더미처럼 쌓여 있을 텐데 이렇게 짧은 시간에 남들은 별반 관심도 기울이지 않는 환경 문제에 높은 식견을 가지고 있다는 데 대해 사실 놀랐습니다. 반 총장이 오직 유엔 개혁에만 몰두하고 있는 줄 알았는데, 환경과 기후 분야에도 그는 전문가 수준의 지식을 가지고 있었어요. 그는 진정한 멀티 플레이어입니다."

사실 반 총장은 자신에게 주어진 일을 처리함에 있어 빈틈이 없을 정도로 철두철미합니다. 자신이 그 분야의 전문가가 될 정도로 매달리죠. 유엔을 출입하는 한국 특파원들과의 만남에서도 반 총장은 이 같은 점을 강조하곤 했습니다.

"해야 될 것이 너무 많아요. 그리고 국제 사회에서 얼마나 많은 일들이 벌어지고 있는지 실감하고 있어요. 아프리카에서 어떤 일이 벌어지고 있는지, 멀리 떨어진 중동에서 어떤 분쟁이 일어나고 있는지, 중동 분쟁의 원인은 무엇이고 어떠한 해결책을 제시해야 될지, 지금부터 공부를 해야 될 것 같습니다."

반 총장이 당선 초기 한국 특파원들과의 만남에서 한 말입니다. 이후 반 총장은 아프리카와 중동, 이라크 등 국제 분쟁이 일어나고 있는 지역에 대해 공부했습니다. 〈뉴욕타임스〉 〈파이낸셜 타임스〉 등 외국 신문을 보는 것은 물론이고, 전문 서적을 읽기도 하고, 전문가들의 의견을 경청하기도 했지요.

반 총장은 자신이 맡고 있는 분야에서는 결코 남에게 뒤져서는 안된다는 자신만의 철학과 노력으로 취임 몇 개월 만에 지구 구석구석에서 일어나고 있는 일을 부처님 손바닥 보듯 훤히 꿰고 있었습니다.

직원들이 올린 보고서의 내용 중 잘못된 부분을 지적하기도 하고, 숫자 표기가 잘못 되었을 때에는 이를 찾아내는 예리함을 보여 주었

반 총장이 중동 국가를 방문했을 때 한 여학생으로부터 질문을 받았습니다. 반 총장은 하나에만 매몰되지 말고 폭넓게 배우는 멀티 플레이어가 되라고 말합니다.

습니다. 유엔 사무국 직원들은 반 총장이 유엔의 '멀티 플레이어'로 빠르게 변신하고 있는 것에 대해 놀랍다는 반응을 보이고 있습니다.

물론 유엔이 처리해야 할 국제 문제가 한두 가지가 아니고 반 총장이 모든 분야를 총괄하는 유엔의 수장으로서 국제 문제 전반을 알아야 하는 것은 당연한 일이지만, 반 총장은 자신이 맡고 있는 분야에서는 최고가 되고자 합니다. 반 총장의 이러한 정신이 그를 멀티 플레이어로 만든 것이죠.

반 총장이 집무하는 유엔본부에서 걸어서 5분 거리에 주유엔 한국 대표부가 있습니다. 반 총장이 유엔사무총장에 당선되기까지 온갖 궂은일을 도맡아 한 곳으로, 대한민국을 대표해 유엔의 주요 회의와 의

사결정에 참여합니다.

이 건물 10층에 박은하 여성 참사관이 있습니다. 남편은 반 총장을 그림자처럼 따라다니며 반 총장을 보좌하고 있는 김원수 특별 보좌관입니다. 이들 부부는 '외교관 커플 1호'로 이미 국내에서 유명세를 탔습니다. 남편인 김원수 특별보좌관이 외무고시 12회, 박 참사관이 19회 출신이지요.

반 총장을 따르는 사람들

박 참사관은 2007년 3월 유엔본부에서 열린 제51차 유엔 여성지위위원회에서 2009년 3월까지 제52차, 제53차 회기의 부위원장으로 선출된 인물입니다. 한국 외교관이 여성지위위원장에 선출된 것은 박 참사관이 두 번째로, 그만큼 값진 자리라고 할 수 있습니다.

박 참사관도 반 총장처럼 멀티 플레이어입니다. 영어는 기본이고 중국어에도 능통합니다. 지난 2003년 8월 베이징 주재 한국대사관으로 발령이 났을 때, 중국어 공부에 매달렸습니다. 자신에게 주어진 좋은 환경을 이용해 무엇이든지 하나 제대로 이루고 가야 한다는 생각에 중국어를 마스터하기로 결심했다고 합니다.

"매일 아침 1시간씩 중국어 강좌를 들었어요. 아무리 오랫동안 중국에 산다고 하더라도 공부를 하지 않으면 몇 년이 지나도 중국어 한 마디도 못하거든요. 얼마나 창피한 일이에요. 처음에는 아무것도 몰

랐지만 이를 악물고 그렇게 3년을 공부하니까 중국어가 능통하게 되
더라고요."

박 참사관의 설명입니다.

　박 참사관은 한국을 대표하는 주유엔 한국대표부의 외교관이자 유
엔 여성지위위원회의 부위원장으로 일하는 멀티 플레이어입니다. 또
한 영어와 중국어를 모두 구사하는 언어의 멀티 플레이어입니다. 꾸
준히 자신의 능력과 실력을 쌓고, 기회가 왔을 때 그 기회를 잘 활용
했기 때문에 가능한 것이었습니다.

　부단한 노력을 기울이지 않으면 멀티 플레이어는 고사하고 자기 분
야에서도 두각을 나타내지 못하고 도태하는 법입니다.

　박 참사관은 반 총장과 남편 얘기도 했습니다.

　"반 총장님은 일을 사랑한다는 표현이 맞을 거예요. 너무나 정열적
으로 일을 하셔서 옆에서 지켜보고 있으면 저도 더 열심히 해야겠다
는 생각이 들 때가 많아요. 자극제가 되는 셈이죠. 반 총장님과 남편
은 주말에도 전략 회의를 열거나, 사람들을 만나 인터뷰를 하거나 너
무 바빠요. 제대로 쉴 때가 거의 없는 것 같아요. 가끔은 남편과도 오
붓한 시간을 가지고 싶지만 쉽지 않아요. 그래도 괜찮아요. 두 분 다
유엔과 대한민국을 위해서 열심히 일하는 것이 아니겠어요."

　박 참사관이 웃으며 말했습니다.

　여기서 잠깐 여러분의 학교생활을 되돌아봅시다. 여러분은 과연 멀

티 플레이어인가요. 지금 하고 있는 일 이외에 자신의 능력을 계발하고 발전시키기 위해 무엇을 하고 있습니까.

점점 경쟁이 치열해지는 현대 조직사회에서는 멀티 플레이어의 중요성이 더욱 부각됩니다. 사람들은 보통 새로운 도전을 하지 않으려고 합니다. 지금까지 자신이 해왔던 일을 무의미하게 반복하는 것을 좋아하지요. 별도의 노력이나 수고가 필요 없기 때문입니다.

하지만 반 총장은 하나의 임무가 완수되면 거기에 그치지 말고, 새로운 임무를 설정하고 또 다시 도전하라고 얘기합니다. 앞으로 조직사회를 이끌어 갈 사람은 멀티 플레이어형 인간이기 때문입니다.

직업은 **일찍 결정하세요**

직업

사람은 천성과 직업이 맞을 때 행복합니다.

– 베이컨 –

반 총장과 버핏 회장은 많은 공통점을 가지고 있습니다. 성공과 부(富)를 달성한 다른 위인들과 마찬가지로 비슷한 특징을 가지고 있지요. 부지런하고, 열심히 노력하고, 남을 먼저 배려하는 등 손으로 헤아리기 힘들 정도입니다. 그중에서도 가장 눈에 띄는 것은 이른 나이에 자신들의 직업과 꿈을 결정하고, 목표를 향해 실천했다는 점입니다.

반 총장과 버핏 회장은 우연의 일치인지는 모르지만 모두 19살의 나이에 미래의 직업과 꿈을 결정했습니다. 일찍부터 자신이 이루고자 하는 목표를 설정하고, 그 목표를 향해 삶을 살았다는 공통점을 가지고 있습니다.

목표를 정하고 살아가는 삶과 아무런 목표 없이 생활하는 삶에는 하늘과 땅만큼의 큰 차이가 있습니다.

자신이 갖고자 하는 직업과 꿈을 미리 정해 놓고 인생 설계를 하면 큰 어려움이 있거나 도전이 있어도 쉽게 포기하지 않습니다. 오뚝이가 넘어졌다 다시 일어서는 것처럼 목표와 꿈이 있기 때문에 다시 일어서는 힘과 용기를 얻게 됩니다.

하지만 목표 없는 삶을 살다보면 나침반 없이 표류하는 배처럼 이리저리 흔들리게 됩니다. 그리고 앞에 큰 난관이 있거나 장벽이 있을 때에는 쉽게 포기하는 경향이 있습니다. 반 총장과 버핏 회장은 여러분에게 빨리 여러분의 직업과 꿈을 결정하고, 정해진 목표를 향해 매진해야 한다고 가르칩니다.

반 총장 19살 때의 꿈

반기문은 고등학교 3학년인 19살 때 외교관이 되기로 마음을 굳혔습니다. 어린 시절부터 세계 무대에서 활동하고 싶다는 막연한 꿈을 안고 영어공부에 몰두했는데, 19살 때에는 막연한 꿈이 구체적으로 결정되었습니다.

반기문은 19살 때 백악관에서 당시 미국 대통령이었던 존 F. 케네디 대통령을 만납니다. 한국을 대표하는 학생으로 뽑혀 백악관을 방문했을 때의 일이죠. 상냥한 미소를 지으며 케네디 대통령이 "장래의 희망이 무엇이냐?"라고 물었을 때, 반기문은 "저는 외교관이 될 겁니다."라고 씩씩하게 대답합니다.

반기문은 고등학생 때 외교관을 자신의 직업으로 결정한 겁니다.

그리고 19살 때 꿈꾸었던 직업을 갖기 위해 이후 계획된 삶을 살게 됩니다. 장해물이나 난관을 만나더라도 중간에서 어떻게 해야 할지 허둥거리거나 포기하지 않고 오로지 외교관이 되고 말겠다는 꿈을 향해 달려 나갑니다.

반기문의 부모님은 아들이 공부를 잘 하니까 내심 의과대학에 가서 의사가 되기를 바라는 눈치였습니다. 하지만 반기문은 국제무대에서 활동할 수 있는 외교관이 되기로 이미 마음을 굳혔기 때문에 오히려 부모님을 설득해 외교관의 꿈에는 변함이 없다는 점을 강조했습니다.

여기서 중요한 점은 반기문의 부모님이 반기문의 생각과 의사를 존중해 주었다는 것입니다. 반기문의 꿈이 외교관이라는 것을 확인한 부모님은 아들에게 진로를 바꾸라든가, 꿈을 바꾸라든가 하면서 부모의 생각을 아들에게 강요하지 않았습니다. 아들의 의사를 존중해 아들이 꿈을 이룰 수 있도록 물심양면으로 지원해 주었습니다.

부모가 응원하는
청소년 자녀의 꿈

오늘날 우리 주위에는 자녀들의 적성과 꿈은 무시하고 부모의 생각대로 아이들

의 진로와 직업을 결정해 버리는 부모들이 많습니다. 자녀가 부모가 원하는 대학교나 학과에 입학할 성적이 안 되면, 재수를 시키거나 심지어 삼수를 강요하기도 합니다. 이는 자녀들의 꿈을 키우거나 북돋아 주는 것이 아니라 오히려 꿈을 빼앗아 가는 행동입니다.

반기문의 부모들은 철저하게 반기문의 꿈과 적성을 존중해 반기문

에게 힘을 실어 주었습니다. 반기문은 황소의 뿔처럼 단단한 꿈과 바다처럼 넓은 부모님의 지원과 응원을 등에 업고 서울대학교 외교학과에 당당히 입학합니다. 외교관이 되기 위해서는 외교학과에 입학하는 것이 정통 코스입니다.

외교학과에 입학한 반기문은 외교관이 되기 위한 1차 관문을 넘었습니다. 그리고 그는 2차 관문인 외무고시를 준비합니다.

반기문에게는 외교관이라는 꿈이 있었기 때문에 외교학과를 지원하고, 외무고시에 도전하는 계획표가 이미 만들어져 있었던 것입니다. 반기문이 대학 생활을 하면서 직업 때문에 고민하거나, 장래 문제로 흔들리지 않고 오로지 공부에 매진할 수 있었던 것도 고등학교 때 이미 꿈이 있었기 때문입니다.

결국 반기문은 서울대학교 외교학과 졸업과 동시에 1970년 외무고시 3기에 차석으로 합격합니다. 반기문의 꿈은 그렇게 이루어졌습니다.

워렌 버핏이 19살 때 결정한 직업

반기문이 19살 때 외교관이 되기로 마음을 굳혔던 것처럼, 세계 최고의 부자인 워렌 버핏도 반기문과 마찬가지로 19살 때 주식 투자가가 되기로 결심합니다. 자신의 직업과 꿈을 상당히 일찍 결정한 것이죠.

버핏은 초등학교 4학년인 11살 때 주식 투자를 처음 시작했습니다. 주식 브로커였던 아버지의 영향을 받아 버핏은 일찍부터 주식투자의 세계를 경험하게 되었죠.

여기서 눈여겨보아야 할 대목은 버핏의 아버지가 어린 버핏의 적성과 능력을 재빨리 간파하고 버핏이 주식투자에 나서는 것을 적극적으로 도와주었다는 점입니다.

어린 버핏이 할아버지의 식료품 가게에서 코카콜라를 받아와 웃돈을 받고 동네 사람들에게 팔고, 신문 배달로 돈을 벌고, 핀볼 대여 사업으로 큰돈을 버는 등 비즈니스 감각이 탁월하다고 판단했기 때문입니다.

버핏의 아버지는 아들에게 '어린 녀석이 무슨 주식투자냐' '공부나 열심히 해라' '주식투자는 위험하다' 라고 말하지 않았습니다. 오히려 주식투자에 관심을 가진 어린 버핏을 북돋아 주고 지원해 주었습니다.

아이들이 주식투자를 하고 사업을 한다고 하면 얼마나 많은 한국 부모들이 아이들의 생각과 의견을 존중해 줄까요. 분명 버핏의 아버지는 보통의 한국 부모들과는 생각이 달랐습니다.

버핏의 아버지는 어린 버핏이 재능과 적성을 살려 금융 분야에서 일하기를 원했습니다. 버핏이 고등학교를 졸업할 즈음, 아버지는 금융 분야에서 세계적인 명성을 얻고 있는 미국 동부의 명문 펜실베니아 대학의 와튼(Warton) 스쿨을 권유했습니다. 버핏은 아버지의 뜻을 받아들여 와튼 스쿨에 입학하게 됩니다. 버핏의 적성과 아버지의 뜻이 맞아 떨어졌던 것이죠.

버핏이 막연하게 주식 투자가로서의 꿈을 간직하고 있었던 19살 때 그는 주식 투자가가 되기로 마음을 굳힙니다. 근대 증권투자의 아버지로 불리는 벤저민 그레이엄 교수의 『현명한 투자자(The Intelligent

Investor)』를 읽고 그는 주식투자의 세계에 매료됩니다. 한 권의 책이 버핏의 인생을 바꾸는 계기가 된 것이죠.

이후 그는 벤저민 그레이엄 교수가 교편을 잡고 있는 뉴욕의 컬럼비아 대학교에 입학해 주식 투자의 이론을 배우고, 전문적인 주식 투자가로 변모하게 됩니다.

25살 때 백만장자가 된 워렌 버핏

일찍이 자신의 꿈과 직업을 결정하고 주식 투자가의 길로 들어선 버핏은 25살 되던 때에 백만장자의 대열에 합류합니다. 친구들이 대학교에 가서 공부를 하거나, 대기업 신입사원으로 사회생활을 시작할 때에 버핏은 남부럽지 않은 부(富)를 가지게 됩니다. 그리고 33살의 젊은 나이에 버크셔 해서웨이를 사들여 최고 경영자(CEO)가 됩니다.

이처럼 버핏이 젊은 나이에 주식 투자가로서의 명성을 날리며 세계적인 부자가 될 수 있었던 것은 19살 때 일찍이 자신의 직업과 꿈을 결정하고 한 가지 목표를 향해 노력했기 때문입니다. 이는 반기문이 19살 때 외교관이 되기로 결심하고, 쉼 없이 노력한 것과 똑같은 과정입니다.

반 총장과 버핏 회장은 여러분에게 자신의 적성과 재능을 빨리 발견하고 장래의 직업과 꿈을 일찍 결정하라고 주문합니다. 목표와 지향점이 있는 삶은 중간에 어려움이 닥치거나 장해물을 만나도 이에 굴하지 않고 꿋꿋하게 앞으로 나아갈 수 있습니다. 중간에 시간을 허비하거나 머뭇거리지 않기 때문에 빨리 목적지에 도달할 수 있습니다.

반대로 목표와 지향점이 없는 삶은 나침반 없이 망망대해를 떠다니는 배처럼 이리저리 흔들립니다. 이처럼 우리가 목표 없는 삶을 산다면 우리의 꿈은 이루기 힘든 사상누각이나 신기루가 되고 맙니다.

성적에 맞춰 꿈을 바꾸지 마세요

잠깐 책 읽기를 멈추고 여러분의 현실을 한번 생각해 보세요. 많은 한국 학생들이 고등학교 3학년까지는 꿈과 희망을 이야기하지 않습니다. 대학 수능시험에 합격하기까지는 자신의 장래 직업과 꿈을 이야기하는 것은 사치에 불과합니다. 대학교에 입학할 때까지는 직업과 꿈을 묻어두고 오로지 공부에만 몰두합니다.

어릴 때부터 소중하게 간직했던 꿈이나 직업은 점점 크기가 작아지거나 변질됩니다. 자신의 적성과 재능을 살리는 방향으로 학과를 선택하는 것이 아니라 수능 성적에 맞춰 대학교와 학과를 선택합니다.

어릴 때 꿈꾸었던 직업은 수능 성적에 따라 변합니다. 간호사가 꿈이었는데 호텔경영학과를 지원하거나, 학생들을 가르치는 선생님이 장래의 직업이었는데 전혀 상관이 없는 관광학과를 지원합니다.

어떤 학생들은 학과공부에 적응하지 못해 재수를 하거나 다른 학과의 편입시험을 치르기도 합니다. 반 총장이나 버핏 회장처럼 자신만의 꿈을 간직하지 않았기 때문에, 아니면 간직하고 있었더라도 실천에 옮기지 못했기 때문에 나타나는 현상입니다.

반 총장과 버핏 회장은 여러분에게 빨리 장래의 직업과 꿈을 결정하고, 그 꿈을 향해 노력하라고 강조합니다. 목표 없이 이리저리 흔들리는 삶은 그만큼 시간과 인생을 허비하게 되고, 자신의 일에 만족하지 못한 채 평생을 불행하게 살 수도 있기 때문입니다.

잠들어 있는 도전 DNA를 깨우세요

도전

꿈꿀 수만 있다면, 무엇이든 이룰 수 있습니다.
나는 불가능이라는 것을 몰랐습니다.
나는 뛰어가서 기회를 잡았던 것입니다.

– 월트 디즈니 –

2007년 4월 초 봄볕이 내리쬐는 오후였습니다. 유엔본부 로비를 걸어가고 있는데 한국 아이로 보이는 꼬마 소녀가 로비에 전시되어 있는 사진을 뚫어지게 쳐다보고 있는 것이었습니다. 궁금해진 제가 다가가 물었습니다.

"이름이 뭐니?"

"이소희예요."

"몇 살이니?"

"12살이에요. 초등학교 5학년이에요."

꼬마 아가씨가 대답했습니다. 소희가 호기심 가득한 눈으로 보고 있었던 것은 아프리카 난민들의 생활상을 찍은 사진으로, 제대로 먹지 못해 뼈가 앙상하게 남은 흑인들과 병원에서 치료를 받고 있는 아이들의 모습이었습니다. 사진으로 보는 것만으로도 얼굴이 찡그려질 정도로 참혹하고 불쌍한 광경이었습니다.

"유엔은 어떻게 왔니?" 제가 다시 물어보았죠.

"부모님이랑 여동생 소민이랑 같이 왔어요."

소희는 미국 미시건 주에 살고 있었습니다. 아빠 회사 일로 1년간 미시건 주에 살게 되었는데 방학을 이용해 뉴욕을 방문했다고 합니다. 어제는 자유의 여신상과 엠파이어스테이트 빌딩을 보았다고 했습니다.

"유엔에는 왜 왔니? 맨해튼에는 더 재미있는 곳이 많은데."

"반기문 할아버지가 있잖아요. 유엔에서 제일 높다고 하던데요. 한국에서 그렇게 훌륭한 사람이 나왔다는 게 너무나 자랑스러워요. 오늘 유엔에 오기를 참 잘한 것 같아요."

소희는 연신 싱글벙글 웃었습니다.

"아빠가 반기문 할아버지처럼 꿈을 가지고 항상 도전해야 한다고 말씀하셨어요. 여기 오기 전에는 그게 무슨 말인지 잘 몰랐는데, 반기문 할아버지가 살고 있는 유엔본부를 보니까 이해할 수 있을 것 같아요. 할아버지가 너무 훌륭해 보여요."

소희가 폴짝폴짝 뛰면서 앙증맞게 대답했습니다. 엄마가 유엔본부 견학할 시간이라고 손짓을 하자, 소희는 저에게 손을 흔들며 엄마에게로 달려갔습니다.

사실 반 총장은 기회 있을 때마다 도전을 강조합니다. 지난 1970년 외무고시 3회에 합격해 외교관의 꿈을 이룬 것도 꿈을 향한 도전의 결과였고, 한국인으로는 처음으로 유엔 수장에 오른 것도 도전의 열매였지요.

반 총장이 유엔이라는 거함(巨艦)의 선장이 되어 격랑과 파도가 몰아치는 망망대해를 향해 나아가는 데에는 큰 걸림돌도 많고, 장해물도 많았습니다. 하지만 그는 특유의 도전 정신으로 역경을 헤치고 앞으로 전진해가고 있습니다. 전임 사무총장들이 아무리 애를 써도 성공하지 못했던 과제를 떠안아 유엔 개혁을 진두지휘하고 있고, 중동 평화와 아프리카 내전종식을 위해 팔을 걷어붙이고 있지요. 유엔을 출입하는 300명 이상의 세계 각국 기자들은 유엔을 개혁하려는 반 총장의 도전 정신이 어떠한 결과를 낳을지 예의주시하고 있답니다.

반 총장은 60년 이상의 역사를 가지고 있는 유엔의 조직 개편과 인적쇄신을 반드시 해결하고야 말겠다는 굳은 의지로 가득 차 있습니다.

반 총장이 2006년 2월 14일 유엔사무총장 출마를 선언했을 당시, 반 총장의 당선을 기대하는 사람은 많지 않았습니다. 유엔 출입 기자들도 다른 후보들과 비교해 반 총장을 낮게 평가했으며, 여러 후보 중의 한 명에 불과하다며 대수롭지 않다는 생각을 했었지요.

반 총장에 앞서 이미 수라키앗 사티라타이 태국 부총리와 스리랑카의 자얀티 다나팔라 전 유엔사무차장 등이 출마를 선언했었고, 국제적인 지명도를 가지고 있었던 싱가포르의 고촉동 전(前) 총리를 비롯해 요르단의 제이드 후세인 왕자, 유엔 홍보국을 이끌고 있었던 인도의 샤시 타루르 등이 예상 후보로 거론되고 있었기 때문이지요. 하나같이 강력한 경쟁 상대였던 셈입니다.

하지만 반 총장은 '가능성이 있다'며 긍정적으로 생각했고, 결코 주춤하거나 주저하지 않았습니다. 실패할 것으로 생각하고 출발하면 결국 실패로 끝날 것이고, 성공할 것으로 생각하면 불리한 상황도 유리하게 변할 것으로 확신했습니다. 싱겁게 뒤로 물러설 생각이었다면 아예 출마조차 하지 않았을 것입니다.

반 총장의 뒤에는 열렬히 성원하는 대한민국 국민과 정부가 있었고, 그가 36년의 외교관 생활을 통해 얻은 경험과 경륜이 있었기에, 적극적으로 나선다면 승산이 있는 싸움이라고 확신했습니다.

평온한 바다는 결코 유능한 뱃사람을 만들 수 없습니다

하지만 상황은 반 총장에게 결코 유리하게 돌아가지 않았죠. 당선되기 위해서는 실질적으로 유엔을 움직이는 유엔 안전보장이사회의 5개 상임이사국, 즉 미국, 영국, 중국, 러시아, 프랑스 등으로부터 모두 찬성표를 얻어야 했습니다. 어느 나라 하나라도 기권을 하거나 반대표를 던질 경우에는 당선은 물 건너가게 됩니다.

당시 유엔 회원국들은 이번에는 아시아에서 사무총장이 나와야 한다는 데에 암묵적인 합의를 한 상태였지만 미국과 영국의 입장이 모호했지요. 흰 수염이 인상적이었던 당시 존 볼턴 유엔주재 미국대사

반 총장은 젊은이들에게 도전하지 않는 삶은 죽은 삶과 같다고 말합니다. 반 총장이 미국 하버드 대학교에서 연설을 하고 있네요.

는 "지역이 돌아가며 사무총장을 뽑아야 한다는 기존 관행을 인정할 수 없으며, 지역에 관계없이 가장 유능한 인물이 선출되어야 한다"며 아시아 이외의 인물을 선호하는 듯한 발언을 하기도 했습니다.

이와 함께 한국이 분단국가이고, 북한과 대치 상태에 있다는 것도 반 총장의 앞길에 장해 요인이었죠. 역대 사무총장 중 분쟁국가 출신이 당선된 적은 없었으며, 반 총장의 경우 한반도 문제 해결에 있어 중립적인 입장을 취하기가 힘들 것이라는 주장도 간간이 흘러 나왔습니다. 당시 한국 정부가 국제 사회에 대한 재정 지원에 인색했다는 점도 장해물이었습니다.

한국은 세계 11위를 자랑하는 경제대국으로 올라섰지만 1억 3,000

만 달러의 유엔 분담금을 납부하지 않은 상태였습니다. 또 국제 사회는 국가별로 가난한 국가 지원을 위한 공공개발원조(ODA) 기금을 국내총수입(GNI)의 0.7%까지 확대할 것을 권고하고 있었지만, 한국은 당시 그 비율이 0.06%에 불과했습니다.

유엔사무총장을 후보로 낸 국가가 유엔 분담금을 제대로 내지 않고 있고, 국가 경제규모에 비해 훨씬 낮은 개발 원조금을 낸다는 것이 회원국들에게 좋게 보일 리 없었습니다. 반 총장은 이러한 악조건에서도 도전의 깃발을 내리지 않았으며, 오히려 더욱 높이 치켜 올렸습니다.

2월에 공식 출마 선언을 하고 10월에 사실상 사무총장으로 내정될 때까지 8개월 동안 4차례의 예비 투표가 있었습니다. 예비 투표는 유엔 회원국들이 반 총장의 업무능력과 사람 됨됨이를 모의투표로 알아보는 것으로, 반 총장으로서는 회원국들로부터 '성적표'를 받아 보는 셈입니다. 유엔에서 예비 투표는 '스트로 폴(straw poll)'이라고 부릅니다. 스트로(straw)는 우리말로 '지푸라기'를 뜻하며, 폴(poll)은 '여론조사'를 의미하지요.

그럼 어떻게 지푸라기로 여론 동향을 알 수 있을까? 골프 경기를 보면 쉽게 이해할 수 있답니다. 골프 TV중계를 자세히 보면 골프 황제인 타이거우즈나 한국이 낳은 세계적인 여자 골프스타인 미셸 위, 박세리 선수가 종종 잔디를 뜯어 바람에 날리는 것을 볼 수 있습니다. 바람이 어느 방향에서 어디로 불고, 얼마 정도의 속도로 불어오는지를 파악하는 것으로, 이를 감안해 자신의 샷을 하게 되지요. 골프선수가 잔디를 날려 바람의 방향을 알아내는 것처럼 스트로 폴을 통해 여론의 동향을 알 수 있는 것입니다.

그럼 과연 반 총장의 예비 투표 결과는 어떻게 나타났을까요? 남들은 힘들다고 했지만 과감하게 도전한 결과는 어떻게 되었을까요? 기대 이상이었습니다. 1차부터 4차까지 모두 선두를 달린 것으로 나타났습니다. 투표를 하면 할수록 반 총장에게 좋은 성적표가 주어졌지요.

초등학교부터 대학교 때까지 항상 '수'를 받는 우등생이었던 반 총장이 사무총장 선거에서도 당당히 '수'를 받았던 것입니다. 대세가 반 총장에게 기울어지고 있다는 것을 감지한 일부 후보들은 중도에서 스스로 물러났습니다. 승산이 없다는 것을 일찌감치 깨달았기 때문이죠.

마지막 4차 투표가 있었던 2006년 10월 3일. 사실상 반 총장이 유엔사무총장에 당선된 그날의 감동과 기쁨을 저는 잊지 못합니다. 투표 결과를 기다리며 한국 특파원들은 유엔 안전보장이사회 회의실 앞에 있는 언론 브리핑 구역에 진을 치고 있었습니다. 200명 이상의 외신 기자들도 숨을 죽이고 결과를 기다리고 있었죠.

드디어 각국 유엔 대표들이 하나 둘씩 회의장을 빠져 나오며 반 총장의 '승리'를 알리기 시작했고, 한국 특파원들은 휴대폰을 꺼내 들고 한국 본사로 서둘러 기쁜 소식을 전했습니다. 외신들도 긴급뉴스로 대한민국의 반기문 총장이 제8대 유엔사무총장에 당선되었다는 소식을 보도했죠.

평소 가깝게 지내던 일본 특파원이 저의 어깨를 툭툭 치며 '축하한다' 고 인사했고, 제 옆을 지나가던 중국 특파원은 엄지손가락을 치켜들며 '대단하다' 는 뜻을 전하기도 했지요.

제가 마치 사무총장이 된 것처럼 가슴 뿌듯했고, 반 총장이 사무총장으로 결정되는 역사적인 순간을 직접 지켜보았다는 기쁨도 함께 밀려왔습니다. 그날은 한국 특파원들이 반 총장 관련 기사를 쓰느라고 무척 바쁜 날이었지만, 가장 보람된 하루가 아니었나 생각합니다.

자신부터 변화하세요

자기개혁

반 총장의 집무실은 유엔본부 38층에 있습니다. 사무총장, 부총장 등 고위 임원들의 방이 몰려 있는 곳이죠. 38층 안내 직원들은 반 총장이 엘리베이터에서 내려 총장실로 걸어가면서 만나는 비서들에게 일일이 인사를 한다며 항상 그의 웃는 얼굴이 좋다고 말합니다.

유엔본부 남쪽의 월스트리트에 있는 투자은행 최고 경영자(CEO)들의 사무실처럼 화려하고 고급스럽지는 않지만, 뉴욕에서 가장 전망 좋은 방 중의 하나로 꼽힙니다. 동쪽으로 이스트 강이 흐르는 것을 볼 수 있고, 서쪽으로는 맨해튼의 고급빌딩 마천루를 감상할 수 있지요.

유엔본부 38층에 있는 반 총장의 집무실입니다. 반 총장은 자신부터 개혁해야 미래에 발전이 있다고 말합니다.

반 총장은 2007년 초 당선 직후 38층 직원들을 모아 놓고 "38층부터 개혁에 들어갈 것"이라고 조용하지만 묵직한 지침을 내렸습니다. 38층 직원들은 바짝 긴장했지만 이날 반 총장의 지침은 자기 자신에게 한 약속이었죠. 거대한 유엔 조직을 효율적으로 이끌어 가고, 자신의 선거 공약이었던 유엔 개혁을 성공적으로 수행하기 위해서는 '자신으로부터의 변화와 개혁'이 필수적이라고 생각했기 때문입니다.

반 총장이 당선되기 전인 2006년까지만 하더라도 유엔은 '도덕성 위기'에 놓여 있었고, 주위로부터 따가운 눈총을 받은 것이 사실입니다. 비리의 대표적인 케이스가 '유엔 석유식량프로그램(OFFO)'으로 도덕성이 무엇보다 중요한 유엔의 위상에 먹칠을 한 사건이었죠.

유엔 석유식량프로그램은 지난 1996년부터 2003년까지 이라크에 최소한의 인도적 물자 공급을 지원했던 프로그램으로, 유엔이 주도적으로 운영했습니다. 이라크는 1990년 쿠웨이트 침공 이후 세계 각국들로부터 경제 제재를 당하고 있었는데, 유엔이 인도적인 차원에서 이라크 정부가 필요로 하는 식량과 의약품을 구입할 수 있도록 제한적인 석유 판매를 허용했던 것을 말합니다.

7년간 진행된 이 사업의 규모는 600억 달러에 달했으며, 외부로부터의 경제 제재 때문에 원유 수출이 중단됐지만 사담 후세인 전 이라크 대통령은 유엔의 감독과 지시 아래 석유를 팔아 해외에서 사들인 식량을 국민들에게 제공할 수 있었지요. 유엔은 이라크 석유를 팔아 해외에 판매할 수 있는 권리를 가진 대행업체를 선정하고 수출 단가를 결정하는 일을 맡았습니다.

이처럼 막대한 이권이 개입되다 보니 일부 유엔 관리들이 '돈의 유혹'에 흔들리고 말았습니다. 일부 유엔 관리들이 이라크 석유 수출을 주도했던 대행업체로부터 뇌물을 받고, 수출 단가를 조작하는 데 일조한 것이지요. 또 대행업체들은 남는 이문을 후세인 대통령에게 전달하는 등 '부패의 연결고리'가 고구마 줄기 얽히듯 엉키고 말았습니다.

세계 언론들은 "이라크의 석유식량프로그램 운영 과정에서 세계 각국의 정부 관계자와 석유업자, 유엔 관리 등이 연루된 것으로 나타났으며, 이는 전형적인 부패의 연결고리"라며 연일 매도했습니다.

이들 업체들은 '유엔 관리 1' '유엔 관리 2'라는 익명을 사용해 유엔 고위관리, 실무진들과 접촉한 것으로 나타났죠. 불똥은 당시 유엔

사무총장이었던 코피 아난 전(前) 총장에게까지 번졌습니다.

코피 아난 사무총장이 이른바 '오일 게이트'로 이름 붙여진 석유식량프로그램에 연루된 계약업체와 직접 접촉한 사실을 암시하는 메모가 발견된 것입니다. 미 의회에까지 제출된 이 계약업체의 메모에는 '우리는 SG(유엔사무총장: Secretary General) 및 그의 측근들과 간단한 협의를 가졌다'고 분명하게 명시돼 있었습니다. 또 이 회사에 근무했던 아난 총장의 아들 코조는 해당 기업에서 거액의 연봉을 받은 사실까지 속속 드러났습니다.

이 비리사건 이후 코피 아난 사무총장은 책임을 묻는 국제 여론의 집중포화를 맞아야 했고, 미국 정부는 줄기차게 아난 총장의 사퇴를 요구했습니다. 투명성과 도덕성을 지상 최고 가치로 여기고 있는 유엔의 위신이 땅에 곤두박질친 것은 물론입니다.

미 의회도 감탄한 반 총장의 솔선수범

반 총장이 당선 직후 첫 일성(一聲)으로 직원들에게 요구한 것이 '재산 공개'였습니다. 한국에서 이미 정부 고위관료와 국회의원들을 대상으로 시행되고 있었던 제도를 유엔에 바로 적용한 것이죠. 사무차장보 이상 200여 명의 직원 재산을 유엔 내부에 신고하는 것은 물론 일반에 공개하기로 결정한 것입니다.

반 총장은 처음 시도되는 작은 개혁으로 야기될 수 있는 직원들의 저항과 동요를 사전에 차단하기 위해 "나도 공개하겠다"며 못을 박았습니다. 반 총장이 총대를 멘 것이지요.

2007년 1월 26일 반 총장의 재산 내역이 유엔사무총장 웹사이트에 공개됐습니다. 반 총장이 부인 유순택 여사의 재산을 포함해 공개한 내역은 서울에 있는 아파트 등을 포함해 120~250만 달러 사이로 평가됐습니다. 반 총장은 자신의 임기 기간에는 이 제도를 유지할 것이라는 입장을 분명히 밝히기도 했지요.

동요했던 직원들도 더 이상 버틸 재간이 없었습니다. 장군이 창을 들고 적진으로 들어가는데, 뒤따르는 사람들이 도망을 치는 일은 양심의 문제였습니다.

직원들의 재산 내역은 사무국에 일괄적으로 모아졌고, 회계 컨설팅 회사인 프라이스워터하우스쿠퍼스의 검토를 거쳐 공개됐습니다. 반 총장은 2007년 1월 17일 미 의사당에서 하원 위원들을 만나 "유엔의 문화를 반드시 바꾸고야 말겠다는 약속을 지킬 것"이라고 밝혔는데, 이는 그 약속이행의 시작에 불과했습니다.

미 하원 외교위원장인 톰 랜토스 위원은 "유엔개혁을 다짐하고, 자신의 재산 내역을 공개하겠다는 약속을 한 것은 유엔 역사상 처음 있는 일"이라며 감탄했을 정도이지요.

"한국에서는 일반적인 상식이 돼 버린 일들이 유엔에서는 새롭게 받아들여지는 경우가 많습니다. 유엔의 개혁 강도가 낮다고 볼 수 있죠. 한국처럼 강도 높게 공직 사회 개혁을 추진하는 나라가 드뭅니다. 한국에서의 경험을 유엔에 적용한다면 충분히 성공할 것이라고 자신합니다. 무엇보다 내 자신이 떳떳하기 때문이죠. 리더가 불투명하고,

깨끗하지 않으면 개혁은 출발조차 힘듭니다."

반 총장은 자기로부터의 변화와 개혁이 뒤따라야만 다른 사람들을 지도할 수 있고, 조직을 리드할 수 있다고 말합니다. 자신은 변하지 않으면서 남들에게만 변화를 강요해서는 리더십을 발휘할 수 없습니다.

〈마이크로소프트(MS)〉의 빌 게이츠 회장은 자기 개혁을 다음과 같이 설명합니다.

"CHANGE(변화)의 'G'를 'C'로 바꾸어 보라. CHANCE(기회)가 되지 않는가? 변화 속에는 반드시 기회가 숨어 있다. 내가 성공할 수 있었던 것은 날마다 새롭게 변화했기 때문이다."

자기 변화는 이를 두려워하는 사람에게는 위협이지만, 꿈과 희망이 있는 사람에게는 힘을 북돋아 주는 원동력이 된다고 반 총장과 빌 게이츠 회장은 여러분에게 가르치고 있는 것입니다.

여러분의 가치는 **얼마입니까?**

자기가치

뛰어난 사람만 인생을 잘 살 수 있는 것은 아닙니다.
중요한 것은 동기입니다.
진정 무언가를 원한다면 온 마음을 다해야 합니다.
– 에베레스트를 최초로 등정한 에드먼드 힐러리 –

해외에 나가면 모두 애국자가 된다는 말이 있습니다. 이국땅에서 말이 통하지 않아 서러움을 당하기도 하고, 자신이 태어나고 자라난 고향산천이 그리워 항상 고국을 향하는 마음이 부지불식간에 생기게 마련이지요. 고국에 있을 때는 한국의 추한 면만 눈에 들어오는데 외국에 나가면 내가 자란 고국의 예쁜 면만 눈에 보이기 때문입니다.

뉴욕을 찾는 한국 사람들은 두 가지 사실을 확인하고 한국이 얼마나 위대한 나라이고, 내가 한국이라는 조그마한 나라에서 태어난 것이 얼마나 큰 행운인지를 실감하게 됩니다. 뉴욕에 이민 온 교포들은 요즘 어깨에 더욱 힘이 솟는다고 합니다.

소수민족으로 눈에 보이지 않게 차별을 당하기도 하고, 이국땅에 하루라도 빨리 정착해야 하는 어려운 생활을 꾸려 나가면서도 이들은 맨해튼 42번가(街)에만 나오면 어깨춤이 절로 납니다.

42번가 브로드웨이(Broadway)에서 동쪽으로 가면 반 총장이 있는 유엔본부가 웅장하게 서 있고, 위쪽으로 눈을 돌리면 커다란 삼성전자 광고판과 제품 전시장이 있습니다.

세계의 금융 중심지인 뉴욕, 그리고 뉴욕의 한복판 맨해튼을 방문하는 한국 관광객들은 이제 자유의 여신상뿐 아니라 반 총장이 세계 외교를 진두지휘하는 유엔본부를 더욱 보고 싶어 합니다. 한국을 대표하는 글로벌 기업 삼성과 대한민국의 자존심인 반 총장의 브랜드 효과는 과연 얼마나 될까요.

삼성전자와 같은 존재가 되어야 합니다

맨해튼 42번가에는 삼성전자 광고판이 높다랗게 걸려 있습니다. 한국 기업으로는 LG전자와 삼성전자, 단 두 개 기업이 42번가에 광고판을 걸고 있을 뿐입니다.

브로드웨이에서 일본 회사를 제외하고는 아시아 기업 광고판을 구경하기는 거의 힘들며, 월스트리트(Wall Street)를 지배하는 금융 기관과 세계적인 글로벌 기업만이 광고판을 내걸고 있을 정도입니다.

뉴욕의 심장부라고 하는 엠파이어스테이트 빌딩을 배경으로 하는 영화 '킹콩'을 보면 삼성전자 광고판이 나옵니다. 또 한 해를 보내는 마지막 날인 12월 31일, 전 세계로 중계되는 맨해튼의 새해 표정을 비추는 42번가 타임스퀘어(Time Square) 광장을 유심히 지켜보면 뉴요커들의 환호와 탄성 속에 자랑스럽게 보이는 삼성전자 로고와 광고판을 확인할 수 있습니다.

브로드웨이에서 한껏 고무된 기분으로 약 10분 정도 북쪽으로 올라가면 더욱 신나는 일이 벌어집니다. 한국의 여의도공원과 같이 시민들의 휴식 공간인 센트럴 파크(Central Park)가 보입니다. 여기서 왼쪽으로 눈을 돌리면 굴지의 언론 기업인 타임워너의 빌딩이 나오고 이 안에 삼성전자 전시장이 있습니다.

아시아 기업으로는 일본의 소니와 함께 단 두 개 회사만이 맨해튼에 전시장을 가지고 있을 정도로 삼성전자는 높은 가치를 인정받고 있습니다.

삼성전자가 세계 시장에 내다팔고 있는 휴대폰과 컴퓨터, 카메라, TV 등과 같은 첨단 제품들이 전시되어 있지요. 뉴욕 사람들뿐 아니라 뉴욕을 방문하는 해외 관광객들이 삼성 제품을 구경하고, 직접 체험하기 위해 들르는 관광명소가 된 지 오래입니다.

자기 건물이 아니기 때문에 매월 엄청난 금액의 월세를 내고 있지만 삼성 브랜드를 알리기 위해서는 맨해튼만큼 최적의 장소는 없다고 판단해 전략적으로 브랜드 가치 육성 장소로 키우고 있습니다.

삼성전자 전시장에 모여 호기심 어린 눈으로 이것저것 살펴보는 세계 사람들을 보고 건물 밖으로 나오면 더 한층 한국인으로서의 자존심과 긍지를 느끼게 됩니다. 볼 것 많고, 들을 것 많은 뉴욕을 둘러보

느라 피곤했던 발걸음이 다시 가벼워지는 것을 느낄 수 있습니다.

삼성전자는 브랜드 인지도를 높이기 위해 매년 '삼성 희망의 4계절'이라는 자선 행사를 이곳 전시장에서 개최합니다. 골프 황제 아놀드 파머와 전 NBA 농구선수 매직 존슨, 뉴욕 양키스 야구단의 조 토레 감독, 루디 줄리아니 전(前) 뉴욕시장이 모두 회원으로 참여합니다. 저도 뉴욕 특파원으로 일했던 지난 3년 동안 매년 초대를 받아 이들 회원들과 인터뷰를 하곤 했습니다.

맨해튼 거리를 지나가는 사람들에게 삼성을 아느냐고 물어 보세요. 십중팔구 '예스'라고 대답합니다. 삼성의 제품도 뛰어나지만 브랜드 가치를 높이기 위해 삼성이 들이는 수고와 노력이 뒷받침되고 있기 때문입니다.

그럼 삼성의 브랜드 가치는 얼마나 될까요. 영국의 브랜드 컨설팅 회사인 인터브랜드와 경제 주간지인 〈비즈니스위크〉가 2006년 조사한 '세계 100대 브랜드' 조사 결과에 따르면 삼성의 브랜드 가치는 161억 6,900만 달러로 2005년의 150억 달러보다 8% 상승한 것으로 나타났습니다. 순위는 세계 20위입니다.

삼성의 브랜드 가치는 일본의 도요타 자동차(7위)와 혼다(19위)에 이어 아시아 지역 3위를 기록했으며, 동종 전자제품 회사인 일본의 소니(26위), 파나소닉(77위)보다 크게 앞섰습니다. 삼성의 브랜드 가치를 통해, 삼성이 글로벌 기업을 지향하고 있다는 것을 실감할 수 있습니다.

기업뿐 아니라 여러분 개인도 마찬가지입니다. 자신의 능력을 배가시키고, 아이디어를 개발해 자신만의 브랜드 가치를 높여 나가야 합니다. 삼성전자가 세계무대에서 기업 가치를 높여 나가는 것처럼 여러분 자신도 사회생활에서 인정받을 수 있도록 여러분의 가치를 끊임없이 개발하고 높여 나가야 합니다.

옛날 일본에서 있었던 일입니다.

지난 1600년 9월. 도쿠가와 이에야스(德川家康)가 정권을 잡기 전 세키가하라 전투에서 적군과 격돌했을 때의 일입니다. 천하 거상(巨商)인 요도야 죠얀은 도쿠가와 가문이 이길 것을 직감하고 비용을 묻지 않고 이에야스에게 군사들이 사용할 천막을 지어 주었습니다. 요도야의 예상대로 전쟁은 도쿠가와 측의 승리로 끝이 났고, 이에야스는 요도야에게 보답을 하고 싶으니 원하는 것이 있으면 말해 보라고 했습니다.

몇 번이나 사양하기를 거듭한 끝에 요도야는 "들판에 널려 있는 시체들을 치우게 해주십시오"라고 청을 넣었습니다. 시체 처리에 골머리를 앓고 있던 이에야스는 요도야의 청원이 황당하기도 했지만 막대한 돈을 들여 시체 처리에 나설 필요가 없어 당장 허락했지요.

다음 날부터 요도야는 시체 처리에 착수했으며, 시체 옆에 군사들이 사용했던 투구와 갑옷, 창, 칼 등을 따로 모았습니다. 손익계산을 따져 보니 시체처리 비용을 다 뽑고도 몇 배의 이익을 챙겼습니다.

반 총장이 유엔본부 안전보장이사회 회의실에서 관계자들과 함께 한자리에 모였습니다. 그림 한 가운데 있는 불사조는 꿈과 희망을 상징합니다.

"역시 천하의 장사꾼이야"

이에야스가 무릎을 치며 감탄사를 연발했습니다.

언뜻 보기에 자신의 브랜드 가치를 높이는 것이 당장 비용이 많이 들어가고 수고를 아끼지 않아야 하기 때문에 손해를 보는 것처럼 보이지만 장기적으로 보면 자신의 가치를 높이는 지름길이 된다는 것을 알 수 있습니다. 삼성전자나 코카콜라 등 글로벌 기업들이 천문학적인 비용을 들여가며 브랜드 인지도를 0.01%라도 끌어올리기 위해 안간힘을 쓰고 있는 것은 이 때문입니다.

이제 반 총장의 브랜드 가치에 대해 알아볼까요. 맨해튼 서쪽에 삼성전자 전시장이 있다면 동쪽에는 반 총장이 우뚝 서 있습니다. 반 총장의 브랜드 가치에 매료된 세계 관광객들이 유엔본부로 몰려들고 있습니다. 42번가 주변의 유엔거리에는 반 총장을 취재하려는 방송사 차량들이 줄을 서 있고, 세계 각지에서 온 관광객들은 유엔본부 건물을 사진에 담으려고 연신 카메라를 터뜨립니다.

조금이라도 유엔본부를 더 자세히 보고 싶어 하는 극성 관광객들은 신분증을 맡기고 건물 안으로 들어와 이곳저곳을 둘러봅니다. 아예 1층 관광 안내소에 신청서를 내고 유엔 가이드의 '유엔 투어(tour)'를 경험하기도 합니다.

영어뿐 아니라 한국어, 일본어, 중국어, 아랍어 등 언어를 마음대로 선택할 수 있습니다. 학교 교과서에서만 보고 배웠던 안전보장이사회, 신탁통치이사회, 유엔 총회실 등을 둘러보기도 하고 반 총장의 성품과 지위에 대해서도 자세한 설명을 들을 수 있습니다.

관광 가이드의 얘기로는 반 총장 당선 이후 관광객 수가 20~30% 가량 크게 늘어 요즘은 눈코 뜰 새가 없다고 합니다. 특히 1층 로비를 돌아다니다 보면 한국, 일본, 중국 관광객들을 많이 보게 되는데, 마치 미국이 아니라 아시아의 중심에 와 있는 듯한 착각이 들 때도 있습니다. 과연 반 총장의 브랜드 위력은 어떠할까요.

2006년 11월 산업정책연구원이 '브랜드 컨퍼런스 2006'에서 세계 39개국의 브랜드 가치를 평가한 결과 한국의 브랜드 가치는 8,659억 달러로 세계 10위에 해당되는 것으로 나타났습니다. 이는 2005년의 5,948억 달러로 세계 13위에서 3계단 뛰어오른 것이지요.

연구원 관계자는 "한국 브랜드 순위가 높아진 것은 외국인들의 한국에 대한 심리적 친근감이 크게 향상되었기 때문이기도 하지만 반기문 유엔사무총장 당선이 브랜드 파워지수에 상당한 영향력을 미쳤습니다"라고 설명했습니다. 반 총장 개인의 브랜드가 국가 브랜드 상승에 큰 도움이 된 것입니다.

반 총장의 개인 브랜드는 유엔 사무총장 당선 때부터 갑자기 만들어진 것이 아니라 과거 반 총장이 뿌린 자기계발의 노력이 모이고 모여 만들어진 것입니다. 삼성 브랜드도 마찬가지입니다.

기업이건 개인이건 브랜드 가치는 어느 한순간에 만들어지는 것이 결코 아닙니다. 하루하루 흘린 작은 땀방울과 노력이 모여 나중에 큰 가치를 지니게 되는 것입니다.

여러분은 아직 젊습니다. 젊다는 것은 무한한 가능성과 잠재력을 가지고 있다는 것을 뜻합니다. 여러분이 가지고 있는 가장 큰 무기는 돈이나 명예가 아니라 바로 '젊음'이라는 두 글자입니다. 지금이라도 늦지 않습니다. 자신만의 브랜드를 만들고 가치를 높이기 위해 무엇을 해야 할 것인지 곰곰이 고민해야 할 때입니다. 여러분은 '가능성' 그 자체라는 사실을 잊지 말아야 합니다.

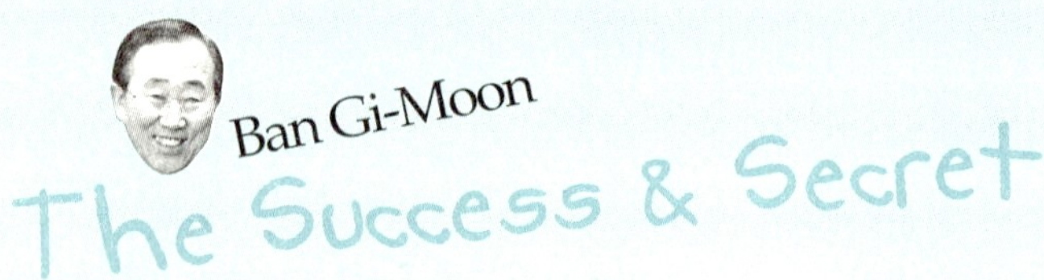

처음 유엔본부에 발을 들여놓은 반 총장이 점심시간을 이용해

프랑스어를 익힌 일은 외교가에서도 유명한 일화로 남아 있습니다.

반 총장이 학생 때부터 영어에 매달려 결실을 맺은 것처럼,

생활하면서 또 다른 언어에 도전했던 것처럼, 여러분도 끊임없이 외국어 공부에 도전하세요.

글로벌 세상이 여러분이 도전하고 나아가야 할 무대이기 때문입니다.

6장

반기문총장의
성공습관

사무총장 반기문

워렌버핏처럼 부자되고 반기문처럼 성공하라

자기를 낮추는 지혜를 배우세요

겸손

진정으로 용기 있는 사람만이 겸손할 수 있습니다.
겸손은 자기를 낮추는 것이 아니라
오히려 자기를 세우는 것입니다.

– 브하그완 –

많은 사람들은 자신의 지위와 능력, 권력, 부(富)를 다른 사람에게 자랑하거나, 자신이 가진 것을 내세우기를 좋아합니다. 자신이 다른 사람들보다 훌륭하거나 뛰어나다는 것을 과시하고 싶어 합니다.

하지만 진정한 위엄과 명예는 자기를 높이는 데서 오는 것이 아니라 오히려 자기를 낮추는 데서 찾아옵니다. 역사적인 위인들에게서 나타나는 공통점은 철저하게 자신을 낮추고, 고개를 숙인 채 자신만의 실력과 능력을 계발했다는 점입니다. 이 책의 주인공인 반기문 총장과 워렌 버핏 회장을 통해서도 이와 같은 사실을 확인할 수 있을 겁니다. 그럼 반 총장의 겸손과 겸양에 대해 알아볼까요.

　2006년 신문과 방송사들이 일종의 짝짜꿍을 한 적이 있습니다. 당시 반기문 외교통상부 장관이 유엔사무총장 출마를 공식 선언하기 이전의 일입니다.

　기자들은 반 장관이 유엔사무총장에 출마한다는 것을 알면서도 기사로 쓰지 않았고, 방송사들도 입을 다물었습니다. 자신에게 상황이 유리하게 돌아가기 전까지는 좀처럼 자신을 앞으로 내세우지 않는 반 장관의 간곡한 요청이 있었기 때문입니다.

지금은 나설 때가 아닙니다

신문사나 방송사에 근무하는 사람들은 이를 전문용어로 '엠바고(embargo)'라고 하는데, 일정 시점까지는 특정 내용에 대해 보도를 하지 말자고 암묵적으로 동의하는 것을 말합니다.

　반 장관은 "아직 제가 나설 때가 아닙니다"라며 당시 외교통상부 장관으로서의 지위에서 각 언론사 간부와 외교부 출입 기자들에게 자신의 유엔 사무총장 출마를 몇 개월 동안 불문에 붙여 줄 것을 요청했습니다.

　유엔 회원국과 좀 더 많은 대화와 면담을 통해 자신을 알려야 하는 상황에서 섣불리 나섰다가는 이미 출마를 선언한 경쟁자들로부터 견제를 당하는 것은 물론 악성 루머에 시달릴 위험도 있었다고 판단했기 때문입니다.

반 장관은 철저하게 앞으로 용(龍)이 될 자신의 모습을 그리며 발톱을 감춘 것입니다. 이 기간 동안 유엔을 출입하는 해외 특파원들이 심증은 있지만 물증은 없는 반 총장의 출마설에 귀를 쫑긋 세우고 있었지요.

특히 유엔 안전보장위원회의 상임이사국 진출을 노리고 있는 일본 특파원들의 관심이 컸습니다. 반 장관에 대한 작은 정보라도 하나 얻어 내려고 이들은 한국 특파원들과 수시로 접촉했지요. 한국 특파원들이 반 장관의 출마 사실을 알려줄 리 만무했습니다.

반 장관은 이 기간 동안 철저하게 위를 향하지 않고 밑바닥을 닦았습니다. 실질적인 유엔사무총장 결정 권한을 가지고 있는 15개 안전보장이사회 이사국의 지지를 얻어 내는 데 그치지 않고, 전 세계에 걸쳐 지지 세력을 이끌어 내기 위해 세계 방방곡곡을 방문했습니다.

한 달에 한 번 가량 '버려진 땅' 아프리카를 방문한 것은 이를 잘 말해 줍니다. 빈곤과 질병, 내전, 인종 학살 등으로 국제 사회에서 소외된 아프리카를 찾아 반 장관이 이들 지역에 지대한 관심을 가지고 있다는 것을 몸으로 보여 주었습니다.

그리고 '때가 되었다' 고 생각한 2006년 2월 공식 출마를 선언했습니다. 반 장관에 앞서 일찍 출마를 선언한 경쟁자들이 서로 상대방을 비난하고 자화자찬의 말을 토해낼 때, 반 장관은 철저하게 자신을 가린 채 내실을 다졌습니다.

유엔의 해외 특파원들 사이에서 "과연 반 장관이 출마하는 것이 맞느냐"는 의아한 반응이 나올 정도였으니까요.

하늘의 때와 시운(時運)이 올 때까지는 머리를 굽혀 자신을 낮추는 겸손한 자세가 반 장관이 세계의 외교 대통령으로 설 수 있었던 원동력이 되었던 것입니다.

날카로운 발톱은 숨기세요

반 총장은 날카로운 발톱을 숨기기 위해 외교부 장관직을 가능한 한 오랫동안 유지하는 치밀함을 보였습니다. 각국 대사들을 만날 때 외교부 장관직이 큰 도움이 된다는 실리적인 이유도 있었지만, 외교부 장관직을 그만 둘 경우 유엔 총장 출마를 위한 준비가 완료되었다는 인식을 경쟁 후보자들에게 심어줄 우려가 있었기 때문입니다.

학교나 기업이나 조직 생활을 하다 보면 행동보다 말이 앞서는 사람들이 많은 것을 보게 됩니다. 이들은 주위 사람들을 흡입하는 거창하고 화려한 미사여구로 언뜻 보기에 잘 나가는 것처럼 보이지만, 시간이 지날수록 한계가 드러나게 되지요.

반면 있는 둥 없는 둥 일을 하지만 시간이 경과할수록 더욱 빛을 내고 주위에서 인정받는 사람들이 있습니다. 반 총장은 과시형 인간이 아니라 겸손한 인간형을 여러분에게 요구하고 있습니다.

자신을 드러내지 않고 자기 계발에 몰두하다가 결정적인 순간이 되면 자신의 목소리를 키우는 사람. 날카로운 발톱을 숨기고 묵묵히 자기 일을 하다 기회를 움켜쥐는 사람. 반 총장이 몸소 보여 주었던 인

나뭇가지에 가려진 유엔본부 전경입니다. 반 총장은 1등을 하더라도 꼴찌처럼 겸손한 마음을 가져야 한다고 강조합니다.

간형이고, 반 총장이 우리에게 요구하는 인간형이기도 합니다.

반 총장의 '겸손 속에 숨겨져 있는 위엄'은 가족들에게서도 확인할 수 있습니다. 반 총장이 유엔사무총장으로 내정된 2006년 말, 임시 관저로 사용하고 있는 뉴욕 맨해튼의 월도프 아스토리아 호텔로 한국 특파원들을 초대한 적이 있었습니다.

유엔이 마련해 준 스위트룸에 머무르고 있었던 반 총장과 부인 유순택 여사가 뉴욕의 한국 특파원들을 따뜻하게 맞아 주었지요. 반 총장은 특파원들이 음으로 양으로 도와줘서 고맙다는 말을 건넸고, 앞으로 할 일이 너무도 많아 한국인으로서 큰 책임감을 느낀다고 말했습니다.

2시간 정도 이어진 만남에서 유순택 여사는 시종일관 미소를 지으며 다소곳이 반 총장과 특파원단의 대화를 경청하고 있었습니다. 말을 많이 하는 분도 아니었고 보통의 귀부인에게서 풍기는 도도함도 전혀 없었습니다.

특파원들은 백옥같이 하얀 피부와 건강미에 한마디씩 덕담을 건넸고, 유순택 여사는 손사래를 치며 그냥 웃어넘길 뿐이었습니다. 하지만 유순택 여사의 조용함 속에는 위엄이 함께 녹아 있었다는 것이 2시간 동안 자리를 같이 한 특파원단의 한결 같은 반응이었습니다.

반 총장이 일부 잘못된 설명을 할 경우에는 따끔하게 정정시켜 주는 엄격함도 보여 주었습니다. 두 분의 인연에 대해서도 간간이 들려주었죠. 반 총장이 유순택 여사를 만난 것은 반 총장이 충주고등학교 3학년이었던 1963년으로 미국을 방문할 때였습니다. 충주고 옆에 있었던 충주여고 학생들이 까까머리 반기문에게 미국에 가서 사용하라며 행운의 복 주머니를 만들어 주었고, 이 주머니를 반기문에게 대표로 전달한 사람이 당시 충주여고 학생회장이었던 유순택 여사였습니다.

고등학생 때 맺어진 천생연분의 끈은 이렇게 이어져 인생의 동반자가 되었습니다. 결혼을 앞두고 유순택 여사의 친정어머니는 "남편이 해 지기 전에 집에 들어오는 것은 직업이 없거나 큰 병을 앓고 있을 때이니 반 서방이 늦게 들어오는 것에 대해 뭐라고 하지 말라"고 유순택 여사에게 당부했다고 반 총장은 당시를 회고하기도 했습니다.

뾰족한 송곳은 감추어도 드러나는 법입니다

반 총장은 '일벌레'로 이미 유엔 본부 내에서 정평이 나 있습니다. 누구보다 일찍 출근하고 바쁘게 움직이는 업무 태도는 오랜 외교관 생활을 거치면서 이미 습관이 돼버렸지요.

반 총장이 이처럼 업무에 매진할 수 있었던 것도 유순택 여사가 친정어머니로부터 받은 당부와 충고가 있었기 때문이 아닌가 생각합니다.

이날 저녁식사를 하는 동안 유순택 여사에게서 받은 인상은 이를 확인시켜 주기에 충분했습니다. 남에게 드러내기를 싫어하는 반 총장의 겸손함은 자식들의 비밀 결혼식에서도 여실히 나타납니다.

반 총장은 유순택 여사와 슬하에 1남 2녀를 두고 있는데 모두 떨어져서 살고 있습니다. 현재 아시아재단 사업부장으로 일하고 있는 맏딸 선용(38) 씨와 유엔아동기금(UNICEF) 케냐 사무소에서 국제기구 초급전문가(JPO)로 일하고 있는 막내 딸 현희(33) 씨는 모두 비밀리에 결혼을 했습니다.

당시 반 장관은 차관과 비서관 이외에는 일체 비밀로 하고 결혼식이 끝난 후에 공지할 정도로 공(公)과 사(私)를 엄격히 구분하는 모습을 보였습니다.

반 총장은 재능과 능력을 연마하되, 소리 없이 갈고 닦으라는 교훈을 여러분에게 줍니다. 너무 요란하게 불빛을 발하다 금방 사라져 버리는 섬광이 아니라 언제 분출될지 모르지만 저 밑에서 끊임없이 끓고 있는 화산이 되라고 합니다.

뾰족한 송곳은 주머니 안에 있어도 언젠가는 밖으로 나오게 되는 법입니다. 이를 고사성어로 '낭중지추(囊中之錐)'라고 합니다. 여러분은 감추어져 있어도 세상 밖에서 인정을 받는 주머니 속의 송곳과 같은 존재가 되어야 한다고 반 총장은 가르치고 있는 것입니다.

당신의 생각이 옳다면 **굽히지 마세요**

소신

반드시 이겨야 하는 건 아니지만, 진실할 필요는 있습니다.
반드시 성공해야 하는 건 아니지만,
소신을 가지고 살아야 할 필요는 있습니다.

– 에이브러햄 링컨 –

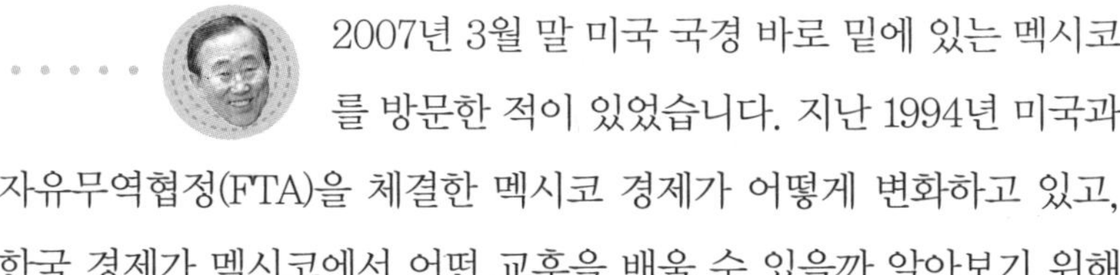

2007년 3월 말 미국 국경 바로 밑에 있는 멕시코를 방문한 적이 있었습니다. 지난 1994년 미국과 자유무역협정(FTA)을 체결한 멕시코 경제가 어떻게 변화하고 있고, 한국 경제가 멕시코에서 어떤 교훈을 배울 수 있을까 알아보기 위해 방문한 것입니다.

16세기 초 스페인의 침략을 받고 오랜 기간 스페인의 식민지로 남아 있었던 멕시코는 스페인어를 사용하는 국가이기 때문에 영어가 전혀 통하지 않습니다. 호텔이나 고급 레스토랑처럼 외국인이 많이 드나드는 곳이 아니면 영어로는 전혀 의사소통이 되지 않습니다. 저는 스페인어를 구사하지 못하는 신세가 안타까웠지만, 할 수 없이 통역사와 같이 일을 해야 했습니다.

전문 통역사가 멕시코의 역사에 대한 재미있는 이야기를 들려주었습니다. 다른 사람들의 의견에 흔들리지 않고 자신만의 객관적인 판단력을 가지고 있는 것이 얼마나 중요한 것인가를 일깨워 주는 역사적인 사실이기에 여러분에게 간단히 소개할까 합니다.

남의 말에 흔들리지 말고 올바로 판단하세요

"멕시코 조상들은 1519년 '헤르난 코르테스(Hernan Cortes)'를 대장으로 하는 스페인의 소부대에 의해 침략을 받았어요. 우리가 익히 교과서에서 배워 알고 있는 것처럼 아즈텍 문명이 멸망하는 때이죠. 멕시코 조상들은 처음 스페인 군대가 쳐들어왔을 때 전혀 저항하지 않고 순순히 그들에게 길을 내어 주었습니다. 왜 그랬는지 아세요?"

통역사가 저에게 질문을 던졌지만 저는 중남미 국가의 역사에 대해서는 문외한이었습니다.

"당시 멕시코에는 옛날부터 전해져 내려오는 전설이 있었어요. 언젠가는 멕시코 사람을 구원할 구세주가 나타나는데 그들은 네 개의 다리를 가지고 있고, 머리에는 깃털을 달고 있다는 것이었어요. 멕시코 조상들은 이러한 모습을 한 구세주가 그들을 천국으로 인도할 것이라는 생각을 가지고 있었답니다."

점점 호기심이 생겼습니다. 통역사가 설명을 계속했습니다.

"멕시코를 침략한 스페인의 코르테스 군대는 말을 타고 있었지요. 당시 멕시코 대륙에는 말(馬)이라는 동물이 없었습니다. 멕시코의 말은 모두 이때 유럽에서 들어온 거랍니다. 저 멀리서 희뿌연 먼지를 날리며 말을 타고 들어오는 스페인 군대를 본 멕시코 조상들은 다리가 네 개인 말을 보고 전설상으로 전해져 온 그들의 구세주로 착각했답니다.

또 코르테스 군대는 갑옷과 투구를 입고 있었는데 머리에는 모두 깃털을 꽂았답니다. 전설상으로 전해져 온 그들의 구세주가 틀림없다고 생각한 멕시코 조상들은 저항할 생각은커녕 스페인 군대를 오히려 융숭하게 환대했다고 합니다. 이때부터 멕시코는 처참하고도 처절한 스페인의 식민지로 전락하게 되었지요."

통역사의 설명은 흥미진진했습니다. 결국 멕시코 조상들은 옛날 전설만 믿고, 객관적이고 중립적인 사고와 판단을 하지 못했기 때문에 스페인의 식민지로 떨어지는 치욕을 겪어야 했던 것입니다.

통역사와 이런 저런 얘기를 나누다가 점심시간이 되어 한국 식당에 들렀습니다. 멕시코에도 한국 교민들이 참 많습니다. 삼성, LG와 같은 대기업의 주재원들과 멕시코로 아예 이민을 와 생활터전을 잡은 사람들이 꽤 있습니다. 우리는 멕시코의 수도 멕시코시티에서 한국

음식점으로 유명한 '영빈관' 이라는 식당에 들렀습니다.

"뉴욕에서 오셨군요. 반갑습니다. 요즘 뉴욕 사람들도 살맛이 나지요?"

식당 주인이 대뜸 질문을 했습니다.

"무슨 말씀이시죠?"

영문을 몰라 제가 되물었습니다.

"아, 반기문 사무총장님 말씀이에요. 뉴욕 맨해튼에 계시잖아요."

그제야 저는 식당 주인의 질문을 이해할 수 있었습니다.

"멕시코에 사는 우리 교민들도 그 동안 그다지 좋은 일이 없었는데, 반 총장님이 유엔본부 수장으로 당선돼 모두들 무한한 영광으로 생각하고 있어요. 우리처럼 한국을 떠나와 사는 외로운 사람들에게는 이보다 더 기쁜 일이 어디 있겠어요? 공평하고, 올바르게 세계 평화를 위해 일할 것으로 믿어요. 대한민국 역사에 두고두고 남을 분이죠."

얼굴에 웃음이 가득 한 식당 주인이 신이 난 듯 말했습니다.

틀린 것을 옳다고 애기해서는 안 됩니다

사실 반 총장은 업무를 처리하는 데 있어 중립적인 입장에서 공정하게 해결합니다. 힘이 센 사람에게 몸을 굽힌다거나, 자신보다 지위가 아래인 사람에게 군림한다거나 하지 않고, 공정하고 공평하게 일을 처리합니다. 이는 38년간의 외교관 생활은 물론 유엔사무총장 취임 1

년의 행동과 행적을 살펴보면 충분히 이해할 수 있습니다. 몇 가지 대표적인 예를 들어 보기로 할까요.

2007년 1월, 유엔 산하 기구인 유엔개발계획(UNDP)이 북한에 제공하고 있는 대북지원금이 제대로 쓰이지 않고, 김정일 국방위원장의 자금줄로 전용되고 있다는 신문 보도가 나왔습니다.

미국의 대표적인 경제 일간지 〈월스트리트저널〉은 북한 김정일 국방위원장이 유엔개발계획이 추진하고 있는 대북 사업을 이용해 1998년 이후 수천만 달러의 자금을 개인적으로 이용했을 의혹이 있다고 보도했습니다.

기아와 빈곤에 허덕이는 북한의 경제 발전을 도와주기 위해 유엔에서 지원한 돈이 김정일 국방위원장 개인 호주머니로 들어갔을 수 있다는 설명이었습니다. 이 사실은 비서진을 통해 곧바로 38층 반기문 사무총장 집무실로 보고됐습니다.

당시 한국과 미국 정부는 '북한 달래기' 에 몰두하고 있었습니다. 2006년 10월 핵 실험을 감행한 북한이 핵무기 개발을 포기하고, 국제사회의 일원으로 돌아오도록 다양한 유인책을 제공하고 있을 때였죠.

한국과 미국은 물론 중국, 러시아, 일본 등이 수차례 회담을 개최하면서 북한이 핵 개발을 포기하고, 한반도 평화에 기여할 수 있도록 경제적인 혜택과 물질적인 도움을 주는 방안을 강구하는 시점이었습니다. 어떻게 해서든지 좋은 분위기를 만들어 보자는 데 모두가 공감하고 있었습니다.

하지만 김정일 국방위원장의 비리의혹 보고를 들은 반 총장은 단호했습니다. 아무리 북한을 달래고 어루만져 주는 유화적인 태도가 중요하지만 비리를 눈감아 줄 수는 없는 일이었습니다.

반 총장은 바로 애드 멜커트 유엔개발계획 총재에게 전화를 걸어 철저하고 폭 넓은 조사를 지시했습니다.

아무리 한국과 미국을 중심으로 한 회담 참가국들이 수차례 국제회의를 열면서 북한에게 부드러운 자세를 보인다고 하더라도 북한의 불법과 탈법까지 용서해서는 안 된다는 판단이었습니다.

반 총장은 한발 더 나아갔습니다. 유엔개발계획뿐 아니라 유엔이 북한에 지원하는 모든 자금에 대해서도 철저하게 조사하라고 지시했는데, 이는 유엔 사업의 투명성과 공정성을 확보하지 않고서는 다른 사업을 제대로 진행할 수 없다고 생각했기 때문입니다.

일부에서는 반 총장의 북한에 대한 강경한 자세가 한국과 미국이 주도하고 있는 북한과의 대화 분위기에 나쁜 영향을 미칠 수도 있다고 우려했지만, 반 총장은 결코 불의를 용서해서는 안 된다는 생각을 가지고 타협하지 않았습니다.

이처럼 북한에 대해 회초리를 꺼내 드는 반 총장의 마음이 편할 리 없었습니다. 반 총장은 북한과의 지속적인 대화와 협상을 통해 한반도 평화와 안정을 유도해야 한다고 주장했던 사람이 아닙니까.

반 총장은 특파원들과의 만남에서 기회 있을 때마다 "북한을 방문해 평화의 다리를 놓고 싶습니다"라고 말하곤 했습니다.

북한과의 화해를 강조했던 반 총장이 이처럼 북한에 대해 강경한 태도를 보인 것은 아무리 대화와 협력이 중요하다고 하더라도 유엔 정신과 원칙을 훼손해서는 안 된다는 신념 때문이었습니다.

공정성과 객관성을 생명으로 하는 유엔 정신이 한번 무너지면 다른 회원국들에게 권위와 위엄이 서지 않고, 결국 유엔이 웃음거리가 되고 말 것이라고 판단한 것입니다.

약자에게는 고개 숙이고 강자에게는 더 강하게 맞서세요

반 총장은 강한 자에게 결코 굽히지 않고, 자신의 소신대로 일을 처리하는 스타일로 유명합니다. 2007년 1월 미국이 아프리카의 소말리아를 공습했을 때도 반 총장의 소신과 원칙이 빛을 발했습니다.

미국은 1월 7일 아프리카 동부에 위치한 소말리아 남서쪽 지역을 군용기와 전투헬기를 동원해 공습을 퍼부었으며, 항공모함 아이젠하워 호까지 배치했습니다.

미국은 국제테러 단체인 알카에다 인사 3명을 제거하기 위해 소말리아 공습을 단행했다는 발표를 했지만, 무력으로 남의 나라를 침공했다는 국제 사회의 비난이 쏟아졌습니다. 미국의 그릇된 행동을 비판한 선봉장은 반 총장이었습니다.

"소말리아에 대한 미국의 공습이 소말리아 내전 혼란을 가중시키고, 무고한 민간인을 희생시키는 상황으로까지 악화될 수 있습니다. 미국의 공습 동기가 무엇이든 간에 미군 공습이 앞으로 초래할 새로운 상황과 적대행위의 증가 가능성에 대해 우려합니다."

반 총장이 공습 소식을 전해 듣자마자 즉각 우려를 표명했습니다.

　아무리 유엔에 가장 많은 분담금을 내고, 세계 최고의 파워를 자랑하는 미국일지라도 함부로 남의 나라 영토를 침략해서는 안 된다는 강한 메시지를 국제 사회에 전달한 것입니다.

　반 총장 당선에 미국이 직간접적으로 도움을 준 것은 사실이지만, 사사로운 감정에 연연해서는 안 되며, 원칙에 따라 객관적인 입장에서 판단해야 할 문제라고 반 총장은 생각했습니다.

　이에 대해 세계 굴지의 통신사인 〈AP 통신〉은 "반기문 사무총장이 미국의 강력한 지지에 힘입어 유엔사무총장에 선출되었음에도 불구하고 미국의 소말리아 공습에 분명하게 반대 입장을 표명했다"며 반 총장의 소신 있는 행동을 칭찬했습니다. 반 총장이 이리 저리 흔들리지 않고 중심을 꽉 잡고 있다는 얘기입니다.

자네티 벽화의 교훈을 기억하세요

　반 총장은 유엔본부 3층에 위치한 유엔 안전보장이사회 회의실 앞을 지날 때마다 커다랗게 전시되어 있는 '자네티 벽화'를 눈여겨봅니다. 도미니카공화국의 화가 자네티가 그린 벽화로 그림 중간 부분에 커다란 추를 잡고 있는 남자가 그려져 있습니다.

　유엔이 강대국의 논리에 휘둘려서는 안 되며, 강대국의 목소리에 복종해서도 안 되며, 언제나 중립적인 입장에서 원칙에 따라 행동하고 의사결정을 내려야 한다는 뜻을 담고 있습니다. 반 총장이 자네티 벽화를 좋아하는 이유이지요.

자신보다 권력과 명예가 높은 사람에게는 허리를 굽히면서 자신보다 지위가 낮은 사람에게는 거칠고 오만하게 대하는 사람들이 많이 있습니다. 회사에 나가서는 빌빌거리지만 집에만 들어오면 마치 자신이 황제인 양 큰소리를 치는 가장(家長)이 있습니다.

남편에게는 꼼짝도 못하면서 아이들에게는 신경질적으로 대하는 엄마들이 있습니다. 자신보다 힘이 센 친구는 슬슬 피해 다니면서 힘이 약한 친구들은 집단적으로 괴롭히는 학생들이 있습니다.

반 총장은 여러분에게 약한 사람에게는 고개를 숙이고 강한 사람에게는 더욱 강해지라고 가르치고 있습니다. 재산이 많다고, 권력이나 사회적 지위가 높다고 남들을 멸시하는 사람들이 있습니다. 그들은 순간적으로는 남들의 부러움을 살 수도 있겠지만 시간이 지나면 그들의 곁에는 점점 친구가 사라진다는 것을 깨닫게 됩니다.

남들에게 군림하는 자는 권력이 사라지면 사람들도 그들을 떠나지만, 남들에게 고개를 숙인 자는 그들의 권력이 사라져도 남들로부터 도움을 받는 법입니다.

반 총장은 여러분의 생각과 판단이 옳다면 자신의 소신대로 행동할 수 있는 용기를 가져야 한다고 말합니다.

자신이 누구인지 **알리세요**

긍지

인생의 첫발을 내디딜 때는 자신의 재력이나
장점에 의지하지 마세요.
중요한 것은 남들과 다른 일을 하는 것입니다.
머리를 짜내 자신만의 장점을 발견하세요.
— 루치아노 베네통 —

학교생활을 즐기는 학생은 그리 많지 않습니다. 철창에 갇혀 창공을 날지 못하는 새같기도 하고, 둥근 쳇바퀴를 반복적으로 돌 듯 무미건조하게 생활하는 다람쥐같다는 생각이 들 때도 있습니다.

웃음과 여유가 넘쳐나고 내가 편안하게 쉴 수 있는 곳이 가정이라면, 학교생활은 분명 생존경쟁의 실험장이요 적자생존 법칙이 상존하는 정글임에 틀림없습니다.

여러분이 학교를 졸업하고 시작하는 직장 생활도 마찬가지입니다. 요즘은 기업들 중에서도 가족적인 분위기와 화합을 강조하는 곳이 늘어나고 있어 보다 살맛나는 기업 문화를 만들어 가는 곳도 있지만, 기업은 역시 투쟁과 대결의 장인 것을 부인하기는 힘듭니다.

항상 능력을 검증받아야 하고 조그마한 실수라도 하게 되면 인사고과 평가에서 뒤로 밀리게 됩니다. 좋은 직장을 구하기는 점점 힘들어져 가고 있지만, 정년 연령은 점점 짧아지고 있습니다.

<table>
<tr><td>정글 투쟁에서
자신을 알리세요</td><td>정글의 법칙이 원시적인 형태로 가장 잘 나타나고 있는 곳은 뉴욕 맨해튼의 월스</td></tr>
</table>

트리트입니다. 실적이 좋으면 바로 연봉이 몇 백만 달러로 올라가고 승진도 빠르지만, 회사에서 인정받지 못하는 직원으로 낙인찍히면 바로 짐을 싸야 합니다.

미국 경제와 글로벌 경제를 분석하는 애널리스트들은 무수한 보고서를 쏟아내고, 자신의 보고서가 언론과 방송에 노출되도록 하기 위해 안간힘을 씁니다. 이러한 자기 알리기 활동이 인사고과에 반영되고 자신의 연봉으로 연결되기 때문이지요.

방송에 출연한 애널리스트와 경제 분석 전략가들의 뒤 배경에는 반드시 그 직원이 속한 기업들의 이름과 로고가 비쳐집니다. 이 직원이 어느 회사를 위해 일하고 있는지 시청자들은 단박에 알 수 있지요. 회사에서 의도적으로 연출한 것입니다. 〈골드만삭스〉 〈씨티그룹〉 〈모건스탠리〉 〈UBS〉 등 월스트리트의 대표적인 투자 은행들은 그렇게 직원들을 훈련시킵니다. '너 자신을 홍보(PR)하라' 는 것이죠.

반 총장이 유엔평화유지활동(PKO)에 참가하고 있는 한국 국군들을 만났습니다. 반 총장은 자신만의 장점을 발견하고 자긍심을 가져야 한다고 말합니다.

2007년 3월 말이었습니다. 한미 간 자유무역협정(FTA) 타결이 임박했을 즈음에 멕시코로 출장을 간 일이 있었죠. 이미 미국과 FTA를 체결한 멕시코 경제가 FTA 체결 이후 어떻게 변화되고 있고, 부작용은 어떠한 것인지 알아보고, 한국 경제가 멕시코의 경험에서 어떤 것을 배울 수 있을까를 르포 형식으로 취재하기 위한 것이었습니다.

전 세계 '경제 외교관'의 역할을 톡톡히 하고 있는 코트라(대한무역투자진흥공사)의 멕시코 무역관 도움을 얻기로 했지요. 멕시코 대학교수, 산업단체장 등 현지인들의 인터뷰 섭외와 관련 자료 확보를 위해 도움을 요청했습니다.

직원들은 제가 멕시코에 머문 2박 3일간의 일정 동안 따뜻하고 세

302

심한 배려를 아끼지 않았습니다. 영어가 거의 통하지 않는 멕시코에서 무사히 일정을 소화할 수 있었던 것은 멕시코 무역관 직원들의 도움이 있었기 때문입니다.

이들 직원들은 한국 본사에 통보를 합니다. 한국의 취재 기자들이 협조 요청을 해 오거나, 한국 기업들이 시찰단 형식으로 방문할 경우 이를 담당한 직원이 누구인지 본사에 알립니다. 인사고과에 반영되기 때문이죠. '자기 PR' 정신이 고스란히 묻어 있는 것을 실감할 수 있습니다.

반 총장의 은은한 자기 홍보(PR)

반 총장이 사무총장에 당선되기 전 선거 활동을 할 때의 일입니다. 이번에는 아시아 지역에서 사무총장이 나와야 한다는 암묵적인 합의가 유엔 내부에서 있었기 때문에 이미 많은 아시아 후보들이 출사표를 던지고 선거 활동에 들어갔을 때의 일입니다. 반 총장은 후발주자였지요. 경쟁레이스에서 일단 스타트가 늦었던 셈입니다.

인도의 샤시 타루르 유엔사무차장, 아세안(동남아시아국가연합) 후보로 나선 태국의 수라키앗 사티라타이, 요르단의 제이드 알 후세인 왕자, 아프가니스탄의 아슈라프 가니 카불대 총장, 스리랑카의 자야나타 다나팔라 등 쟁쟁한 후보들과 유엔 회원국 표심을 잡기 위해 동분서주하던 때입니다.

반 총장은 '지각 후보생'의 약점을 만회하기 위해 '자기 PR'에 몰두했습니다. 평소에 나서기를 좋아하지 않는 성격이지만 개인적인 명예와 함께 국가적인 위신이 걸려 있는 만큼 반드시 이겨야 한다는 강박관념이 그를 엄습했습니다. 뉴욕과 워싱턴에서 벌어지는 웬만한 행사에는 얼굴을 내밀었죠.

미국에서의 PR은 주로 미국 정치인과 해외 언론들을 대상으로 한 것으로 유엔 개혁에 대한 당위성과 중동 지역 평화, 한반도 비핵화 등에 대한 공약으로 채워졌습니다.

일부 다른 후보들이 상대방의 약점을 꼬집고 허물을 캐내는 네거티브 전략을 구사하기도 하고, 자신들의 업적을 과대평가하는 선거 전략을 펼치기도 했지만 반 총장은 오로지 정책으로 승부수를 띄웠습니다.

그의 입에서 상대방을 헐뜯는 말은 한 번도 들은 적이 없습니다. 오히려 상대방의 장점과 강점을 인정하는 여유로운 모습을 보여 주었죠.

당시 그의 선거 활동을 곁에서 지켜 본 사람들은 '저렇게 부드러워서야 제대로 선거 활동을 할 수 있을까' 라고 걱정했습니다. 하지만 반 총장은 원칙과 소신대로 밀고 나갔죠.

미국 정치권 여론을 형성하는 전미외교협회(CFR, Council on Foreign Relation)를 반 총장은 적극적으로 이용했습니다. 헨리 키신저 전 국무장관과 앨런 그린스펀 전 연방준비제도이사회(FRB) 의장, 요슈카 피셔 전 독일 외무장관 등 등 저명한 인물들이 회원으로 있는 단체입니다. 2001년 이후 유엔난민고등판무관실(UNHCR) 친선대사로 활동하며 반 총장과 인연을 맺고 있는 미국 여배우 안젤리나 졸리가 회원으로 가입해 화제가 되기도 한 곳이죠.

반 총장은 CFR 조찬 모임을 통해 수백 명의 정치가, 평론가, 해외 특파원들 앞에서 지속적으로 그의 정책과 입장을 전달했습니다. 상대편 후보에 대한 평가보다는 자신의 유엔 개혁 구상과 철학을 집중적으로 홍보했지요.

맨해튼 중부 지역에 위치한 뉴욕 CFR에서 웨이터로 일하는 한 관계자는 "반 총장처럼 몇 번이나 CFR에서 오피니언 리더를 대상으로 연설을 한 후보는 없었습니다"라며 반 총장의 집요한 PR 노력에 혀를 내둘렀습니다.

부지런함과 바지런함을 천성적으로 타고난 반 총장은 하루에도 몇 개의 공식 선거운동을 소화했으며, 심지어 기회가 있을 때마다 아프리카 오지로 날아가 선거운동을 전개했습니다.

다른 후보들은 거리가 멀다는 이유로, 전략적인 회원국이 아니라는 이유로 아프리카 가기를 꺼렸지만 그는 자신을 알릴 수 있는 곳이라면 거리의 멀고 가까움을 구분하지 않았습니다.

오히려 유엔 회원국의 표심을 돌리기에는 아프리카가 제격이라는 긍정적이고 전향적인 사고를 가지고 있었습니다. 아프리카 대륙 공식 행사에 참석한 아프리카 대표들이 반 총장의 출현에 고개를 갸우뚱했을 정도였으니까요.

돌이켜 보면 유엔 내부에서도 반 총장의 '선거 역전'에는 그의 체계적이고 조직적인 '자기 PR'이 큰 역할을 했다는 분석이 나오고 있습니다. 요란하고 호들갑스럽지는 않지만 조용하고 차분한 '자기 자신 알리기'가 오늘날의 반 총장을 만든 숨은 공로라는 것입니다.

'침묵이 금(金)'이 되는 상황이 있는가 하면 '침묵이 독(毒)'이 되는 경우도 있습니다. 생존경쟁과 적자생존의 법칙이 지배하는 학교와 직장 생활에서 자신의 장점을 침묵으로 일관하기보다는 적극적인 PR을 통해 자신을 알리는 노력이 필요합니다.

지나친 겸손은 무능력으로 비쳐질 수 있는 곳이 조직 사회라는 것을 우리는 반 총장을 통해 배울 수 있습니다.

헛된 이름을 쫓지 마세요

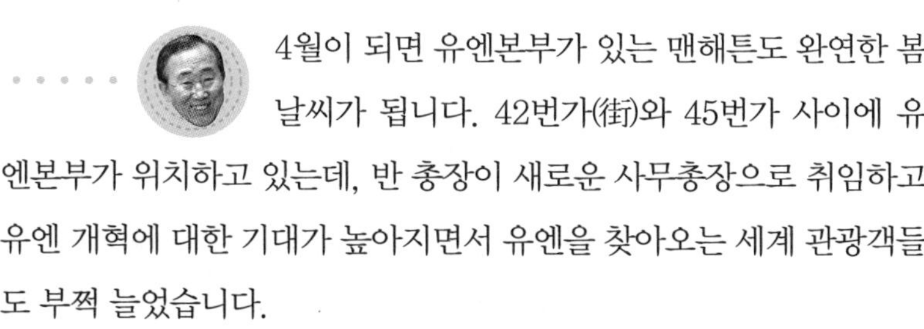

절제

교만한 자는 자기 자신에게 욕하는 사람입니다.
그는 자신의 잔, 자신의 나팔,
자신의 조상을 욕보이는 사람입니다.

– 윌리엄 셰익스피어 –

4월이 되면 유엔본부가 있는 맨해튼도 완연한 봄 날씨가 됩니다. 42번가(街)와 45번가 사이에 유엔본부가 위치하고 있는데, 반 총장이 새로운 사무총장으로 취임하고 유엔 개혁에 대한 기대가 높아지면서 유엔을 찾아오는 세계 관광객들도 부쩍 늘었습니다.

무엇보다 반 총장이 대한민국 출신이라는 점이 부각되면서 한국은 물론 중국, 일본 등 아시아 관광객들이 예년에 비해 눈에 띄는 것이 특징입니다.

유엔본부 앞에는 미국의 〈폭스TV〉 〈CNN〉 등 방송사 차량들이 반 총장의 일거수일투족을 화면에 담기 위해 상시 대기하고 있고, 유엔 거리에는 유엔본부 전경을 카메라 앵글에 잡으려는 관광객들이 연신 플래시를 터뜨립니다.

총의 앞부분을 구부려 전쟁을 끝내고 평화를 구현하자는 의미로 세워진 '총 동상'은 관광객들이 찾는 가장 좋은 사진 배경이고, 바로 옆의 황금색 원형 동상도 사진촬영 장소로 인기를 끕니다. 뒤쪽으로 들어가면 맨해튼 동쪽을 유유히 흐르는 이스트 강을 감상할 수 있고, 4월의 봄 향기도 만끽할 수 있습니다. 유엔본부 주위를 거니는 것만으로 '마음의 평화'를 느낄 수 있는 것이죠.

맨해튼은 관광 상품도 많고, 둘러보아야 할 곳도 많습니다. 남쪽에는 횃불을 높이 치켜든 자유의 여신상과 9·11테러로 무너진 월드 트레이드 센터 자리(그라운드 제로), 금융 거리인 월스트리트, 차이나타운(중국 마을)이 있습니다.

또 세계 최대 규모를 자랑하는 뉴욕증권거래소(NYSE)와 야경이 너무나 아름다운 브루클린 브리지, 개성 있는 쇼핑가로 유명한 소호(SoHo) 지역도 빼놓을 수 없지요.

남쪽에서 조금만 북쪽으로 올라오면 맨해튼 중간 지역이 나오는데 이곳에서는 미국에서 가장 큰 세인트 패트릭스 성당과 맨해튼 심장부를 상징하는 엠파이어스테이트 빌딩, 세계 최고 수준을 자랑하는 현대미술관(MoMA), 연말연시를 밝히는 초대형 크리스마스트리로 유명한 록펠러 센터가 있습니다.

또 세계의 교차로로 불리는 타임스퀘어가 있고, 대형 콘서트의 대명사인 메디슨 스퀘어가든, 도심 속의 공원인 센트럴파크(중앙공원)

가 자리 잡고 있지요.

다시 조금 위로 올라가면 맨해튼 북쪽 지역이 나오는데 이곳에서는 세계 3대 박물관의 하나로 평가받는 메트로폴리탄 박물관과 구겐하임 미술관, 세계 최대의 자연사 박물관인 미국 자연사박물관, 미국에서 가장 큰 교회인 세인트 존 대성당이 있습니다.

이처럼 사람들의 이목을 끄는 관광명소가 많고, 교육적인 효과도 얻을 수 있는 박물관도 많아 맨해튼은 연중 관광객들로 붐빕니다.

반 총장이 집무하는 유엔본부는 맨해튼 중부 지역인 42~45번가 사이에 있습니다. 출입문이 두 개 있는데 하나는 유엔 출입증을 가진 직원이나 상주 기자들이 출입하는 문이고, 다른 하나는 유엔본부 내부를 구경하고 싶어 하는 관광객들을 위한 문입니다. 관광객들은 개인 신분증을 맡기고, 간단한 검문 절차를 거치면 내부로 들어갈 수 있습니다.

반 총장이 새로 부임하면서 관광객들의 발길이 부쩍 늘었다는 게 경비 직원의 설명입니다. 검문을 통과하고 큰 로비로 들어서면 역대 유엔 사무총장 사진들이 걸려 있는데, 관광객들의 발길이 가장 먼저 멈춰서는 곳이기도 하지요. 사진을 배경으로 관광객들은 카메라 플래시를 터트려댑니다.

그런데 벽면에는 큼지막한 역대 사무총장들의 사진이 일렬로 걸려 있지만, 반 총장의 사진은 찾아볼 수 없습니다.

왼쪽부터 1대 사무총장인 노르웨이의 튀뤼그베 할브단 리(1946~1953년), 2대 총장인 스웨덴의 다그 함무르셸드(1953~1961년), 3대 총장인 버마의 우 탄트(1961~1971년), 4대 총장인 오스트리아의 크르트 발트하임(1971~1981년), 5대 총장인 페루의 하비에르 페레스 데 케야르(1982~1991년), 6대 총장인 이집트의 부트로스 부트로스 갈리(1992~1996년), 7대 총장이자 반 총장의 전임자로 가나 출신인 코피 아난 총장의 사진들이 금테 사진틀에 놓여 있습니다.

인생 최대의 지혜는 겸손입니다

그런데 왜 반 총장의 사진은 없는 것일까요? 유엔은 사무총장이 현직에 재임하는 기간에는 사무총장 사진을 출입문 입구에 진열하지 않는다고 합니다.

세계 평화와 국제 협력 등 산적한 업무를 추진하는 동안에는 사무총장이 할 일에만 전념할 수 있도록 사진 진열 같은 전시 행정은 웬만하면 피한다고 하네요. 사무총장이 훌륭히 업무를 수행하고, 임기를 마칠 때에 비로소 사진 제작에 들어갑니다.

반 총장도 유엔본부의 원칙에 공감하고 있습니다. 이제 유엔을 이끌어야 할 출발선에 서 있는데 화려하게 자신의 사진이 내걸리는 것은 합당하지 않다고 생각하고 있습니다. 반 총장은 현재 임무에 최선을 다하고 내실을 다지는 것이 중요하지, 남에게 보이기 위해 과시하는 것은 자신의 천성과 맞지 않는다는 말을 자주 합니다.

이는 뉴욕의 한국 특파원들과의 만남에서도 반 총장이 곧잘 하곤했던 말입니다.

2007년 초, 반 총장이 특파원들과 만날 기회가 있었습니다. 항상 부드러운 미소와 온화한 표정으로 말을 꺼내는 그였지만, 그날은 다소 얼굴 표정이 굳어 보였습니다. 뭔가 고민이 있는 듯한 모습이었죠. 반 총장이 말을 꺼냈습니다.

"취임 한 달밖에 지나지 않았는데 지금 고향에서 나의 대형 조각상을 만드는 방안을 강구하고 있다고 합니다. 아무것도 이룩하지 못한 현 시점에서 과연 타당할까 부담이 가는 것이 사실이에요. 저의 고향 사람들과 국민들이 저에게 보내 주는 성원과 응원의 목소리는 큰 힘이 되지만, 조각상을 세우는 일은 시기상조가 아닌가 생각합니다. 사무총장으로서 저의 직분과 소임을 다하고, 올바른 평가가 나온 다음에 생각해도 늦지 않다고 봅니다. 제가 국제무대에서 좀 더 큰 활약을 할 수 있도록 옆에서 지켜봐 주셨으면 좋겠습니다."

반 총장은 자신의 일에 대해 언론에 좀처럼 부탁하는 일이 없지만, 이날 그가 했던 말은 언론들이 좀 기사화해 주었으면 좋겠다는 말도 덧붙였습니다. 반 총장이 느낀 심적 부담감을 알 수 있는 대목입니다.

반 총장은 당선 전 선거 기간 동안에도 지방자치 단체들이 후원회를 결성하거나, 다른 경로를 통해 간접 지원하는 것에 대해서도 일일이 지방자치 단체에 전화를 걸어 정중하게 사양하기도 했습니다.

반 총장은 겸허하고 겸손한 사람입니다. 자신의 능력 이상으로 자신을 부풀리지도 않을 뿐더러 남들이 자신을 과다하게 대우하는 것에 대해서도 부담감을 느낍니다.

꾸준한 노력과 열정으로 자신의 내면을 성숙시켜 나가지만, 밖으로는 겸손하게 자신을 낮춥니다. 제가 보기에는 반 총장이 세계를 경영하는 지도자로서 갖추고 있는 가장 큰 덕목이 아닌가 합니다.

겸손한 자만이 다스릴 수 있습니다

한번은 이런 일도 있었습니다. 반 총장이 2006년 11월 1일 러시아의 크렘린 궁전을 방문했을 때의 일입니다. 반 총장은 자신을 맞이하기 위해 기다리고 있는 블라디미르 푸틴 러시아 대통령과 취재 기자들에게 허리를 굽혀 인사를 했는데, 러시아의 한 유명 언론인은 이를 두고 반 총장이 너무나 유약한 모습을 보였다고 보도했습니다. 과연 이렇게 약해 보이는 사람이 유엔이라는 거대조직을 제대로 끌고 갈 수 있겠느냐는 비웃음이 섞여 있었죠.

하지만 이 러시아 기자는 사람 보는 눈이 없었던 것입니다. 그날 반 총장이 보여준 행동은 반 총장 자신의 내면 모습이었습니다. 유엔 총장이라는 권위와 위엄을 내세워 교만하게 행동하지 않으며, 자신의 내면에서 뿜어져 나오는 위엄을 언제나 겸손하게 표현합니다.

러시아 대통령이 아니라 저잣거리의 소시민이 손을 내밀어도 그는 허리를 굽혀 인사를 할 사람입니다. 유엔을 출입하는 세계 각국의 기자들도 반 총장 취임 초기에는 그가 '약한' 사무총장이 아닌가 하는 의구심을 가졌던 게 사실입니다. 반 총장에 대한 기사도 그런 방향으로 많이 나갔죠. 하지만 지금은 그들의 생각이 잘못되었다는 것을 인정하고 있습니다.

반 총장은 '이제부터 시작'이라고 말합니다. 유엔 총장 당선이 인생의 종착역이 아니라 새로운 출발선이라고 강조합니다. 인생의 정상에 도달한 사람은 권세와 위용을 자랑하기를 좋아하지만, 출발선에 있는 초심자들은 항상 겸손하게 사람을 대하는 법입니다.

반 총장은 내실을 다지되 언제나 출발선에서 두근거리는 마음으로 출발신호를 기다리는 운동선수처럼 겸손하라고 여러분에게 말합니다.

지금 잠을 자면 꿈을 꾸지만
지금 공부하면 꿈을 이룹니다

공부

학습을 그만두는 사람은 스무 살이든 여든 살이든 늙은 것입니다.
학습을 계속하는 사람은 스무 살이든 여든 살이든 젊습니다.

– 헨리 포드 –

뉴욕 맨해튼은 말 그대로 '인종 박물관' 입니다. 세계 각국의 이민자들이 '아메리칸 드림' 을 안고 미국으로 날아옵니다. 100년 이상의 역사를 자랑하지만 볼품 없는 뉴욕 지하철을 타 보면 한국어는 물론 스페인어, 러시아어, 일본어, 중국어, 아랍어 등 마치 세계의 모든 언어들이 품평회라도 여는 것 같은 착각이 들 정도로 알아듣지 못할 말들이 귓가를 때립니다.

제가 2004년부터 2007년까지 3년간 살았던 뉴욕 플러싱의 한 외국어 학원에는 영어를 배우려는 사람들로 매일 인산인해였습니다. 평일에는 트럭 운전사, 레스토랑 웨이터, 음식점 주방장 등 직업의 귀천

314

을 막론하고 사람들이 몰려들었고 주말에는 중국에서 이민 온 초등학교 아이들로 정신이 없습니다.

중국인 부모들의 자녀 교육열은 한국 강남의 치맛바람 못지않습니다. 부모 자신들도 물론이거니와 아이들에게 영어가 마치 '생명줄'인 것처럼 공부를 시킵니다. 여름이나 겨울방학이 되면 한국에서 두 달 동안만 원정 영어교육을 오는 한국인 아줌마도 많이 만났습니다.

살림이 그리 넉넉하지는 않아 초등학생 자녀를 조기 유학시키는 것은 힘들지만 그 동안 모아 놓은 돈으로 아이들 방학이 되면 미국에 잠시 와 정규교육을 받도록 하는 것이지요. 한국인 아주머니는 이렇게 하는 것이 '미래를 위한 투자'라고 말합니다.

뉴욕에서는 중국인 파출부를 구하는 광고가 눈에 많이 보입니다. 아이들에게 영어와 함께 중국어를 배우도록 하기 위해서죠. 또 상점 점원을 구하는 데도 영어와 한국어, 영어와 중국어, 영어와 스페인어 등 2개 국어 구사자가 기본입니다. 모국어만으로 자신의 경쟁력을 키워 가는 시대는 끝나 가고 있다는 사실을 뉴욕에서는 금방 확인할 수 있습니다.

한 가지라도 특성을 키우세요

2007년 초 반 총장이 유엔 출입기자단과 첫 상견례 기자회견을 열었을 때의 일입니다. 개별 국가의 국제적인 이슈를 반 총장이 어떻게 해결할 방안을 가지고 있는지, 각국 기자들이 손을 들어 질문을 요청했습니다.

대부분 영어로 질문과 대답이 순조롭게 이루어졌습니다. 하지만 별 안간 프랑스어 질문이 하나 날아들었습니다. 각국 기자들은 재빨리 통역기로 손을 옮겼죠. 질문을 한 기자는 자신의 질문에 반 총장이 프 랑스어로 답변해 주기를 바란다는 요구를 했습니다.

누가 보아도 반 총장의 프랑스어 실력을 가늠해 보려는 꼼수임을 금방 알아차릴 수 있었습니다. 유엔의 공식 언어는 영어, 프랑스어, 중국어, 스페인어, 러시아어, 아랍어 등 6개입니다. 하지만 애국심(?) 이 투철한 일부 기자들은 왜 사무총장이 꼭 영어를 사용해야 하며 다 른 언어, 특히 프랑스어는 사용하지 않는가에 대해 의아해하는 경우 가 종종 있었습니다.

프랑스어를 모국어로 사용하는 국가들의 기자들이 그런 면이 강하 죠. 반 총장이 맞닥뜨린 경우가 이에 해당되는 케이스입니다.

사실 반 총장은 프랑스어가 능수능란합니다. 선거 기간 동안에도 아프리카 방문 시에는 프랑스 식민 지배를 받았던 이들 나라 정상이 나 외교 장관들과 통역 없이 프랑스어로 대화해 이들을 지지 세력으 로 끌어 들일 수 있었습니다.

하지만 이날 마이크 상태가 좋지 않아 질문 내용이 제대로 전달되 지 않았고 반 총장도 프랑스어 구사에 어려움을 겪었습니다. 단어 하 나 사용에도 민감한 뉘앙스의 차이가 있고, 잘못하다가는 오해의 소 지도 생겨 엉뚱한 기사가 나갈 수 있는 상황에서 반 총장은 정중하게 영어로 답변하겠다는 말을 했습니다.

"앞으로 질문은 되도록이면 영어로 해 주시기 바랍니다. 그리고 프

반 총장은 출장을 가는 비행기 안에서도 자료를 검토할 정도로 시간을 소중하게 여깁니다. 반 총장은 적은 시간이라도 이껴 항상 배우고 익히려는 자세를 가졌다.

랑스어를 더 공부해서 다음 번에는 유창한 프랑스어로 답변해 드릴 수 있도록 하겠습니다."

반 총장이 공손하게 답했습니다. 질문을 던진 기자만 무안해졌죠. 자신을 시험하려 들지 말라는 반 총장의 엄중한 경고임과 동시에 프랑스어 공부를 좀 더 하겠다며 상대방의 위신도 살려준 답변이었습니다.

반 총장은 영어와 프랑스어, 독일어를 별다른 어려움 없이 구사합니다. 2006년 11월 사무총장 자리에 취임하기 전 반 총장이 프랑스를 방문했을 때의 일입니다. 그는 프랑스에 있는 한국 특파원들과의 간담회에서 "내가 차기 총장으로 선출되는 과정에 프랑스가 아낌없는 지원을 해 주었고, 특히 프랑스어를 잘 하지는 못하지만 열심히 배우려는 열성을 높이 평가해 준 것으로 알고 있습니다"라고 말한 적이 있습니다.

실제 〈AP통신〉은 반 총장이 프랑스 방문 기간 중 시라크 대통령과 오찬 회동 내내 프랑스어로만 이야기를 해 중요한 테스트에서 통과했으며, 시라크 대통령은 반 총장의 프랑스어 구사력을 높이 평가했다고 보도하기도 했습니다.

프랑스가 국제 외교의 중심이었던 과거에는 프랑스어가 국제무대의 제 1공용어였지만 지금은 영어에 밀려 2인자의 위치에 머물고 있는 것에 대해 프랑스는 못내 아쉬워하고 있습니다.

아직도 영어 발음이 마음에 안 들어

반 총장이 2006년 10월 유엔 안보리 4차 예비 투표에서 압도적인 지지를 얻자 프랑스의 일간지인 〈르 피가로〉는 반 총장이 1주일에 4시간씩 집중적으로 프랑스어 과외교습을 받고 있다며 관심을 나타내기도 했습니다. 또 시라크 대통령은 반 총장의 당선 축하 서한에서 유엔에서 프랑스어를 적극 사용해 달라고 당부하기도 했지요.

이뿐만 아니라 반 총장은 선거 기간 중 맨해튼 외교협회 연설에서는 영어와 프랑스어를 섞어가며 대화를 전개해 좌중을 휘어잡기도 했습니다. 반 총장은 외국어는 글로벌 경쟁 시대에서는 '선택'이 아니라 '필수'라고 강조합니다.

반 총장은 뉴욕의 한국 특파원들을 만날 때면 "자신의 영어 발음이 아직도 마음에 안 든다"며 불만을 토로합니다. 우리가 보기에는 거의 완벽한데도 말이지요. 최성아 유엔 대변인보를 통해 수시로 발음 교정을 하고 훈련을 받는다고 하는데, 완벽을 추구하는 반 총장의 천성 때문입니다.

지난 1975년 외무부 국제연합과 차석으로 시작해 79년 유엔대표부 1등 서기관 신분으로 처음 유엔본부에 발을 들여놓은 반 총장이 점심시간을 이용해 프랑스어를 익힌 일은 외교가에서도 유명한 일화로 남아 있습니다.

또 1998년 오스트리아 대사를 역임할 당시 반 총장은 자투리 시간을 이용해 독일어를 공부했고, 독어권 대사들과 모인 자리에서는 주로 독일어로 연설을 했었습니다.

반 총장은 전문 외교관이기에 당연히 외국어를 배워야 한다는 의무감에서가 아니라 글로벌 경쟁력의 원천은 다양한 외국어 구사능력에 달려 있다는 것을 일찌감치 깨달은 것입니다.

저도 비슷한 경험을 한 적이 있습니다. 대기업을 출입할 때의 일입니다. 한 대기업의 임원 방에 잠깐 들렀는데 그 분은 이어폰을 끼고 라디오를 듣고 있었습니다. 점심시간이 끝나려면 30~40분은 남은 것 같은데 점심식사를 일찍 마치고 들어온 모양이었습니다.

"음악 들으세요?"

제가 책상 앞으로 다가갔습니다. 책상 위에 일본어 라디오 교과서가 펼쳐져 있고 여기저기 빨간 줄이 그어져 있는 것이었습니다.

"일본어를 시작한 지 좀 됐어요. 40대 중반에 새로운 것을 하자니 힘이 드네요."

"학원에 가는 게 효과적이지 않나요?"

"아니에요. 이런 저런 시간과 비용을 따져 보니까 라디오를 통해서 매일 공부하는 게 효율적이에요. 학원까지 왔다 갔다 하는 시간도 만만치 않고 해서요."

그분은 그렇게 매일 15분씩 일본어 공부를 했고 공부한 지 5년이 지난 지금은 일본어가 수준급입니다. 일본에서 연수를 한 것으로 착각할 정도로 높은 수준을 자랑하지만 그는 일본에 한 번도 가지 않고 일본어를 능수능란하게 마스터했습니다.

외국어는 꼭 현지에 나가서 배워야 한다는 생각은 잘못입니다. 저는 한국인 밀집 지역인 플러싱에 살면서 이민 와 10년이 지나도 영어로 의사소통조차 못하는 사람들을 많이 봤습니다. 반 총장이 학생 때부터 영어에 매달려 결실을 맺은 것처럼, 생활하면서 또 다른 언어에 도전했던 것처럼, 여러분도 끊임없이 외국어 공부에 도전하세요. 글로벌 세상이 여러분이 도전하고 나아가야 할 무대이기 때문입니다.

근면한 사람에겐 정지 팻말을 세울 수 없습니다

부지런함

큰 재주를 가졌다면 근면은 그 재주를 더 빛나게 해 줄 것이며,
보통의 능력밖에 없다면 근면은 부족함을 보충해 줄 것입니다.

– J. 레이놀즈 –

2007년 1월 2일 오전 10시 30분 유엔본부 제 1 회의실. 사방이 쥐 죽은 듯이 조용했습니다. 반 총장과 유엔 직원 간에 공식적으로 첫 만남이 이루어지는 자리였습니다. 선거 기간 중 유엔 개혁과 직원들의 기강 확립을 기회 있을 때마다 강조했기 때문에 반 총장을 처음 대하는 직원들의 태도에는 뭔가 긴장한 모습이 어려 있었습니다.

'무슨 말씀을 할까' '폭탄선언을 하는 것은 아닐까' 뒷자리에서는 수군거리는 목소리도 들렸죠. 반 총장이 문을 열고 들어섰습니다. 반 총장은 입술을 한번 지그시 깨물고 인사말을 시작했습니다.

중요한 발언을 하기 전에 특유의 유머와 재치로 분위기를 부드럽게 하고, 이후에 핵심을 애기하는 반 총장 특유의 언변이 여기서도 나타났습니다.

"방금 사회자가 '반(Ban)'으로 표기된 나의 이름을 '밴(Ban: 영어로 금지한다는 뜻)'으로 발음했는데, 나는 여러분의 행동과 모든 것을 금지하는 '밴(Ban)'이 아닙니다. 나는 여러분과의 건설적이고 협력적인 대화를 금지할 의도가 전혀 없으니 '반'으로 불러 주십시오."

뭔가 심각한 발표가 있을 것으로 생각하고 긴장의 고삐를 늦추지 않았던 유엔 직원들 사이에서 폭소가 터져 나왔습니다. 팽팽했던 첫 상견례 자리는 봄날에 얼음 녹듯 부드러운 분위기로 변했죠. 분위기가 무르익자 반 총장이 본론으로 들어갔습니다.

"지난 수년간 불미스러운 일들로 국제 사회에서 유엔의 신뢰가 크게 떨어진 만큼 이제는 신뢰회복을 위해 과감하고 건설적인 조치들을 취해 나갈 것입니다."

반 총장이 포문을 열었죠. 모든 직원들이 '앗 뜨거워' 할 정도로 정곡을 찌르는 말이었습니다. 이라크에 식량을 지원하는 과정에서 부정거래와 비리가 불거지면서 무엇보다 도덕을 중시하는 유엔의 위신이 크게 떨어졌었고, 느슨한 조직 문화로 국제 사회의 '철 밥통'이라는 비난을 받아온 것을 익히 알고 있었던 터였습니다.

번 총장은 상대방과 나의 의견이 다르고 마찰이 나타날 때에는 강압이 아니라 대화와 타협으로 해결하라고 역설합니다. 반 총장이 원탁회의를 주재하고 있습니다.

여러분을 뛰게 만들겠습니다
I will make you run

이어 반 총장은 내일부터 전원 8시까지 출근하라는 명령을 내렸습니다. 이 소식을 전해들은 유엔 사무국 직원들은 놀라움과 당혹감을 금치 못했죠. 50년 이상 되는 유엔 역사에 이 같은 일이 없었고, 현재와 같이 근무하는 것이 지극히 정상적인 일로 여겨졌기 때문입니다.

유엔 사무국의 한 관계자는 "반 총장이 처음에 군기를 잡으려고 힘을 주는 것 같은데 곧 원상 복귀하겠지. 직원들이 가만히 있을 리가 없을 거야”라고 투덜거렸습니다. 반 총장의 ‘8시 출근제’ 는 유엔본부 직원들의 생활 패턴을 완전히 개조시키는 것이었습니다.

유엔에서는 통상 회의가 오전 10시에 시작되기 때문에 직원들은 9시가 넘어야 출근합니다. 오후 6시가 되면 일을 모두 중단하고 가방을 싸서 현관을 나설 정도로 ‘칼 퇴근’ 이죠. 통역 요원의 경우도 예외가 아니어서 국제회의가 6시를 넘어갈 경우에는 통역 요원에게 거의 2배의 수당을 별도로 책정해 주어야 한답니다.

한국 기업처럼 아침 일찍 출근해 그날의 일정과 시간표를 챙기고 형식상으로 정해진 6시 퇴근시간이 되어도 끝맺지 못한 일이 있으면 잔업을 하는 것과는 천양지차입니다. 아침 ‘8시 출근제’ 는 천성적으로 부지런함을 달고 태어난 반 총장이 한국 생활에서 고집해 왔던 것으로 대수로운 것이 아니었습니다.

총장 당선 뒤 인수 작업을 진행할 때에도 반 총장은 임시 숙소에서 아침 7시에 나와 유엔본부를 지키고 있었습니다. 반 총장은 유엔 직원들을 ‘아침형 인간’ 으로 개조하는 것은 물론 물렁물렁한 조직도 개혁하고 말겠다는 굳은 의지를 천명한 것입니다.

예상대로 며칠이 지나지 않아 직원들의 항의와 탄원이 이어졌지요. ‘왜 갑자기 바꾸느냐’ ‘총장님만 일찍 나오면 되는 것 아니냐’ ‘너무 가혹하다’ 는 등 시간이 갈수록 불만의 목소리는 거세졌습니다.

사실 유엔본부 직원들은 아침에 아이들을 학교에 데려다 주고 출근하는 경우가 많습니다. 출근 시간이 당겨지면 아이들을 학교에 보내기 위해 다른 사람에게 부탁해야 하는 불편함이 있지요. 또 맨해튼 집값이 비싸 유엔본부 가까운 곳에 집을 구하지 못하고 뉴저지 등 다소

거리가 떨어진 곳에 살고 있는데 출근 시간 단축으로 생활 패턴이 완전히 바뀌어야 하는 불편을 감내해야 합니다.

유엔 일각에서는 반 총장이 직원들의 어려움을 받아들여 이를 철회할 것이라는 전망도 나오고 있지만, 원칙이 중요할 때는 '자기만의 원칙'을 강조하는 반 총장이 이를 받아들일지는 미지수입니다.

반 총장은 뉴욕의 한국 특파원들과의 모임에서 "내가 유엔 직원들을 달리도록 만들겠다(I will make you run)"라는 말을 자주 했습니다. 한국인의 근면성과 부지런함을 유엔 조직에도 심어 보겠다는 굳은 의지를 저는 이미 오래 전에 알고 있었습니다.

변화를 거부하는 순간 죽고 맙니다

반 총장의 '8시 출근경영'은 쇠락의 길을 걷고 있는 미국 자동차 산업을 보면 얼마나 중요한 메시지를 담고 있는지 알 수 있습니다. 시대의 흐름에 역행하며 변화와 쇄신을 거부하는 조직은 살아도 산 조직이 아닙니다. 자신도 모르는 사이에 숨통이 오그라들지요. 반 총장이 '8시 출근경영'을 통해 유엔이라는 조직에 새로운 바람을 불어 넣으려고 하는 것도 이 같은 이유에서입니다.

다음은 2006년 4월 제가 옛날 영화로웠던 '자동차제국'의 과거를 뒤로 하고 '죽음의 도시'로 쪼그라들고 있는 미국 미시건 주의 디트로이트를 방문해 르포 기사를 작성했을 때의 느낌을 적은 특파원 칼럼입니다. 반 총장의 지론처럼 '변화가 없으면 곧 죽고 만다'는 가르침을 이해하는 데 큰 도움이 될 것으로 생각해 소개합니다.

"도시에 생기가 없습니다. 생산과 소비와 고용이 살아나면서 미국 경제가 4~5%의 성장률을 이어가는 기쁨을 맛보고 있지만 디트로이트는 예외입니다. 따뜻한 봄볕이 내리쬐는 공원의 분수대에는 물방울 하나 없고, 직장이 없어 한가로이 어슬렁거리는 사람들만 보입니다.

디트로이트 인근에는 〈제너럴모터스(GM)〉 〈포드〉 〈다임러크라이슬러〉 등 한때 세계 자동차 산업을 호령했던 소위 '빅3'의 본사와 공장이 있습니다. 이들 '빅3'는 디트로이트 경제의 대부분을 차지하고 있으며, 미시건 주 전체에서도 자동차 산업이 차지하는 비중은 20%에 달합니다.

자동차 산업의 대명사였던 디트로이트의 추락은 이들 '빅3'의 몰락과 궤를 같이 합니다. 2006년 4월 10~11일 〈제너럴모터스〉가 한국 자동차 부품업체 85개사를 초청해 구매 전시회를 열었습니다. 경비 절감과 품질 향상이 지상 과제인 〈제너럴모터스〉가 경영 악화를 돌파하기 위한 일환으로 한국 부품 회사들에 눈독을 들이기 시작한 것이죠.

구매총괄 부사장이 일일이 부품업체 전시장을 돌며 가격과 품질, 생산 규모, 납품 현황 등을 꼬치꼬치 캐물으며 한국 회사들을 껴안으려는 노력을 보였습니다. 〈제너럴모터스〉는 현재 강도 높은 인력 구조조정과 금융 자회사 매각 등을 통해 회사갱생에 사활을 걸고 있지요. 2008년까지 미국 공장 종업원 3만 명 이상을 감원하고, 11만 3,000명에 대해서는 명예퇴직을 단행하기로 하는 등 뼈아픈 자구노력을 진행하고 있습니다.

　이처럼 미국 제조업의 자존심이었던 〈GM〉이 골칫덩이로 전락한 배경에는 '큰 것은 결코 망하지 않는다' 는 '대마불사(大馬不死)' 의 잘못된 경영 의식이 자리 잡고 있었기 때문입니다. 일본과 한국 자동차 회사들이 새로운 디자인과 품질로 무장하고 추격전을 펼치는 동안 〈제너럴모터스〉는 구매자들의 변화된 소비 패턴을 제대로 파악하지 못하고 구태의연한 옛날 방식을 고수했습니다. 제품 경쟁력이 떨어질 수밖에 없지요. 생산비용을 초과하는 지나치게 높은 근로자 임금과 사회 복지 비용도 〈제너럴모터스〉가 만성 적자에 빠진 요인으로 꼽힙니다.

　결국 경영진과 노조가 시대 흐름을 똑바로 읽지 못한 것이 오늘날의 〈제너럴모터스〉를 만든 것이죠.

　뉴욕, 로스앤젤레스 등 대부분의 미국 도시들이 새로운 경제 활동 인력 유입으로 콧노래를 부르고 있지만, 디트로이트는 옛날의 화려했던 자태를 잃어가고 있습니다."

　조직을 일으켜 세우기는 힘들지만 무너지는 것은 한순간입니다. 최고의 자리에 오르는 것보다 최고의 자리를 지키는 것이 더욱 힘든 법입니다. 여러분도 예외일 수 없습니다.

　여러분이 제자리에 머물러 있을 때 다른 사람들은 자기 계발과 혁신을 통해 여러분을 앞질러 나아갑니다. 여러분은 제자리에 머물러 있지만 결과적으로 후퇴하고 마는 꼴이 되는 것이지요.

　반 총장은 여러분에게 더 뛰어야 한다고 얘기합니다. 과거의 관행을 답습하다가는 한 발짝도 앞으로 나아가지 못합니다.

오늘이 내 인생의 마지막 날이라는 각오로 생활한다면 여러분의 꿈
은 현실로 다가올 것입니다.

반 총장이 꿈 많은 한국 청소년에게 보내는 편지

꿈

세상을 넓게 보고 꿈을 키워 가는 청소년이 되어야 합니다.
대한민국에 앞으로 이러한 청소년들이 더욱 늘어나기를 바랍니다.
– 반기문 사무총장 –

 반 총장은 학교생활이나 공직 생활이나 언제나 1등을 했지만 꼴찌의 마음으로 사람들을 대했습니다. 승자의 노래를 부르기보다는 언제나 겸손과 겸양의 미덕으로 자신을 낮추었습니다.

아랫사람이 반 총장에게 편지를 보내면 바쁜 일정 속에서도 일일이 답장을 했지요. 시간이 없어 답장을 못할 경우에는 비서진에게 답장을 쓰도록 하고 서명은 반드시 자신이 했습니다. 세계 최고의 외교관인 유엔 사무총장이 된 지금도 이 원칙에는 변함이 없습니다.

편지를 보내는 사람들은 '설마 반 총장께서 답장을 해 주실까. 한번 나의 의견이나 보내 봐야지' 하는 마음으로 편지를 쓰지만 며칠 지나면 어김없이 반 총장의 답장이 날아듭니다. 남을 배려하는 따뜻한 마음씨를 느낄 수 있는 대목입니다.

서울 구로구에 온수초등학교가 있습니다. 이 학교 전교회장과 학생들이 유엔본부에 있는 반 총장에게 편지를 보냈는데 며칠 뒤에 반 총장으로부터 답장을 받았습니다. 아이들은 반 총장의 편지를 받아 들고 서로 자랑을 하며 자신들의 꿈을 더욱 굳건히 했다고 합니다.

온수초등학교 전교회장과 반 총장의 편지 교환을 통해 반 총장이 여러분에게 전하는 꿈과 희망과 용기의 메시지를 느껴 보기 바랍니다.

먼저 2007년 온수초등학교 전교회장 박한 학생이 반 총장에게 보낸 편지입니다.

청소년이 반 총장에게 보낸 편지

안녕하십니까.

저는 서울 구로구 온수동에 있는 온수초등학교에 다니는 전교회장 박한이라고 합니다. 저는 태어나기 전부터 저의 아버지께서는 제가 유엔 총장이 되길 바라셨습니다. 그래서 이름도 큰 사람이 되라는 뜻으로 한이라고 지어 주셨지요.

어렸을 때 유엔 총장이 하는 일은 잘 몰랐지만 아버지의 말씀에 따라 유엔 총장이 되고 싶었습니다.

유치원에 다닐 때 선생님이 저보고 "꿈이 무엇이냐"고 물어 보셨을 때 유엔사무총장이 되고 싶다고 했습니다. 유치원 선생님은 저를 특이한 아이로 생각하셨습니다. 왜냐하면 유엔사무총장이라는 꿈을 가진 사람은 별로 없었기 때문이지요.

그렇지만 제가 초등학교에 다니면서부터 꿈이 바뀌었습니다. 바로 개그맨입니다. 저를 보면서 웃는 친구들을 보면 굉장히 기분이 좋았습니다. 개그맨은 참 좋은 직업이라고 생각합니다. 고통 받는 사람을 웃게 하는 것은 좋은 일입니다.

6학년이 되면서 또 한 번 꿈이 바뀌었습니다. 바뀌게 된 동기는 사람을 웃기는 것이 너무 힘들다는 것을 알았기 때문입니다. 다른 직업들도 힘들지만 텔레비전에서 개그맨들이 활동하는 것을 보니까 매우 힘들어 보였습니다.

그래서 6학년이 되면서 판사의 꿈을 가지게 되었습니다. 우리나라의 법을 바로 잡아서 모든 재판을 공정하게 해 좀 더 평화로운 나라로 만들고 싶었습니다.

지금 반 총장님께서는 전 세계 192개 회원국의 복잡한 이해관계를 공평무사하게 풀어내야 하고, 약소국들의 사정도 두루 살펴 분쟁을 해결해야 합니다. 얼마나 많은 고민과 고통이 수반되는 것일까 생각이 듭니다.

저는 유엔 총장님이 우리나라에서 나왔다는 그 자체가 정말 자랑스럽습니다. 때론 저희 아버지께서 반 총장님께서 유엔사무총장을 맡게 된 것에 대해 아쉽게 생각하실 때가 있었습니다. 유엔사무총장이 되는 것은 나라마다 서로 돌아가면서 하는 것이기 때문에 제가 유엔 총장이 될 가능성은 거의 없다고 생각을 하셨습니다.

그렇지만 제가 유엔 총장이 될 수 없어 아쉽다고 생각한 적은 없었고, 그저 총장님이 자랑스러웠습니다.

가끔 저는 '나도 반기문 총장님처럼 우리나라를 빛내는 사람이 될 수 있을 것이다' 라는 생각을 합니다. 그래서 저는 지금 열심히 공부하고 있습니다.

이제 중학생이 됩니다. 저는 저의 꿈을 위해서 최선을 다할 것입니다. 총장님께서도 제가 우리나라를 빛낼 수 있는 사람이 될 수 있게 기도해 주세요.

총장님을 한번 뵙고 싶습니다. 제가 커서 훌륭한 사람이 되면 제가 꼭 뵈러 가겠습니다. 허락해 주시리라 믿습니다.

힘든 부탁이지만 제가 열심히 쓴 편지를 진지하게 읽어 주세요. 그리고 꼭 세계를 평화롭게 만들어 주세요.

부디 건강하시기를 바랍니다.

서울 온수초등학교 전교회장

박 한 올림

반 총장의 배려 깊은 답장

박한 전교회장의 편지를 받은 반 총장은 바쁜 일정을 쪼개어 박한 학생에게 답장을 했습니다. 비서진이 작성한 문장을 일일이 훑어보고 문구를 고쳐 가며 정성스럽게 답장을 만들었지요. 편지 마지막에 자신의 영문 서명을 하는 것도 잊지 않았습니다.

반 총장은 자신이 보낸 답장을 보고 초등학교 학생들이 장래의 꿈을 더욱 굳건히 하고 그 꿈을 향해 도전하는 사람이 되기를 바라는 마음으로 글을 보냈습니다.

반 총장이 고등학교 3학년이었던 19살 때 미국 백악관에서 존 F. 케네디 대통령을 직접 만났고 그 이후 외교관으로서의 꿈을 더욱 확고히 했던 추억을 생각하며 답장을 보냈습니다.

반 총장은 세계를 움직이는 위인의 글과 행동이 배움의 길에 들어선 학생들에게 얼마나 강력한 힘과 용기와 성취 의식을 주는지 익히 알고 있었기 때문입니다.

다음은 반 총장이 박한 전교회장에게 보낸 답장입니다. 여러분에게 '넓은 세상을 보고 꿈을 키워 가라' 는 당부의 말씀이 있기에 소개합니다.

박한 회장 어린이.

과연 전교회장 다운 박한 어린이의 성숙한 편지를 '진지하게' 읽었고 앞으로 크게 될 사람이라는 느낌을 받았습니다.

박한 어린이의 꿈이었던 유엔사무총장을 내가 먼저 하게 되어서 미안한 마음이지만, 편지로 봐서는 박한 어린이는 무엇을 해도 훌륭하게 해내고 가족과 나라를 빛낼 것으로 기대합니다.

박한 어린이처럼 세상을 넓게 보고 꿈을 키워 가는 어린이가 있다는 사실에 마음 든든하게 생각하며 우리나라에 앞으로 이러한 어린이들이 더욱 늘어나기를 바랍니다.

사무총장 아저씨는 무척 바쁘지만 세계 평화 유지와 빈곤 극복을 위하여 일한다는 사명감을 가지고, 특히 우리나라 국민들과 어린이들의 응원과 격려를 생각하면서 열심히 일하고 있습니다.

새해를 맞이하며 박한 어린이 가족과 친구 여러분의 건강과 행복을 기원합니다.

유엔사무총장

반기문

세상을 넓게 보고 꿈을 키우세요

반 총장이 여러분에게 강조하는 것 중 가장 중요한 것은 '세상을 넓게 보고 꿈을 키워라' 라는 것입니다.

우물 안 개구리처럼 현실에 안주하기보다는 가슴을 열고 도전 정신을 갖고 세계무대를 노크하라는 겁니다. 여러분이 목표를 향해 한 발짝 한 발짝 전진할 때마다 여러분은 발전하지만, 제자리에 서 있기만 한다면 다른 사람들이 여러분 앞을 지나갑니다.

꿈을 품으세요. 여러분의 작은 가슴에 크고 웅대한 꿈을 가지세요. 여러분의 심장과 가슴은 우주보다 더 큰 꿈도 품을 수 있을 만큼 크답니다.

허황된 꿈은 크면 클수록 자신을 망치게 되지만 실현 가능한 꿈은 크면 클수록 여러분을 성장시키게 됩니다.

꿈이 없는 삶은 살아도 죽은 삶입니다. 관 속에 누워 있는 이집트 미라와 별반 다를 것이 없습니다.

반 총장은 어릴 때부터 외교관의 꿈을 품었습니다. 목표를 향해 노력하고 자신을 계발한 결과 세계의 외교관인 유엔사무총장이 되어 있습니다.

나무가 햇빛을 보고 성장하듯이 여러분은 꿈을 먹고 자랍니다. 햇빛이 없으면 나무가 죽어 버리는 것처럼 여러분이 꿈을 잊어버리고 생활할 때 여러분의 성장도 멈추게 됩니다.

여러분은 흑인 인권 신장에 앞장섰던 마틴 루터 킹 목사를 잘 알고 있을 겁니다. 청소년들의 꿈과 희망을 이야기할 때 킹 목사의 연설을

유엔본부 건물에 'UN2000' 이라는 불빛이 비쳐지고 있네요. 왼쪽에는 엠파이어 스테이트 빌딩, 오른쪽에는 크라이슬러 빌딩이 보입니다. 반 총장은 세상을 넓게 보고 꿈을 키워라고 말합니다.

빼놓을 수 없습니다.

킹 목사의 꿈이 있었기에 미국 사회에서 흑인들과 소수 민족들의 지위와 권익이 향상될 수 있었습니다. 개인의 작은 꿈이 사회를 바꾸는 힘이 되는 것입니다.

1963년 뜨거운 여름햇살이 내리쬐는 워싱턴DC의 링컨기념관 광장에서 젊은 킹 목사가 세계를 향해 외칩니다.

"저에게는 꿈이 있습니다. 저의 어린 네 아들딸이 피부색이 아니라 인격에 따라 평가받는 나라에서 살게 되는 꿈이 있습니다. 저에게는 꿈이 있습니다. 언젠가는 조지아 주(州)의 붉은 언덕에 노예와 노예주

인 자손들이 형제애의 테이블에 함께 앉는 꿈이 있습니다. 저에게는
꿈이 있습니다. 어느 날엔가 모든 골짜기가 메워지고, 모든 언덕과 산
이 낮아지고, 모든 거친 것들이 평지가 되고, 모든 굽은 곳이 펴지는
그런 꿈이 있습니다. 저에게는 꿈이 있습니다."

언제 읽어 봐도 우리의 가슴을 뭉클하게 하고 새로운 에너지를 솟
구치게 하는 명연설입니다. 증오와 모멸로 가득 찬 인종 차별 종식과
화해를 외친 그의 연설은 20세기 양심을 뒤흔든 역사적 연설로 꼽힙
니다.

킹 목사의 연설은 인종 차별 종식이라는 그의 꿈이 있었기에 힘과
에너지가 있고 사람들을 감동시킬 수 있는 호소력이 있는 겁니다. 이
같은 꿈이 없었다면 그의 연설은 알맹이가 없는 그저 평범한 연설에
지나지 않았겠지요.

반 총장과 킹 목사의 삶에서 우리는 꿈을 간직한 삶이 얼마나 중요
한지 알 수 있습니다. 작은 꿈 하나가 나를 변화시키고 세상을 바꿀
수 있습니다.

하지만 우리를 슬프게 하는 것은 어릴 때 간직했던 큰 꿈이 세월이
지나면서 점점 오그라들고 사회생활을 하는 과정에서 아예 없어진다
는 점입니다. 꿈과 목표를 달성하기 위해 노력하지 않기 때문에 꿈은
사라지고 마는 것입니다.

여러분은 어떤 꿈을 가지고 있습니까. 그리고 그 꿈을 실현하기 위
해 어떤 노력을 기울이고 있습니까. 반 총장이 여러분에게 던지는 질
문입니다.

반기문 유엔사무총장의 청주대학교 **특별연설문** 2008. 7. 5

청소년에게 전하는
꿈과 희망, 용기의 메시지

청소년들에게 전하는 꿈과 희망, 용기의 메시지

어려운 시절이었지만 저에게는 꿈과 열정이 있었습니다

저의 방문을 따뜻하게 환대해 주셔서 감사합니다. 여러분의 따뜻한 환대에 흥분되고, 깊은 감명을 받았습니다. 저는 여기서 여학생들이 훨씬 많은 것을 보게 됩니다. 강당으로 들어서면서 '왜 여학생들로부터만 환영을 받는가' 하고 의아하게 생각했습니다. 저는 '남학생은 어디 있나' 하고 찾았습니다. 유엔사무총장으로서 저는 남성과 여성, 즉 양성의 균형을 이루는 일에 우선순위를 두고 있습니다. 유엔사무국에서 일하는 직원들간에는 남녀간 불균형이 매우 심합니다. 유엔뿐 아니라 우리사회 대부분의 분야에서 그렇습니다. 그래서 유엔은 50대 50이라는 목표를 두고 있습니다. 그러나 이것은 오늘 중심 주제가 아니지요. 이제 본론으로 들어가겠습니다. 청주대학교의 매우 밝은 미래를 봅니다. 청주대학교 뿐만이 아닙니다. 여러분이 전국 각지에서 오셨다고 들었습니다. 그래서 저는 한국의 미래가 매우 밝다고 생각합니다. 청주대학교 총장

반기문 총장이 청주대학교에서 특별연설을 하고 있는 모습. 배움의 과정에 있는 청소년들은 꿈과 이상을 가져야 한다고 강조했습니다.

이신 김윤배 박사님, 한국유엔협회 선준영 대사님과 교수님들, 그리고 젊은 친구 여러분들. 모의유엔회의에 참석하게 된 것을 영광으로 생각합니다. 따뜻하게 맞이해 주셔서 감사합니다. 이렇게 많은 젊은 얼굴들을 마주하고 보니 저도 수십 년, 사실 한 반세기 전으로 돌아간 듯한 기분입니다.

제가 대학교 1학년이던 1962년은 오늘날의 세상과는 많이 달랐습니다. 문자 메시지가 아닌 편지나 메모를 주고 받았습니다. 사실 저는 필기를 잘하는 것으로 매우 유명했습니다. 많은 사람들이 제가 쓴 노트를 빌리려고 했지요. 흑백 텔레비전은 채널도 단지 한 개 뿐이었습니다. 그 때에는 유선 전화밖에 없었고, 그 유선 전화

기마저 사용할 기회가 거의 없었습니다. 음악은 검은색 디스크 판에서 흘러나왔죠. 컴퓨터는 없었으며, 인터넷은 상상도 할 수 없었습니다.

그래도 우리에게는 꿈과 이상이 있었습니다. 전쟁 세대인 우리였지만 마음속에는 평화와 안정, 그리고 밝은 미래에 대한 큰 희망을 품고 살았습니다.

열심히 일하고 공부하면 어떠한 목표라도 이룰 수 있다고 믿었습니다. 저는 충주고등학교 3학년 때 이 같은 사실을 경험할 수 있었습니다. 1962년 적십자사 대표로 미국을 방문한 제 이야기는 여러분 대부분이 이미 알고 있을 겁니다.

그 당시 저는 백악관에서 존 F. 케네디 대통령을 만나는 특별한 기회를 가졌고, 이 경험은 당시 어린 학생이었던 제게 큰 영감을 주었습니다. 당시 저는 '미래에 저와 제 조국을 위해서 무엇을 해야 하나'를 놓고 고민에 빠져있었습니다. 미국 백악관 방문은 나의 인생항로를 결정하는 계기가 되었으며, 외교관이 돼 국가를 위해 봉사하겠다는 결심을 굳히게 됩니다. 제가 여러분 앞에 이 자리에 설 수 있었던 것도, 유엔사무총장이 될 수 있었던 것도 바로 꿈을 간직하고 노력했기 때문입니다. 이제 저의 개인적인 경험에 대해서는 많은 이야기를 하지 않을 생각입니다. 대신 저는 젊었을 때 좋은 꿈과 열망을 가지는 것이 얼마나 중요한가를 또 하나의 사례를 들어 이야기하고자 합니다.

여러분 모두 우리나라의 한승수 현(現) 국무총리를 잘 아실 겁니다. 한승수 총리는 7년 전 유엔총회 의장으로 일하셨습니다. 저는 한승수 총리가 유엔총회 의장이었을 때 함께 일한 적이 있는데 그 것은 저에게 하나의 특권이었습니다. 그때 저는 한 총리가 국제 공동체에 봉사하겠다는 강한 열망을 바탕으로 얼마나 열심히 노력해서 그 자리까지 오게 되었는지를 알 수 있었습니다.

한승수 총리는 1940년대 춘천에 살던 어린 시절 언젠가 유엔총회 의장이 되겠다는 꿈을 품었다고 합니다. 한국이 유엔회원국에도 끼지 못하던 시절이었습니다. 합리적인 사고를 하는 사람이라면 그런 꿈은 결코 이루어질 수 없을 것이라고 판단했을 겁니다.

한국이 유엔에 옵저버로 참가한 후에 마침내 1991년 유엔 정회원국이 되기까지 30~40년의 세월이 걸렸습니다. 한승수 총리는 2000년 결국 유엔총회 의장으로 선출되게 됩니다.

저는 이런 사례들을 여러분과 함께 공유하고자 합니다. 저와 한승수 총리의 세대는 유엔이 한국을 위해 얼마나 많은 도움을 주었는지 보고 자랐습니다. 한국전쟁으로 가난하고 어려운 상황에 처해 있을 때 유엔은 한국의 가장 암울하고 어두운 시기에 한국 국민 옆에 있었습니다. 유엔은 우리에게 희망과 양식을 주었고, 안전과 존엄을 보장해 주었습니다.

당시 한국인에게 유엔 깃발은(여러분들이 여기 강당에서 보고 있는 유엔 깃발은) 더 나은 삶을 위한, 더 큰 희망을 위한 상징물이었습니다. 제 자신이 한평생을 살아오는 동안 유엔의 도움으로 대한민국은 전쟁의 폐허속에서 다시 일어설 수 있었습니다. 경제적으로 가난했던 국가는 지역 경제강국으로 발돋움했고, 유엔에 대한 주요 기부국이 되었습니다.

한승수 총리와 저는 유엔이 한국에 보여준 도움을 또렷하게 기억하고 있기 때문에 이제는 국제사회에 도움을 주어야 한다고 생각합니다. 제가 유엔사무총장으로서 국제사회에 봉사하고 있는 것처럼 말이죠. 저는 여러분들이 이 같은 사고와 직관을 가지고 오늘 이 모의유엔회의에 참석한 것이라고 생각합니다.

여러분은 안정적이고 번영하는 나라에서 살고 있습니다. 여러분의 환경에 안주하기는 쉬울 것입니다. 하지만 저는 여러분에게 경계의 말을 하고자 합니다. 여러분들 현재의 모습과 현재 하고 있는 일에 만족하거나 안주하지 마십시오. 세계는 여러분들이 생각하는 것 보다 훨씬 넓고 큽니다. 여러분들이 여기 앉아서 상상하는 것보다 훨씬 많은 도전과 기회가 기다리고 있습니다. 여러분들이 지금 이 자리에 있다는 것은 여러분이 개인과 국가의 경계를 넘어설 수 있는 능력과 잠재력을 가지고 있으며, 하고자 하는 의욕으로 가득차 있음을 보여줍니다. 여러분의 지역과 학교, 국가의 경계에 결코 만족해서는 안됩니다. 여러분은 이 같은 제한된 경계를 훌쩍 뛰어넘어야 하며, 심지어 우리가 살고 있는 지구의 경계도 넘어서야 합니다. 여러분의 관심은 제 기운을 더욱 북돋웁니다. 비록 제가 선택한 이 길이 쉽지 않은 길일지라도 결국에는 가장 보람 있는 일임을 저는 확고하게 믿고 있기 때문입니다.

유엔 등 국제사회를 위해 봉사하는 일로 큰 부자가 되지 못할 수도 있습니다. 유명해지 않을지도 모릅니다. 하지만 국제사회를 좀 더 나은 세상으로 만드는 일에 일조하고 있다는 점에서 자부심을 느끼게 될 것입니다.

평화협정이 협의될 때, 피난민들이 자신의 집으로 돌아갈 때, 특정 국가가 처음으로 공정한 선거를 치를 때, 그리고 농부들이 농작물을 기를 수 있게 되고 아이들이 예방접종을 맞으며 마땅히 받아야 할 교육을 받을 수 있게 될 때, 우리의 노력은 보상을 받게 되는 것입니다.

여러분이 꼭 유엔에서 근무하지 않더라도 국제사회에 공헌할 수 있는 방법은 많습니다. 유엔은 경제계 지도자와 비정부기구(NGO) 활동가, 학자, 예술인, 법조인, 과학자 등 모든 분야의 파트너를 필요로 합니다.

예를 들어 지금 이순간에도 저는 기후변화에 대해 "각국 정부들이 조치를 취해야 한다"며 압박하고 있습니다. 이와 함께 기업의 최고경영자(CEO)에게 새로운 '녹색 경제' 시대를 열 수 있도록 협조해 달라고 독려하고 있습니다.

저는 김윤배 총장님으로부터 청주대학교가 녹색 경제에 가장 앞서가는 대학 이라는 말씀을 들었습니다. 우리는 무공해 기술 및 재생 에너지, 에너지 효율상품 등을 개발하고 생산하는 기업을 필요로 합니다. 친환경 상품이 기업 이익에도 도움이 된다는 사실은 무척 고무적입니다.

사랑하는 청소년 여러분.

여러분은 한국은 물론 국제사회의 미래 지도자입니다. 여러분이 어떠한 길과 직업을 선택하든지 유엔에 지속적인 관심을 가져주시기 바랍니다. 또 유엔의 숭고한 목적에 도움이 되는 방안을 찾는데 노력해 주기도 희망합니다.

이 회의는 훌륭한 배움의 장이자 훈련의 장입니다. 모의유엔대회에 참석하는 여러분은 특정국가를 대표하게 됩니다. 여러분이 동의하지 않는 의견이나 정책을 대변하기도 해야 합니다. 이러한 과정을 통해 상대방의 입장을 이해하는 열린 마음을 갖게 되고, 탄력적인 사고를 할 수 있습니다. 다른 사람의 주장을 분석하고, 여러분이 반대하는 의견들까지 참고하면서 건설적인 해결책을 제시하게 됩니다.

미래에 필요한 리더십을 준비하는데 있어 외교적 기술을 연마하는 것은 많은 도움이 될 겁니다.

여러분들이 실제로 글로벌 현안과 이슈를 처리한다고 생각하며 행동하기 바랍니다. 여러분과 저의 차이는 저는 유엔사무총장으로서 일을 하는 것이고, 여러분은 유엔에서 논쟁 중인 여러 주제들에 대해 단지 이야기하는 것일 겁니다.

여러분은 실제 외교용어를 사용하지 않을 수도 있고, 국제적인 감각이 부족할 수도 있습니다. 하지만 상상력을 발휘하십시오. 여러분 자신이 국제 업무를 실제 처리한다고 생각하면서 전략을 세우기 바랍니다. 그러면 뭔가 다른 것을 느낄 수 있을 겁니다.

후천성면역결핍증(AIDS)은 물론 기후변화, 식량안보, 빈곤, 테러리즘 등에 이르기까지 많은 도전들과 싸워나갈 때 외교적 기술은 더없이 중요한 요소입니다. 우리가 오늘날 직면하고 있는 도전들은 두 가지 공통점이 있습니다. 이러한 문제들이 국제적인 성격을 띄고 있다는 점과 아무리 강대국이라 할지라도 한 나라만의 힘으로는 결코 해결할 수 없다는 점입니다. 이 같은 문제들은 서로 얽히고 설켜 있으며 결코 독립적으로 존재하지 않습니다. 오늘날 우리가 직면한 모든 위기는 서로 연관되어 있기 때문에 보다 넓고 포괄적인 방식으로 접근해야 합니다.

말라리아와 같은 보건 문제를 해결하지 못한다면 빈곤퇴치는 절대 불가능합니다. 사회에서 여성의 지위를 끌어올리지 못하면 여성에 대한 폭력을 근절시킬 수 없습니다. 인신매매가 성행하는 국가들에 대한 조치없이 인신매매 를 근절할 수 없습니다. 빈곤을 없애지 못한다면 갈등을 조장하는 절망과 좌절은 더욱 증폭될 것입니다.

하지만 저는 여기서 열리는 유엔모의대회에서 밝은 미래를 봅니다.

더 많은 사례들을 열거할 수 있지만 제가 말하고자 하는 바를 여러분은 이미 잘 이해하고 있을 것으로 생각하고 반복하지 않겠습니다. 개별 국가와 국민들은 우리 모두가 공유하는 이 같은 문제에 대한 공통의 해결책을 찾기 위해 머리를 맞대야 합니다. 유엔은 해결방안을 실현할 수 있는 최적의 기구입니다. 평화유지활동(PKO) 및 빈곤타파, 기후변화, 세계보건, 인권 유린 등 국제사회가 직면

한 문제들은 가히 위협적입니다. 하지만 유엔은 새로운 도전들에 잘 대처해오고 있다는 점을 증명하고 있습니다. 저는 국제사회가 항상 의지하고 도움을 청할 수 있는 유엔을 만들어 가겠다고 다짐합니다.

이 같은 목적을 달성하기 위해서는 청소년 여러분의 지원이 매우 중요합니다. 오늘날 세계가 무엇보다 필요로 하는 것은 바로 여러분의 에너지와 지성입니다. 여러분은 유엔 사업을 지원하는 사회적 네트워크를 형성함으로써 변화를 위한 촉매제가 될 수도 있습니다.

며칠 전 서울대학교에서 연설할 때 저는 "청소년 여러분은 변화의 세대입니다"라고 강조했습니다. 결코 변화를 두려워하지 마십시오. 여러분 자신을 변화시킴으로써 세계를 변화시킬 수 있습니다. 이는 매우 중요한 철학입니다. 현재의 상황에 안주하지 말고 변화의 세대가 되려고 노력하십시오. 여러분은 변화를 주도하는 주체이지 변화에 따라가는 종속물이 아닙니다. 국제 공동체가 당면한 도전들을 해결하는데 도움이 될 수 있도록 혁신적인 접근을 하기 바랍니다.

저의 연설을 마치기에 앞서 이 자리에 모인 대한민국 청소년과 학생들에게 강조하고 싶은 것이 있습니다.

여러분 각자가 대표하는 국가들의 이름을 보십시오. 여러분은 이제 유엔에서 한 나라를 대표하게 됩니다. 하나의 세계가 있다는 것을 알게 될 것입니다. 그렇습니다. 여러분은 한국인이지만 그 경계를 넘어 또한 세계시민이라는 것을 알아야 합니다. 한국은 세계 강대국이 아닐지도 모르지만 한국은 세계적인 국가가 될 수 있으며, 한국 국민은 세계시민이 될 수 있습니다.

청소년 여러분의 나이에는 세상을 어떻게 바꿀 수 있을지에 대한 꿈을 가져야 합니다. 또 그러한 목적을 달성하기 위해 여러분이 어떠한 행동을 할 것인가에 대한 이상을 품어야 합니다.

청소년 여러분들에게 꼭 당부하고 싶은 말이 있습니다. 결혼식 주례를 맡을 때마다 제가 신랑과 신부들에게 전하는 말입니다. 이제 여기 있는 여러분들에게 똑같은 메시지를 전하고자 합니다.

"현실을 제대로 직시하고 두발을 굳건히 디디세요. 여러분의 두발은 현실을 굳건히 딛고 있어야 합니다. 그리고 하늘의 별들을 향해 여러분의 양손을 뻗으세요. 하늘의 별은 다름 아닌 여러분의 꿈이자 이상이죠. 서두르지 말고 한발씩 한발씩 목표를 향해 다가가세요."

청소년 여러분들에게 '여러분은 미래의 지도자' 라고 말하고 싶습니다. 여러분의 참가와 헌신에 진심으로 감사드립니다. 저는 교수님들과 우리 시대를 살아가는 지도자들에게 부탁드리고자 합니다. 우리는 이 세계를 다음 세대에 물려줄 역사적인 의무를 가지고 있습니다. 다음 세대들은 우리의 미래와 국가, 나아가 세계를 이끌어나갈 지도자가 될 것입니다.

이것이야말로 바로 청소년 여러분들이 지금 여기서 하고 있는 일들입니다.

여러분 모두의 행운을 빕니다. 지도자가 되기 위해 노력하고, 혁신적인 사고를 갖기를 바랍니다. 또 여러분의 현재 위치가 어디에 있고, 무엇을 대표하고 있는지를 항상 기억하기 바랍니다.

대단히 감사합니다. 여러분 모두의 행운을 기원합니다.

THE SECRETARY GENERAL REMARKS TO MODEL UNITED NATIONS CONFERENCE

Dear young friends,

I am delighted to be here for this Model United Nations. Thank you for giving me such a warm welcome. Looking out on this sea of young faces, I feel transported many years back in time? nearly half a century, in fact!

When I was a freshman in college in 1962, the world was very different. Instead of communicating by text message, we used to pass notes. Television had only a few channels ? all in black and white. Telephones all plugged into the wall, and we hardly ever got to use them. Music came from round discs of black vinyl. There were no computers, and we couldn't even dream of a world with the Internet.

반기문 총장이 2008년 7월 5일 한국을 방문해 청주대학교에서 청소년들을 대상으로 특별 연설을 하고 청소년들과 자리를 함께 했습니다. 반 총장은 "현실에 안주하지 말고 변화를 두려워하지 말고 미래를 준비하라"고 역설했습니다.

But we did have aspirations and idealism. My generation had lived through war, but we cherished great hopes for peace.

We believed that anything was possible with enough hard work and study. I experienced that for myself when I was a senior of Chungju High School. Most of you would already know the story of my visit to the United States as a Red Cress representative. At that time, I had the unique opportunity to meet President Kennedy, which provided me an inspiration to pursue public service and diplomatic career in particular.

There's another good example of this. You all know Han Seung-Soo as the Prime Minister of our country, but he wasn't born into a powerful family and his success did not come easily.

I had the privilege of working for Dr. Han when he was President of the United Nations General Assembly. And that's when I learned about his struggle to reach that position based on a strong desire to serve the international community.

When he was a young boy, living in Chuncheon City in 1940s, he dreamed of someday becoming President of the General Assembly. Considering all the circumstances at that time, we might easily conclude that it was almost impossible for one anonymous boy to become General Assembly President, especially coming from a country that was not even a UN Member State. But after years of study, hard work and perseverance, he was elected as General Assembly President.

I share these examples with you because I believe that Koreans of my generation grew up understanding about how much the United Nations had done for our country. As we were growing up in a war-torn and destitute Korea, the United Nations stood by our people in our darkest hour. The UN gave us hope and sustenance, security and dignity.

For the Korean people of that era, the UN flag was a beacon of better days to come. And in the course of my own lifetime, with the assistance of the UN, the Republic of Korea was able to rebuild itself from a country ravaged by war, with a non-existent economy, into a regional economic power and major contributor to the United Nations.

The experience made people like Dr. Han and me want to pay back some of our debt of gratitude through public service. And I'm sure the same instinct makes all of you take part in this Model UN today.

You are growing up in a stable and prosperous country. It would be easy to just be comfortable with your circumstances. But your presence here shows that you are able and willing to look beyond individual and national boundaries. I am heartened by your interest, because I strongly believe that even though the path I have chosen is not easy, it is the most rewarding in the long run.

You may not get rich or famous doing this. But you will feel privileged to be doing work that is helping to make the world a better place.

When a peace agreement is negotiated, when refugees return home, when a country holds free and fair elections for the first time, when farmers are able to grow their crops and children get the vaccinations and schooling they deserve, we all benefit.

Even if you don't join the civil service as such, there are so many ways to contribute. The United Nations needs all partners -- business leaders and non-governmental activists, academics and artists, lawyers and scientists.

Right now, for example, I am pressing Governments to take action on climate change. At the same time, I'm looking more broadly, encouraging corporate executives to help us usher in a new era of "green economics". We need business to develop and provide solutions for clean technology, renewable energy, efficient products, and sustainable goods. And the good news is that what is good for the environment also turns out to be good for the bottom line.

Dear young friends,

You are the future leaders of our country and our world. Whatever path you chose, I hope you will continue your interest in the United Nations and work to see how you can support its lofty goals.

This conference is a great training ground. You will have to represent countries in talks with States that have policies you may not agree with. It will train you to be open-minded and flexible. To analyze all of the positions, even those that you oppose. To propose constructive solutions that will benefit all parties.

Developing these diplomatic skills will help you as you prepare for leadership in the future. Such skills have never been more important, as we grapple with challenges ranging from AIDS to climate change, from food security to poverty to terrorism, the major threats we face have two things in common: all of them are international, and they cannot be solved by any one country? no matter how powerful. And all of them are connected.

We will never eradicate poverty unless we deal with health problems, like malaria. We will never stop violence against women unless we raise their status in society. We cannot hope to halt human trafficking unless we take action in sending and receiving countries. And if we do not eradicate poverty, the hopeless and frustration that fuel conflict will only fester.

I could cite many more examples, but I'm sure you get my point. Countries and people must come together to find common solutions to our shared problems. And the United Nations is the best place to make this happen.

From peacekeeping, eradication of poverty, climate change, global health to threats to our security and human rights, issues we face are indeed daunting. But the United Nations has proven, time and again, that it can rise to new challenges. I am personally determined to create the kind of United Nations that the world can always count on.

In order for us to realize that, your support is crucial. Your energy and intelligence are what is needed most in today' s world. You can be catalysts for change by creating social networks in support of our work. You can come up with innovate approaches to the help confront the challenges facing the global community.

Before closing, I would like to emphasize to all the Korea students here:

Look at all the other students all around you, and you will see that there is a whole world out there. Yes, you are Koreans but you should go beyond that and see that you are also citizens of the world. At your age, you should have your dreams about how the world should be as well as your own ideas on how you want to do it.

As people say, you should "keep your feet firmly on the ground called reality, with your hands reaching out to the stars called ideals."

To all of my friends I say, you are the future. I offer my deepest thanks to every one of you for your commitment, and I wish you all success in the years and decades ahead.

Thank you.

열아홉 워렌 버핏처럼
열일곱 반기문처럼

초판 1쇄 펴낸 날 | 2014년 8월 23일

지은이 | 서정명
펴낸이 | 이금석
기획 · 편집 | 박수진
디자인 | 강한나
마케팅 | 곽순식
경영 지원 | 현란
펴낸 곳 | 도서출판 무한
등록일 | 1993년 4월 2일
등록번호 | 제3-468호
주소 | 서울 마포구 서교동 469-19
전화 | 02)322-6144
팩스 | 02)325-6143
홈페이지 | www.muhan-book.co.kr
e-mail | muhanbook7@naver.com
가격 13,500원
ISBN 978-89-5601-378-7 (13320)

잘못된 책은 교환해 드립니다.